新时代新理念职业教育教材·铁道交通系列
校企“双元”合作开发教材

高速铁路客运服务语言与沟通技巧

（第2版）

主　编　刘颖异　何　洋
副主编　刘明鑫　马利娟　隋东旭

北京交通大学出版社
·北京·

内 容 简 介

本书将职业院校学生获取普通话等级证书的相关能力要求与课程知识模块进行融合，夯实了学生可持续发展的基础。本书共七个项目，分别为：打好扎实的“语言基础”、走进“沟通”、积极进行“自我沟通”、精通“人际沟通”、善于客运服务组织“内部沟通”、做好客运服务组织“外部沟通”、熟练运用客运服务“沟通技巧”。

本书既可作为高等职业院校高速铁路客运乘务、铁道交通运营管理、高速铁路客运服务等相关专业的教材，也可作为铁路相关岗位职工的培训教材。

图书在版编目（CIP）数据

高速铁路客运服务语言与沟通技巧 / 刘颖异，何洋主编. —2 版. —北京：北京交通大学出版社，2024.1

ISBN 978-7-5121-5111-6

Ⅰ. ① 高… Ⅱ. ① 刘… ② 何… Ⅲ. ① 高速铁路–铁路运输–客运服务–语言艺术 Ⅳ. ① U293.3

中国国家版本馆 CIP 数据核字（2023）第 226426 号

高速铁路客运服务语言与沟通技巧
GAOSU TIELU KEYUN FUWU YUYAN YU GOUTONG JIQIAO

策划编辑：刘　辉　　责任编辑：刘　辉
出版发行：北京交通大学出版社　　电话：010-51686414　　http://www.bjtup.com.cn
地　　址：北京市海淀区高梁桥斜街 44 号　　邮编：100044
印 刷 者：北京时代华都印刷有限公司
经　　销：全国新华书店
开　　本：185 mm×260 mm　　印张：11.75　　字数：301 千字
版 印 次：2024 年 1 月第 2 版　　2024 年 1 月第 1 次印刷
定　　价：46.80 元

本书如有质量问题，请向北京交通大学出版社质监组反映。对您的意见和批评，我们表示欢迎和感谢。
投诉电话：010-51686043，51686008；传真：010-62225406；E-mail：press@bjtu.edu.cn。

第 2 版前言

从党的十九大报告提出建设交通强国，到党中央、国务院印发《交通强国建设纲要》《国家综合立体交通网规划纲要》，再到党的二十大报告强调加快建设交通强国，一系列重大决策，为交通强国擘画了宏伟蓝图、注入了强大动力。党的二十大报告指出，加快构建新发展格局，着力推动高质量发展。

搭乘复兴号，以风为速，以轨为尺，丈量着大国前行的步伐。近十年，我国高铁年均投入运营 3 500 公里，西部地区铁路里程突破 6 万公里，中欧班列开行数量不断迈上新台阶，铁路发展取得历史性成就。近十年来，铁路始终以“人民铁路为人民”为服务宗旨，坚持推陈出新，运输服务品质全面跃升。推出了网络购票、电子客票、在线选座等服务新举措，人民群众出行更加便捷舒适，以往“一票难求”的现象得到了根本性的改变。智能刷脸进站、无感安检、互联网订餐等一系列便民服务，也让乘火车出行成为一种享受。

随着中国高速铁路的快速发展，高铁在安全、快捷、舒适方面有了较大的提升。同时，旅客对高铁的服务质量也提出了更高的要求。因此，掌握语言与沟通技巧也成为高速铁路客运服务人员必须具备的职业能力与素养。为了顺应时代发展的需要，我们结合目前高铁乘务工作中常见的服务沟通情景对原教材进行了修订改版。

《高速铁路客运服务语言与沟通技巧》（第 2 版）按照《高等职业学校高速铁路客运乘务专业教学标准》的要求编写，以服务中常见的沟通情景为导向，共分为七个项目，分别为：打好扎实的“语言基础”、走进“沟通”、积极进行“自我沟通”、精通“人际沟通”、善于客运服务组织“内部沟通”、做好客运服务组织“外部沟通”、熟练运用客运服务“沟通技巧”。本书的编写旨在帮助读者快速掌握工作中的语言与沟通技巧并应用到实践中。

本书具有以下几个特点。

1. 内容新

根据《高等职业学校高速铁路客运乘务专业教学标准》的要求，本书的内容包括高速铁路电子客票的相关规定、高速铁路旅客运输服务标准、复兴号动车组服务标准及智能京张高铁等内容，体现了铁路企业对高速铁路客运服务人才培养的最新要求。

2. 注重实用性

本书的内容根据高速铁路客运站和客运段客运岗位作业指导书内容编制，注重培养学生的实际操作能力，体现了“学做融合”的人才培养过程。

3. 课程思政建设

围绕政治认同、家国情怀、文化素养、法治意识、道德修养等课程思政元素，培养学生的职业道德和职业素养，使学生崇德向善、诚实守信、爱岗敬业，具有精益求精的工匠精神。

本书既可作为高等职业院校高速铁路客运乘务、铁道交通运营管理、高速铁路客运服务等相关专业的教材，也可作为铁路相关岗位职工的培训教材。

本书由刘颖异、何洋担任主编，刘明鑫、马利娟、隋东旭担任副主编，具体编写分工如下：何洋编写项目一、项目五和项目七，刘颖异编写项目二至项目四，刘明鑫编写项目六，马利娟编写附录 A，隋东旭编写附录 B。

由于编者水平有限，本书不足之处在所难免，恳请广大读者批评、指正。索取本书相关教学资源，可与出版社编辑刘辉联系（邮箱：hliu3@bjtu.edu.cn；QQ：39116920）。

编　者

2024 年 1 月

第 1 版前言

语言与沟通技巧是做好高速铁路客运服务工作的必备技能。

本书将职业院校学生获取普通话等级证书的相关能力要求与课程知识模块进行融合，夯实了学生可持续发展的基础。本书共七个项目，分别为：打好扎实的“语言基础”、走进“沟通”、积极进行“自我沟通”、精通“人际沟通”、善于客运服务组织“内部沟通”、做好客运服务组织“外部沟通”、熟练运用客运服务“沟通技巧”。

本书具有以下特点。

（1）本书在“国家职业教育改革实施方案”精神的指引下，进行编写，职业院校学生通过阅读本书，将语言、沟通知识技能与客运服务职业技能进行融合，提高了就业、创业本领。

（2）本书依据教育部颁布的《高等职业学校高速铁路客运乘务专业教学标准》的要求进行编写，适合作为该标准中规定的专业拓展课程——沟通技巧的课堂教学用书。

（3）本书是校企“双元”合作教材，由职业院校一线教师与铁路企业一线专家联合编写。

（4）本书将日常语言与沟通技巧和高速铁路客运服务语言与沟通技巧进行融合介绍。通过对日常情境和工作情境语言与沟通技巧的双重介绍，方便职业院校学生理论联系实际，更好地掌握相关技能。

（5）本书案例丰富、精练实用，通过“小分享”“小测试”等多种形式将相关理论与技能呈现给读者。

2021 年 9 月，为贯彻立德树人根本任务，根据“课程思政”建设精神要求，我们对本书进行了修订，增加了“思政课堂”板块。通过将思政元素融入专业知识与技能的论述中，对学生进行显隐结合的思政教育，以利于提升育人效果。

本书由马利娟、隋东旭担任主编，王巧云、王丹、于振华担任副主编，具体编写分工如下：马利娟编写项目一至项目三，隋东旭编写项目四，于振华编写项目五，王巧云编写项目六，王丹编写项目七。

由于编者水平有限，本书不足之处在所难免，恳请广大读者批评、指正。索取本书相关教学资源，可与出版社编辑刘辉联系（cbslh@jg.bjtu.edu.cn;QQ39116920）。

编　者

2021 年 9 月

“课程思政”内容探索

项目序号	项目名称	思政课堂
项目一	打好扎实的“语言基础”	为什么要推广普通话
项目二	走进“沟通”	从党的群众路线看沟通的重要性
项目三	积极进行“自我沟通”	透过新冠疫情期间铁路职工的心路历程看“自我沟通”的意义
项目四	精通“人际沟通”	从一名列车长的抗疫坚守看“人际沟通”的艺术性
项目五	善于客运服务组织“内部沟通”	通过某客运段新冠疫情期间的举措看组织“内部沟通”的作用
项目六	做好客运服务组织“外部沟通”	从铁路精准扶贫看组织“外部沟通”的价值
项目七	熟练运用客运服务“沟通技巧”	通过列车长的“沟通之心”体会“沟通技巧”的真谛

目录

项目一

打好扎实的“语言基础”

项目导语

语言能力在社会交往中的作用是不言而喻的，其是现代人才必备的基本素质之一。从事高速铁路客运服务工作必须打好扎实的语言基础。

语言基础能力要求包括字词发音标准、语法使用正确、遣词造句得体等诸多方面。

本项目重点介绍字词发音标准问题（即普通话技能）。

语法使用正确涉及语言文字基本素质，大多数人在初等教育阶段已经进行了长期的学习，本项目也会做简单的介绍，高速铁路客运服务人员在工作、生活中还应继续学习与实践。

遣词造句得体涉及沟通技巧能力，本书将在之后的项目中进行介绍。

知识点

- 普通话发展历程
- 普通话语音
- 语言表达基本要求

技能目标

- 了解普通话的定义、发展过程和推广意义
- 了解普通话与方言的关系
- 掌握普通话的语音系统及发音技巧
- 熟悉普通话水平测试的内容及评分办法、等级标准
- 了解对高速铁路客运服务人员普通话水平等级的要求
- 熟悉普通话水平测试报名和上机考试系统的相关情况

引导案例

案例 1

倪宏是一位火车迷，他对各种火车机车有浓厚的兴趣。一天，倪宏和朋友一起到铁道博物馆参观。进入展馆，他们看到一台老式蒸汽机车非常醒目。倪宏和朋友在这台老式蒸汽机车前拍照留念。朋友问倪宏："你现在看到这台'老爷车'有什么感想？"倪宏回答："我现在就很想'扎实'它。"其实倪宏想说的是，"我现在就很想驾驶它"。

案例 2

在高速铁路车站检票口，一位旅客手里拿着火车票，却不知道怎么通过自动检票机。站务员看到他迟迟不走，于是说了一句方言："缩！"（某地方言里"缩"有"插入"的意思）这位旅客是外地人，听不懂。站务员又用普通话说了一声："缩！"。这时，旅客以为站务员的意思是"说"，于是他对着自动检票机的插入口说了一句："去上海虹桥站！"看到这一幕，站务员知道自己闯了"祸"，赶紧走过去，协助旅客检票。

案例分析：

案例 1 说明了使用标准普通话发音的重要性，案例 2 说明了使用方言中特殊字词可能导致的理解偏差。推广普通话，营造良好的语言环境，有利于促进人员交流、建立协调有序的运输秩序。

➔ 本项目知识结构导图

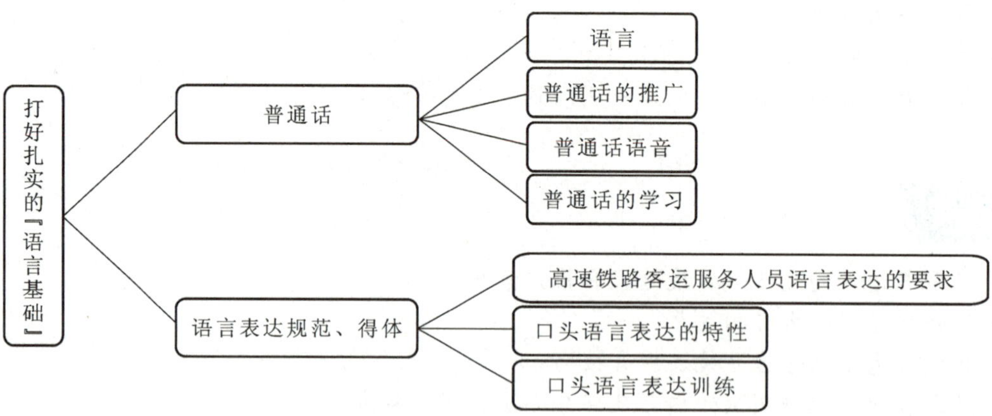

思政课堂

为什么要推广普通话

语言是沟通的纽带。我国是地域广阔的多民族国家，民族语言、地域方言众多，如果没有统一的语言标准，将带来巨大的社会交流成本，这就是推广普通话的直接意义。

（1）语言文字规范化、标准化工作是社会变革的要求，是社会前进和发展的基础工程和先导工程，其对社会各方面的发展都能起到促进作用。

① 在政治上，语言文字规范化、标准化工作有利于维护国家的主权和尊严，有利于民族团结，有利于政令畅通。

② 在经济上，语言文字规范化、标准化工作有利于全国统一大市场的形成，有利于消除方言隔阂，促进市场经济的健康发展和不断完善。

③ 在文化上，语言文字规范化、标准化工作有利于继承和弘扬民族传统文化，增强民族凝聚力。

④ 在科技上，语言文字规范化、标准化工作直接促进了计算机、通信等信息产业的发展，并影响着其他高新技术的应用和推广。

⑤ 在教育上，语言文字规范化、标准化工作有利于培养高素质人才，为社会发展和进步提供必要的人力资源。

（2）推广普通话是开展社会主义建设和实现宏伟目标的需要。

中华人民共和国成立以来，推广普通话、推行《汉语拼音方案》和简化汉字的工作极大地促进了经济发展和民族团结，也为中文信息处理及其他高新科学技术的应用、推广做了前瞻性准备。推广普通话是“多出人才”“快出人才”的有力举措。

社会主义市场经济的发展和商品交换需要人员大范围流动，人们应自觉学习和使用普通话。劳动者提高了包括语言文字规范化、标准化能力在内的素质，就能在市场经济的风浪中开拓前进。

（3）推广普通话促进了中国文化走向世界。中国是文明古国，又对当今世界的和平发展发挥着越来越重要的作用。中文是联合国规定的六种工作语言之一。联合国文件的中文文本用的是包括简化汉字在内的规范汉字。改革开放以来，我国综合国力迅速增强，与世界各国的经济往来和文化、教育、科技的交流不断增多，中国文化对世界的吸引力和影响力也越来越大。语言文字是文化的载体，因此，促进中文的规范化、标准化建设，提高其规范化、标准化水平，不仅是中国人民的愿望，也是世界人民的要求。普通话作为中文口头交流的“规范制式”，有利于中国文化的标准化传播。

知识点击

任务一 普 通 话

一、语言

语言是人们进行一切社会活动的交际工具，在日常生活中，人们通过语言传递信息、交流思想、表达感情。我国地域辽阔，在社会发展过程中不同地域产生了不同的语言分支——方言。方言众多，给生活在不同地域的人们进行交流造成了诸多的不便。普通话作为现代汉族共同语，在中国现代社会的交际中起着不可忽视的作用。

1. 汉语方言的概况

方言是某一种语言的地域变体，是语言随着社会的分化、发展而逐渐分化、发展形成的。

在春秋战国时期，汉语就已经有方言的存在了。汉语在历史的长河中没有分化为不同的语言，但受各种原因、各种条件的影响也形成了多种方言。汉语方言到底该分为几大类，学术界至今意见不一，以下七类方言是目前大家公认的较有代表性的方言。

（1）北方方言。北方方言区包括长江以北地区，长江以南的镇江以西、九江以东的沿江地带，云、贵、川三省，湖北省大部分地区（西南角除外），湖南省西北角及广西壮族自治区北部。其使用人口约占汉族总人口的 71.2%。

（2）吴方言。吴方言区包括长江以南、镇江以东地区（镇江不包括在内），浙江省大部分地区。其使用人口约占汉族总人口的 8.3%。

（3）湘方言。湘方言区包括湖南省大部分地区（西北部除外）。其使用人口约占汉族总人口的 4.8%。

（4）赣方言。赣方言区包括江西省大部分地区（东北沿江地带和南部一部分除外）。其使用人口约占汉族总人口的 2.4%。

（5）客家方言。客家方言区包括广东省东部和北部，广西壮族自治区东南部，福建省西部，江西省南部，以及湖南、四川少部分地区。其使用人口约占汉族总人口的 3.7%。

（6）闽方言。闽方言区包括福建省、台湾省的大部分地区，海南省一部分，以及广东省潮安、汕头一带。其使用人口约占汉族总人口的 4.1%。

（7）粤方言。粤方言区包括广东省大部分地区，香港、澳门特别行政区，以及广西壮族自治区的东南部。其使用人口约占汉族总人口的 5.5%。

不同方言之间的差别有大有小，总体上看，不同方言语音上的差别比较大（本项目引导案例 1 即为因语音差别造成的理解偏差），其次是词汇（本项目引导案例 2 即为因词汇差别造成的理解偏差），语法方面的差异最小。

2. 普通话的概念

方言的存在，给自由交际带来了不便，甚至造成了麻烦。为了使社会能有效地协调与运作，促进社会政治、经济、文化、科技等方面的发展，方言分歧较为严重的民族一般都会有一个民族共同语。普通话便是现代汉民族的共同语。

普通话就是“以北京语音为标准音，以北方话为基础方言，以典范的现代白话文著作为语法规范的现代汉民族的共同语”。这个定义从语音、词汇、语法三个方面阐述了普通话的内涵。

“普通话以北京语音为标准音”，这是普通话在语音方面的标准。选择北京语音为标准音，主要有三个方面的原因。一是因为北京是我国的首都；二是因为北京语音使用人数多，在全国分布范围广、影响大；三是因为北京语音系统结构简明，规律严整，音节悦耳动听。

需要注意的是，“以北京语音为标准音”，不能理解为“说北京话就是普通话”。语言包括语音、词汇、语法多个要素，“以北京语音为标准音”只是界定了普通话语音的标准。所谓的标准音也是就北京话的语音系统来说的。北京话语音内部有很多分歧，北京一部分人对某些字有误读的情况，如北京话里的大量儿化词（如“今儿”“明儿”等）和轻音节词（如把“明天”“古怪”“主张”“重要”等词里的“天”“怪”“张”“要”都读成轻音），这些都没有吸收到普通话里来。普通话也不断从其他方言中吸收富有表现力的成分。我们之所以要强调这些，一方面有助于方言区的人们增强学习普通话的信心，另一方面也可以消除把北京土话当普通话来学习的误区。

“以北方话为基础方言”说的是普通话的词汇标准。为什么语音是以北京语音为标准，而词汇不以北京话的词汇为标准呢？现代汉语书面语是白话文，因为北京话在汉民族共同语中的重要地位，所以现代白话文更多地汲取了北京话的语汇，但同时也继承了旧白话文。随着四大古典名著等许多优秀的白话文学作品的传播，旧白话文主要的词汇基础是北方话，因此今天我们确定书面语的基础词汇时不可能无视这样的历史和现实基础，不可能也不应该把它限制在北京话的范围内。同时，词汇就自身性质来说，是随社会的发展而变化的，它不能也无法限制在某个地点或地区的方言内，因此应根据历史和现实的情况定出一个宽泛的大致的范围，然后随语言的发展随时加以规范和调整。

舍弃北京话里地方色彩太重的方言词语，还要吸收各方言中能丰富普通话词汇的新鲜词语，以及古代的和外来的富于表现力的词语。

“以典范的现代白话文著作为语法规范”是普通话在语法方面的标准。“著作”就是文章和文学作品，是经过字斟句酌、反复修改的作品。著作的作者一般具有较好的语言功底和表达能力。“典范”的含义指经典和规范。即使是“名人名作”，如果不是经典或规范的，也不在此列。这就排除了“以人划线”和简单化，例如，即使像鲁迅、郭沫若这样的语言大师，也有非典范的作品。另外，“典范”的著作必然经得住推敲，脍炙人口，广为流传。凡是经过多人反复推敲，社会权威机构发布的文章作品，都具有语法规范的价值。例如政府公文、教材、报刊重要文章、影视传媒中的严肃作品等。

总之，普通话的上述标准，不是少数人主观规定的，而是有它的客观基础的。这里所说的客观基础主要是指政治、经济、文化的因素。古代中国的经济中心长期在北方。八百年来，北京一直是中国的政治中心。唐宋以来，有影响的白话文学，都是以北方话写的。可见，今天规定普通话以北方话为基础方言，以北京语音为标准音，以典范的现代白话文著作为语法规范，是完全符合汉语发展规律的。

“普通话”的名称及其含义是 1956 年 2 月 6 日国务院发布的《关于推广普通话的指示》

里明确规定的，但汉民族这一共同语的形成却经历了很长时间。

汉语共同语在春秋时代被称为“雅言”，在汉代被称为“通语”，在元代被称为“天下通语”，在明代被称为“官话”，在辛亥革命以后被称为“国语”，现在被称为“普通话”。由“雅言”“通语”“天下通语”到后来的“官话”“国语”，乃至现在的“普通话”，汉语共同语的发展是一脉相承的，这反映了汉语共同语发展的过程。

3. 普通话和方言之间的关系

共同语是一个民族全体成员通用的语言；方言是民族语言的分支，是局部地区人们使用的语言。共同语是在某一方言基础上形成的，共同语也吸收基础方言以外方言的有用成分来丰富自己。两者是兄弟姐妹的关系，不是父子关系。例如，“的士”“尴尬”等原来根本没有的其他方言中的词也纳入了普通话体系。

汉语方言为各方言区居民服务，并起到了保存地域文化的作用。虽然方言是处于从属地位的一方之言，但它并不是低级的语言、落后的语言。语言没有优劣之分，有些人把方言看成“县以下的人才说的”、低级的、落后的语言，这是错误的。普通话不断地从方言中吸取营养，丰富自己，同时，也对方言产生着巨大影响，对方言起制约作用，吸引方言向自己靠拢。

推广普通话不是消灭方言，其不应也不会妨碍方言的发展。推广普通话是现代汉语规范化的重要内容。规范化限制、剔除的只是那些不符合语言发展规律的东西，只是为了克服语言的内部分歧和混乱，这恰恰促进了语言向更加健康、精密、适应时代要求的方向发展。

二、普通话的推广

1. 推广普通话的意义

大力推广、积极普及全国通用的普通话，有利于克服语言隔阂，促进社会交往，增进各民族、各地区的交流，维护国家统一，增强中华民族的凝聚力，对社会主义经济、政治、文化建设具有重要意义。

随着改革开放和社会主义市场经济的发展，我国在科技、文化、经济上取得的成就令世人瞩目，在世界上所发挥的作用也越来越受到人们的关注。而作为中国的官方语言——汉语，在日益扩大的国际交往中也发挥着越来越重要的作用。在全社会大力推广和深入普及普通话已势在必行。能说一口标准流利的普通话，既是提高自身素质的要求，也是适应社会发展的需要。

2. 国家推广普通话的方针和政策

首先，推广普通话不是消灭民族语言。各民族语言平等共存，各民族都有使用和发展自己语言的自由。国家鼓励各民族互相学习语言。使用少数民族语言进行教学的学校开设汉语课程，应当使用普通话。少数民族自治地方需要使用汉语的场合，要推广和使用普通话。

其次，在处理普通话与汉语方言的关系上，要坚持社会语言主体化和多样化相结合的原则。一方面，提倡公民具备普通话应用能力，并在一定场合自觉使用普通话；另一方面，承认方言在一定场合具有其自身的使用价值。

在不同历史时期，国家推广普通话的方针是不同的：20 世纪 50 年代，我国推广普通话的工作方针是“大力提倡，重点推行，逐步普及”。这个方针符合当时的社会实际，对于普通话的推广起到重要的促进作用。

进入社会主义建设新时期，推广普通话工作进入一个新的阶段。1982 年修订的《中华人民共和国宪法》规定“国家推广全国通用的普通话”，第一次在根本大法中明确了普通话的通用语言地位。随后，推广和使用普通话陆续写进民族区域自治法、义务教育法、教育法等多项法律、法规。这样，推广普通话不再是一般的“提倡”“号召”的事情，而是应当大力推行的遵法行为。改革开放和社会主义市场经济及中文信息处理技术的迅速发展使得推广普通话成为日益紧迫的任务，对扩大普通话的普及范围和提高全民普通话应用水平提出了更高的要求。同时，随着教育的逐步普及和教育手段现代化程度的提高，广播电视等有声传媒的迅速普及，以及范围越来越广的人员流动，掌握普通话的人越来越多，在全民范围内普及普通话和提高普通话应用水平已经具备了现实基础。

1986 年，全国语言文字工作会议把推广普通话列为新时期语言文字工作的首要任务，并提出推广普通话的工作重点要放在推行和普及方面。1992 年，国家语言文字工作委员会把推广普通话的工作方针调整为“大力推行，积极普及，逐步提高”。1997 年，全国语言文字工作会议要求继续贯彻这个方针，在普及的基础上提高，在提高的指导下普及，并且提出中心城市和经济发达地区率先普及普通话的要求。推广普通话的实践证明，这个工作方针符合现实需要，对全国推广普通话工作发挥了重要的指导作用。

3. 推广普通话的法律依据

（1）《中华人民共和国宪法》第十九条规定：“国家推广全国通用的普通话。”

（2）《中华人民共和国国家通用语言文字法》的相关规定：

第三条　国家推广普通话，推行规范汉字。

第四条　公民有学习和使用国家通用语言文字的权利。国家为公民学习和使用国家通用语言文字提供条件。地方各级人民政府及其有关部门应当采取措施，推广普通话和推行规范汉字。

第十三条　公共服务行业以规范汉字为基本的服务用字。因公共服务需要，招牌、广告、告示、标志牌等使用外国文字并同时使用中文的，应当使用规范汉字。提倡公共服务行业以普通话为服务用语。

第十四条　下列情形，应当以国家通用语言文字为基本的用语用字：（一）广播、电影、电视用语用字；（二）公共场所的设施用字；（三）招牌、广告用字；（四）企业事业组织名称；（五）在境内销售的商品的包装、说明。

第十九条　凡以普通话作为工作语言的岗位，其工作人员应当具备说普通话的能力。以普通话作为工作语言的播音员、节目主持人和影视话剧演员、教师、国家机关工作人员的普通话水平，应当分别达到国家规定的等级标准；对尚未达到国家规定的普通话等级标准的，分别情况进行培训。

第二十四条　国务院语言文字工作部门颁布普通话水平测试等级标准。

三、普通话语音

语言是有声的，语音是语言的物质外壳。有声的语言是人类交流思想的重要工具，口头语言的表达离不开语音。语音是人类发出来的、具有一定意义、用来进行社会交际的声音。

1. 语音的性质

语音是语言的意义的载体，它是人类发出的、用于表示意义的声音。它具有物理属性、生理属性和社会属性。

语音不同于自然界的风声、雨声等声音，这些自然界的声音不是由生理器官发出的，也不能表示意义，它们只有物理属性，而没有生理属性和社会属性；语音也不同于其他动物发出的叫声，动物的叫声虽然具有物理属性和生理属性，但没有社会属性；语音也不同于人类发出的咳嗽声、鼾声等声音，咳嗽声和鼾声虽然是由人类的发音器官发出的，但不能表达意义、进行交际。

语音的社会属性是它区别于其他声音的本质属性。

1）语音的物理属性

语音属于一种物理的运动，所以具有物理属性。发音体振动，作用于空气或其他介质，形成音波，通过耳膜的接收、听觉神经的传导，到达人的大脑，就形成了声音的感觉。

任何一个声音都具有四个方面的基本特征：音高、音强、音长、音质。它们也被称为语音的四要素。

（1）音高。

音高指声音的高低，它取决于发音体振动的频率。振动得快，音高就高，反之音高就低。发音体振动频率的高低与发音体的大小、长短、粗细、张力等因素有关。发音体长的、大的、松的、厚的，振动慢，频率低，发出的声音就低，反之则高。语音的高低，则跟声带的长短、厚薄、松紧有关。人的声带是不完全相同的。一般成年男子声带长而厚，成年女子声带短而薄，因而男性比女性声音略低。此外，同一个人发音时声带的松紧不同，声音也有高低之别。汉语的声调，如普通话里的 mā（妈）、má（麻）、mǎ（马）、mà（骂），主要是由不同的音高构成的。

（2）音强。

音强指声音的强弱，它取决于发音体发音时振幅的大小。振幅是指发音时物体振动的幅度，其单位是分贝。振幅越大，声音越强，反之则越弱。

同一个发音体，用大小不同的力量去敲击，则发音的振幅不同。声音的强弱由发音时用力的大小决定：用力大，则振幅大，音强就强；用力小，则振幅小，音强就弱。语音的强弱是由发音时气流冲击声带力量的强弱来决定的。

音强有时可以用来区别意义。汉语中的轻重音就是以音强作为其主要特征来区别意义的，例如："孙子"重音在前，轻声在后，表示的是"儿子的儿子"；而前后都读重音，则指古代的军事家孙武（孙膑）。

（3）音长。

音长是指声音的长短，它由发音体振动持续时间的长短所决定。发音体振动时间长，音长就长，否则就短。语音也不例外。

汉语中一般不用音长作为主要的区别意义的手段，但音长作为发音中的一个自然属性，经常以伴随性的特征出现。比如重读音节以音强作为主要特征，音强较强，音长也比较长；而轻声音节音强较弱，音长也比较短。例如："不辨东西"中"西"的发音音长较长，而"买个东西"中"西"的发音音长较短。

汉语中的音长也与音高有着一定的联系。普通话的声调以音高为主要特征，音长只作为伴随性特征出现。

（4）音质。

音质也叫音色，指声音的本质特征，是一个音与其他音互相区别的最根本的特征。

音质取决于发音时的音波形式，音波形式不同，音质就不同；而音波形式取决于以下三个方面：发音体、发音方式和共鸣器形状。

形成振动的物体叫发音体。不同的物体振动时，形成的音波形式不同，音质就不同。敲门声与风吹动树叶的声音不同，是由于它们的发音体一个是门，一个是树叶。小提琴与笛子的声音也不同，是由于它们的发音体一个是琴弦，一个是笛膜。每个人的声音听起来不同，是因为他们的发音体——声带不同。

发音方式是指外力作用于发音体使之振动的方式。发音的过程，就是外部力量通过一定的方式使发音体产生振动的过程，而方式的不同就会产生不同的音。比如小提琴演奏中，使用拉的方式和使用拨的方式，虽然发音体相同，但音质不同，这就是由于发音方式不同造成的。语音中的 k 和 x，一个使用爆破的方式发音，而另一个使用摩擦的方式发音，其音质也不同。

共鸣器指能够与发音体的振动产生共振的空间，如胡琴的琴筒、小提琴的音箱。共鸣器可以放大发音体发出的声音。人类发音的共鸣器就是口腔、鼻腔等。共鸣器形状不同，发出的音就不同。人们可以通过调整舌位、口形等改变共鸣器形状，从而发出不同的音。如 a 和 u，发音体都是声带，但是发音时舌位的前后高低及嘴唇的圆展不同，就形成了不同的音。

任何声音都是音高、音强、音长、音质的统一体，语音也不例外，但是，在各种语言中，语音四要素被利用的情况并不完全相同。在任何语言中，音质无疑都是用来区别意义的最重要的要素。其他要素在不同语言中区别意义的作用却不尽相同。在汉语中，除音质外，音高的作用十分重要，声调主要是由音高构成的，声调能区别意义。

2）语音的生理属性

语音的生理属性表现在它由生理器官发出。人类的发音器官可以分成三个部分：提供发音原动力的肺和气管、作为发音体的喉头和声带，以及作为共鸣器的口腔、鼻腔和咽腔。

3）语音的社会属性

语言是人类社会特有的社会现象，而作为语言物质外壳的语音具有其他声音所不具备的社会属性。语音的社会属性是它的本质属性。

2. 语音单位

1）音素

音素是按照音质的不同划分出的最小的语音单位，音素与音高、音长和音强没有关系。音素是最小的语音单位，它是从音节中析出的。语音，分拆到音素，就不能再分了，所以音素是最小的语音单位。“绿”可以分拆出 l 和 ü，“红”可以分拆出 h、o、ng 来。当然，这种分拆，必须具备一定的语音知识才能做到，不过，如果我们把声音拖长念，是完全可以体会出来的。

音素按发音特点可分成两大类：元音和辅音。

元音发音时，振动声带，声音响亮，气流在口腔不受阻碍。如 a、o、e。

辅音发音时，不一定振动声带（有的颤动声带，如 m、n、l；有的不振动声带，如 s、sh、x），声音不响亮，气流在口腔要受到不同部位、不同方式的阻碍，如 b、d、g、c、ch、 q、f。

辅音一般要跟元音结合，才能构成音节。

2）音节

音节是自然的语音单位。人们说话，总是一个音节一个音节发出来的。在汉语里，一个音节写下来就是一个汉字。“我是中国人”，五个音节写下来就是五个汉字。有极少的情况例外，“一下儿”这三个字念起来实际上是两个音节，“下儿”是一个音节，念“xiàr”。

3）声母、韵母、声调

传统的语音学研究把汉语的一个音节分成声母、韵母和声调三个部分。

（1）声母。

声母，是使用在韵母前面的辅音，跟韵母一起构成一个完整的音节，如果音节开头没有辅音，则称为零声母。其他汉藏语系语言也有类似的结构。声母一般由辅音充当，即首辅音。辅音的主要特点是发音时气流在口腔中要分别受到各种阻碍，因此可以说，声母发音的过程也就是气流受阻和克服阻碍的过程。声母通常响度较低，不可任意延长，而且不用于押韵。

如汉语的“洗涤”（xi di），其声母分别是“x”和“d”，而“阿”（a）则没有开头辅音，即为零声母。辅音和声母是从不同的角度分拆出来的，是不同的两个概念。辅音经常充当声母，它也可以充当韵尾，如“难”（nán）中的两个辅音“n”，在音节开头的是声母，在音节结尾的是韵尾。有的辅音不作声母，只作韵尾，如“当”（dang）中的“ng”。

（2）韵母。

韵母是汉语音韵学术语，指的是汉字音节中声母后面的成分。它可以是一个元音，也可以是元音的组合，还可以是元音和辅音的组合，如“巴”（ba）的韵母是“a”，是单元音；“条”（tiao）的韵母是“iao”，是元音的组合；“行”（hang）的韵母是“ang”，是元音和辅音的组合。

（3）声调。

声调指音节中能区别意义的音高变化。声调的变化，附着于整个音节。

（4）音位。

音位是语言中能表示语义的单位。根据国际语音学协会的定义，音位是“某个语言里不加分别的一族相关的声音”。它是具体语言或方言中能够区别意义的最小的语音单位。

3. 记音符号

记音符号是记录语音的符号。因为汉字不是拼音文字，不能从字形中看出读音来，所以需要记音符号给汉字注音。为了给汉字注音，人们采用过多种记音方法，主要可分为三大类。

第一类是用汉字注音，有直音法和反切法两种方法。直音法为最古老的注音法，即用一个汉字给另一个汉字注音，如“难，音南”。反切法是使用两个汉字给一个汉字注音。反切法的规则是：反切上字与被切字同声母，反切下字与被切字同韵母和声调。如：“唐，徒郎切。”反切上字“徒”与被切字“唐”同为t声母（古代同为“定”母）；反切下字“郎”与被切字“唐”同为ang韵母阳平（古代同为“唐”韵平声）。

第二类是用注音字母注音，它使用专门设计的表音字母来给汉字注音，创制于五四运动前后（后来改称注音符号），它对给汉字注音和推广“国语”起过很好的作用。

第三类是用拼音字母来给汉字注音和记录汉语，有威妥玛式方案、国际罗马字拼音法式（简称“国罗”）、北京话拉丁化新文字（简称“北拉”）和《汉语拼音方案》等。

此外还有用国际音标来记录语音的。

我们现在最常用的记音符号系统是《汉语拼音方案》。

《汉语拼音方案》是在20世纪50年代制订出来的。中华人民共和国成立后，中国文字改革委员会普遍征求和广泛收集各方面对拼音方案的意见，进行分析和研究，于1956年2月拟定出《汉语拼音方案（草案）》。这个方案（草案）经过全国政协和各界人士广泛讨论，又经国务院成立的汉语拼音方案审订委员会反复审议和多次修订，再由中国文字改革委员会提交政协全国委员会常委扩大会议讨论，报请国务院全体会议通过，最后在1958年2月第一届全国人民代表大会第五次会议批准作为正式方案推行。

（1）《汉语拼音方案》的主要作用。

① 给汉字注音。

汉字不是拼音文字，为了标记汉字的读音，人们曾采用过直音法、反切法或注音字母（注音符号），但是，这些注音法都有各自的缺点。前两种要以认识大量的汉字为基础，如果没有音同或音近的字就难以注音。注音符号曾起过一定的作用，但它不完全是音素字母，注音不够准确，书写也不够方便。《汉语拼音方案》基本上克服了上述缺点，能够准确地给汉字注音。它采用国际上流行的拉丁字母，既容易为广大群众掌握，又便于国际文化交流。

② 用于推广普通话。

推广普通话，是我国社会主义现代化建设的需要，是国家统一和人民团结的需要。学习普通话光靠口耳是不够的，必须有一套记音符号，以帮助教学，矫正读音。事实证明，《汉语拼音方案》正是推广普通话的有效工具。

此外，《汉语拼音方案》还可以用来作为我国各少数民族创制和改革文字的共同基础，帮助外国人学汉语，用来音译人名、地名、科学术语，用来编制索引和代码等。

（2）《汉语拼音方案》的主要内容。

《汉语拼音方案》主要包括5部分内容。

① 字母表。

② 声母表。

③ 韵母表。

④ 声调符号。

⑤ 隔音符号。

（3）《汉语拼音方案》的特点。

① 基本符号26个，数量较少，便于使用。

② 采用拉丁字母，利于国际通行。

③ 字母记录汉语音位，简洁而实用。

四、普通话的学习

普通话是汉民族的共同语，也是我国各民族互相交流不可或缺的语言工具，同时还是中国与世界联系的重要纽带。长期以来，我国各地区人际交流存在严重的障碍，很多人在普通话的学习上仍存在认识不足、要求不严和应付测试等问题。学习普通话要在思想上强化认识，树立正确的学习观念，掌握科学的学习方法。在建设中国特色社会主义现代化的历史进程中，大力推广、积极普及全国通用的普通话，对社会主义经济、政治、文化建设都具有重要意义。

1. 找出语音偏误的原因

年轻人一般喜欢接受新鲜事物，喜欢我国港台地区的一些娱乐内容和文化，追求个性，以彰显其与众不同，尤其是在对“港台腔”的模仿上，这只是因为我国东南沿海及港、澳、台地区的经济比较发达，而发达地区的经济、文化有一定的辐射力和影响力（包括了对发音的影响）。模仿“港台腔”，虽然是某些年轻人的审美取向，但对于日常交流和普通话的推广仍然有不利的一面，所以，2005 年 9 月，国家广电总局批转了中国广播电视协会播音主持研委会制定的《中国广播电视播音员主持人自律公约》。

《中国广播电视播音员主持人自律公约》特别要求，播音员、主持人在播音、主持工作中，“除特殊需要外，一律使用普通话，不模仿港台腔及其表达方式。”“不模仿地域音及其表达方式，不使用对规范语言有损害的口音、语调、粗俗语言、俚语、行话，不在普通话中夹杂不必要的外语。”国家广电总局推出《广播影视加强和改进未成年人思想道德建设的实施方案》，在谈到要广泛开展广播影视的“净化工程”时，提出了十条具体方案，并特别强调“不要以追求时尚为由……模仿港台语的表达方式和发音。”台湾地区和香港地区的人所说的普通话在语音上有很多问题，例如，将 j、q、x 发成尖音的现象很明显。另外，语音偏误还表现在，我们有些人因为周围没有形成说普通话的风气，有些大都市的人，由于自己所处的城市经济建设、科学文化等诸多方面都处于全国领先地位，因此产生了一种优越感，觉得自己高人一等，所以他们在与外地人交际时不说普通话，用说方言来表现这种优越感。

普通话是高校学生的一门基础技能课程，它重在培养学生的语言表达能力，但是由于地域、兴趣、年龄等因素的影响，在普通话学习中许多学生出现了不良心态，尤其是方言地区高校学生的问题尤为突出。有些人因为周围没有形成说普通话的风气，害怕说普通话不能被别人理解，会招来讽刺、打击；有些干部担心说普通话会被人看成打官腔，让人失去亲切感，使自己脱离群众；有的教师在课堂上能说流利的普通话，下课及其他交际场合却都说方言。许多人进行社会交际时不愿意说普通话，这些都是落后的封闭意识、狭隘的地方观念的反映。

2. 掌握一些普通话语音理论知识

要有针对性地学习实用的普通话语音、词汇、语法知识，例如普通话中的音变现象，若以正确的理论指导训练，可避免走弯路。要熟悉声母、韵母、声调的发音和音变规律，知道某个音应该怎样发，过好“发音关”，即看见用汉语拼音拼写的字、词能准确地念出。同时需要使用一些教材，经过学习，将理论和实践紧密结合，是学习普通话必须遵循的原则。

3. 联系实际找出规律

矫正方言发音，并不是要学习者抛弃自己的方言，而是要做到了解自己的方音语音音系，同时掌握普通话语音音系，比较自己方言和普通话的语音差异，了解方言和普通话之间的对应规律，掌握一些纠正差异的方法，在学习普通话时就可以起到举一反三、触类旁通、以简驭繁的作用，从而较快而有效地排除方言的干扰，逐步掌握普通话。学习普通话及朗诵文章不是一朝一夕的事，必须及早着手，持续努力才能真正进步。

4. 正确模仿，多查字典，勤记忆

开始学习普通话时最好用专业教材，同时做到一边听，一边跟读模仿。学习普通话，应该在生活中处处留心，注意学习，例如模仿中央电视台、中央人民广播电台中新闻节目播音员的口音；可以到书店购买相关的录音资料和学习资料；也可以向身边普通话说得好的人学

习，同时，还可以到一些专业的语音学习和训练网站上进行互动学习。

学习普通话，记忆的功夫不可少。在平时阅读过程中，要养成查字典的习惯。其实，普通话除了一些人们熟悉的字词外，还有一些模棱两可的字、词。学习者应该通过查字典确定字音并牢记，日积月累，逐渐提高。

5. 加强训练

有些人因为平时不经常说普通话，所以不能用普通话流畅地表达思想感情，他们总觉得说普通话很别扭、不习惯，影响表情达意，于是就不愿意说普通话，有时开头说的是普通话，说了几句觉得不方便又改说方言。也有一些人因为普通话说得不好，害怕出丑，害怕被人笑话，干脆就不说普通话。解决这个问题的唯一办法就是大胆说、坚持说。不说就永远不会说，永远说不好；只要开口说，就能越说越熟练，越说越好。

任务二　语言表达规范、得体

随着经济的发展和社会的进步，人们对高速铁路客运服务人员语言表达能力的要求越来越高。语言表达规范、得体，已经成为衡量高速铁路客运服务人员素质高低的重要尺度。

一、高速铁路客运服务人员语言表达的要求

高速铁路客运服务人员开展各项作业，为旅客服务，离不开沟通。语言沟通作为最主要的沟通形式，在很多时候是围绕某个中心意思用普通话表达出来。高速铁路客运服务岗位对高速铁路客运服务人员的口头语言表达能力有以下几点要求。

1. 用词得体

现代汉语的口语和书面语基本一致，使用的句式大体也是相同的，但是，从句式使用的情况来看，口语具备以下特点：句式松散，短句多；较少使用或干脆不用关联词语；经常使用非主谓句；较多地使用追加和插说的方法，句间关联不紧密；停顿和语气词多。在很多语句中，口语用词和书面语用词的界限不易分清。一般来说，日常说话用得多的词被称作口语词，书面上用得多的词被称作书面语词。另外，说话中特别要注意使用规范的词语。要克服方言的影响，不用方言词语。

1）尽量多用口语词，少用书面语词

进行口头语言表达时，应该尽可能多用口语词。例如，在高速铁路客运服务过程中，有的服务人员会用“之乎者也”之类的古语词或“莅临”之类的书面语、公文用语。汉语书面语中保留了许多古汉语中的词语。这些词语很典雅、很精练，使用这些古语词可以使语言有庄重的色彩，但同时也会减少语句的生动性与亲切性，因此尽量不要在说话中使用此类词语。例如“诸如”常用在公文里，口头上说，不妨改为“比方说”；“无须乎”也不如“不必”来得生动自然；“凌晨时分初抵”就是“早上到达”的意思，但用在生活描述上，就不如“早上到达”更为活泼。运用口语词可以使话语显得生动。

2）避免使用“网络语言”与“时髦语”

随着科技的发展，一种新的媒体影响了人们的生活方式和文化传播方式，这就是“互联

网”。随着网络文化的发展，衍生出一种网络上流行的用语——“网络语言”。这类网络用语属于非正式语言，并不适合运用于日常说话中。例如将旅客称为“亲”，把列车上销售的商品说成“东东”，就会使对网络不熟悉的听众产生歧义。诸如此类的网络用语还有很多，高速铁路客运服务人员说话时要避免用网络用语。其次，社会上常常流行一种“时髦语”。如：“必须的”是“一定做到”的时髦说法，“很Q”指的是可爱。这些时髦语虽然可以风靡一时，但它们是不规范的。时髦语在口语中出现过多，不但会削弱语言的表现力，而且影响传达效果，容易造成歧义。

3）避免使用同音词、近音词

现代汉语中同音词与近音词很多，其含义却大相径庭。在口语说话中，由于没有文字材料做依托，使用同音或近音的词语，就容易造成误解。高速铁路客运服务人员应尽可能避免使用有同音词的词语。

2. 说准字音

说准字音是影响说话表达效果的重要因素。如果字音说不准，可能会导致说者滔滔不绝，听者却如堕云雾。我们要多注重说话时发音的准确性。另外，汉字中有很多容易说错或容易弄混的文字，我们应多注意这些容易错的地方，平时多做积累，做到出口无误。例如“正中下怀”的“中”在这里读“zhòng”，不读中间的“zhōng”。

3. 自然的表达

说话要做到自然，要按照日常口语的语音、语调来说话，避免说话时有朗读或背诵的腔调。这个要求并不高，但实际做起来却不容易，特别是对于新上岗、经验不足的高速铁路客运服务人员来说，由于紧张更容易出现背诵服务导语的情况。说话是一种交流方式，人与人交往时贵在真诚，人们希望听到的是朴实无华、亲切自然的语音。

4. 适当的语速与情绪

语速与情绪对口头表达有着至关重要的影响。语速过慢或过快，既影响说话的流畅性，又影响情绪的表达。高速铁路客运服务人员要掌握说话的节奏，太快容易导致发音含糊不清，太慢则显得不够流畅。

怎么去评价一个人的口才呢？应该从整体上把握，从语流上把握。我们要想好了再说，同时说话速度不可太快。一般的发言每分钟说200字，最快不能超过280字。如果根据内容、情景、语气的要求偶尔有十来个音节稍快或稍慢，也应视为正常。语速和语言流畅程度是成正比的，一般来说，语速越快，语言越流畅。语速过慢，容易导致语流凝滞，话语不连贯；语速过快，容易导致发音时口腔打不开、复元音的韵母动程不够和归音不准。有人为了不在声、韵、调上出错，说话时一字一字地往外挤，听起来非常生硬且单调，不利于表达，因而，过快和过慢的语速都应该避免。

5. 语句流畅

口语表达中，语句流畅与否，对表达效果影响很大。语句流畅，应如行云流水、滔滔不绝，让人听后心情舒畅，也不易疲劳。语句不流畅，听上去断断续续，语意含混，不但不容易让人领会，而且容易令人疲劳或烦躁，效果相差千里。要使语句流畅，我们说话时应该注意以下几点。

1）多用短句，多用单句

听话时语音信号是按线性次序一个接一个“鱼贯”而进入耳朵的。如果句子长了，或者结构复杂了，当句末尾进入脑海中时，句子的开头或许已经印象不深了。在听话人的脑子里，句子便不完整。所以，口头语言表达中的句子千万不要太长。能够分拆为单句的，千万不要合成复句，任何复杂的句子在口语表达中都是不受欢迎的，就连长修饰语也要尽可能地避免。

2）冗余适度，避免口头禅

有些人在说话时会出现机械的、无意义的重复现象。例如有的人老是重复一句话的末尾几个音节，甚至不管这几个音节是否构成为一个词。这种重复就会令人生厌，再加上“嗯”“啊”，就成了官腔。特别是夹在句子中间的“这个”“的话”“就是说”“等等”的口头禅，更是一种毫无积极作用的冗余成分，会使语句断断续续，使听众感到语句很不流畅。听这种话不但得不到美的享受，而且有一种受折磨的感觉。因此，这类口头语是讲话时应该避免的。

另外，口语表达时，有时为了强调某个意思，加深听众的印象，可以采用有目的地重复的方法。这也是“重要事情重复三遍”的道理。高速铁路客运服务人员在提醒旅客安全事项时，可适当重复。

6. 表达思路清晰

清晰的思路是保证语句流畅的前提。说不清楚常常是因为说话者没有想好说什么、表达什么内容。人们将思维（也有人称为“内部语言”）转换为语言（也有人称为“外部语言”）的正确程序如下。

（1）确定说话的中心和层次；

（2）确定最关键的词语；

（3）选定句式；

（4）选定第一句话所使用的词语。

当然，（2）与（3）有时次序会互换，但根据心理学家的研究，确定中心和层次肯定在选定第一句话所使用的词语之前。也就是说，人们在开口说第一句话之前，心中应该有了一个讲话大纲，因此，第一句话、第一个词就有了依据，以后的词和句也有了基调。这时，说话的人便可以“胸有成竹”“出口成章”了。如果说话的人没有按照这个程序行事而是边想边说，并且没有确定一个想要表达的中心思想，想到什么说什么，那就会出现各种各样的思维障碍。这些障碍如不能排除，就会造成说话的中断。即使最后能够排除障碍，也会严重地影响听感，造成语句不流畅的感觉，这是我们应该尽量避免的。

二、口头语言表达的特性

口头语言表达具有以下 5 种特性。

1. 同步性

口头语言表达就是将当前所想同步进行思维外化，所以它具有同步性的特点。当人们把内心所思所想通过语言形式进行同步表达，就形成了说话的过程。所以外部语言表达与内部语言思维是同步进行的。

2. 简散性

口头语言表达不像文学对脉络的要求那么严格，其可以使用一些短句、散句来表达、抒发情感。所以它具备了脉络简单、结构松散的特性。

3. 不可变性

俗话说覆水难收，我们讲话通过声波传播出去，随着瞬息即逝的声波，说出去的话就具有了不可更改的结果，这就要求我们说话前组织好语言，避免说错话。对于高速铁路客运服务人员来说，自己的一言一行代表铁路部门，更要避免说错话。

4. 临场性

口头语言表达的地点、场合、时间及受众都会对我们说话的内容有不同的影响。说话时必须符合时间和空间的特定要求。要根据现场的氛围和表达的对象，调整说话的方式与语气。例如，高速铁路客运服务人员对老年旅客、儿童旅客使用的表达方式和语气是不同的。此外，性别差异、职业差异等都是影响表达方式和语气的因素。

5. 综合性

进行口头语言表达时，要对语言、声调进行综合考虑，在这个过程中，每个人所说的话，包含了这个人的生活体验、文化素质、道德水准，听其言可知其人。同样的话题不同的人说出来的效果不一样，就是因为不同的人的生活阅历不同，对生活的理解不同。我们要通过提高自身的综合素质，来提高说话水平。

三、口头语言表达训练

1. 避免使用方言特征明显的词语

此类失误表现为：在普通话语句中出现地域特征明显的，且未广泛流行的方言词语。

例①请将行李架上的盎子拿下来。

例②动车上的吃饭间很小。

例①“盎子”是方言词，应改作“盆子”。

例②“吃饭间”是一个方言词语，其实它所要表示的正确含义是“厨房、餐厅”。吴语中“厨房”的表示法除了“吃饭间”之外，还有“灶间”“灶披间”“灶跟间”等。

2. 避免词法、句法失误

1）词法失误

例③您要几个香蕉？这几个香蕉都是刚上车的，很新鲜。

例④大约 2 公里之后，列车就要到一架铁路桥了。

例⑤先生没有关系，我懂打扫的。

例③“几个”应改为“几根”。

例④“铁路桥”一般使用量词“座”。

例⑤中的“懂”应当改用“会”。

2）句法失误

例⑥我这个幸运儿被读了高铁乘务专业。

例⑦请稍等，知道了我。

例⑥“读了高铁乘务专业”并不是被动的行为，所以，这属于“被”字句误用。

例⑦是状语位置不当，应当是“我知道了”。

3. 避免词语搭配不当

词语搭配不当，不仅可能是口语欠斟酌导致的，更有可能是高速铁路客运服务人员对词义的错误理解所产生的。搭配不当的情况，从语句成分上看，有主谓不当、动宾不当、动补不当等多种类型。

例⑧因为能为广大旅客服务，每天都让我异常的开心。
例⑨长期的乘务工作锻炼陶冶了我的知识。

例⑧可以表述为“每天我都异常的开心”。

例⑨两组词语搭配杂糅，可改为“丰富了我的知识”或“陶冶了我的情操”。

4. 避免语句成分残缺

语句表达不完整，会造成句意不明确，有的还可能产生歧义。

例⑩这趟乘务任务真的艰难。

例⑩句义表述不完整，可改为“这趟乘务任务要完成真的很艰难”。

5. 避免重复冗赘

要避免口语表达时，句子成分过多地重复。

例⑪这趟乘务任务要完成真的十分很艰难。
例⑫一路上列车长还很特别对生病旅客很关心。
例⑬通过这次客运业务培训，我们的信心倍增了许多。

例⑪程度副词没有必要重复使用，用“这趟乘务任务要完成真的很艰难”就能表述得很明白了。

例⑫也是程度副词“特别”“很”重复，可表述为“一路上列车长对生病旅客很关心”。

例⑬“倍增”“许多”重复，改成“通过这次客运业务培训，我们的信心倍增”就十分简洁。

6. 避免语序混乱

语序安排不合乎汉语的习惯，语序安排不符合本来的句意要求，都属于语序不当的错误。

例⑭我热爱乘务工作非常。
例⑮这款德州扒鸡，保证让您津津地有味儿……

例⑭“非常”是用来修饰“热爱”的，故应置于“热爱”的前面，可改为“我非常热爱乘务工作”。

例⑮把成语“津津有味”拆开了，应该改成“这款德州扒鸡，保证让您津津有味儿地……”。

项目二

走进“沟通”

项目导语

在打好扎实的语言基础后，高速铁路客运服务人员面临的问题便是提高沟通技巧。沟通不仅蕴含丰富的技巧，还是一门艺术。掌握沟通技巧的前提是先走进“沟通”，掌握沟通的含义等知识。

知识点

- 沟通的含义
- 沟通的分类
- 沟通的作用

技能目标

- 能够准确理解沟通的含义
- 能够辨别不同的沟通类型
- 能够深刻体会沟通的作用

引导案例

李莉是一名高速铁路车站客运员，其主要负责“爱心”候车区的服务工作。某一天，客运值班主任电话通知：将有一名坐轮椅的残疾旅客来服务台，其准备乘坐中午 12 时 05 分开往上海的 G100 次列车，要求李莉做好接待工作，护送残疾旅客上车。

已经临近开车的时间了，这名残疾旅客迟迟未来。李莉着急了，脱口而出：“该来的怎么还不来？”这时一位老年旅客听到这话后，不高兴了，心想：“看来我是不该来的？”于是就生气地走了。李莉很后悔自己说错了话，连忙对着旁边带幼童的旅客和怀孕的旅客解释说：“不该走的怎么走了？”带幼童的旅客心想：“原来该走的是我。”于是其带着幼童也走了。这时，怀孕的旅客对李莉说：“你真不会说话，把旅客都气走了。”李莉辩解说：“我说的又不是他们。”怀孕的旅客一听，心想：“这里只剩我一个人了，原来是说我啊！”她头也不回地去总服务台投诉了。

案例分析：

沟通作为极其重要的人际交往手段，在日常工作、生活中的运用非常广泛。良好的沟通提高了工作、生活效率，促进了社会的和谐与发展；沟通不畅贻误了各项工作的顺利开展，糟糕的沟通甚至对事物的发展起反作用。

上面案例中人际矛盾产生的原因是李莉糟糕的沟通能力。

本项目知识结构导图

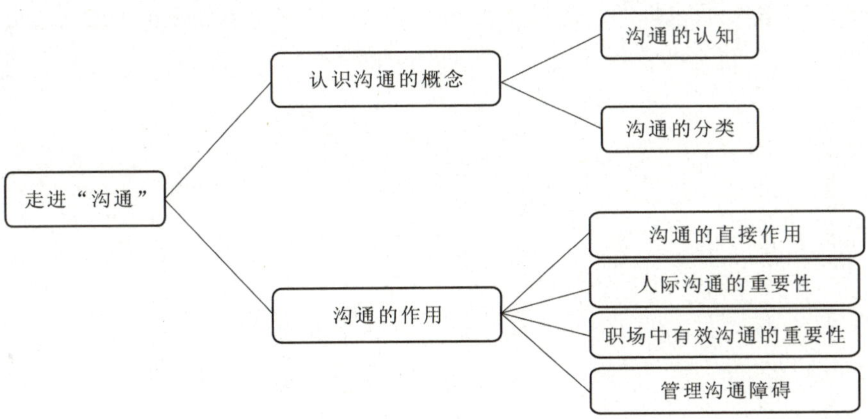

思政课堂

从党的群众路线看沟通的重要性

2018 年 10 月 29 日，习近平总书记在同中华全国总工会新一届领导班子成员集体谈话时指出："时代变化了，但从群众中来、到群众中去的工作方法不能变。"这既是适用于新时代工会工作的指南，同时，对党的其他工作也有重要指导意义。

运用"从群众中来、到群众中去"的方法，可以充分地了解民意和民心所向，了解其所思所想所需，更有针对性地为民服务；可以汇聚群众智慧，为党的科学决策奠定坚实的思想和认识基础。同时，坚持群众路线，要有"来"有"去"，把从群众中汇聚的民意、民智升华、提炼返回群众中，引导群众听党话、跟党走。坚持党的群众路线，深入了解人民群众的利益、愿望、要求，并以此为出发点，使中国梦真正同每个人的理想和工作、生活紧密结合起来，让全体人民进一步焕发劳动热情、释放创造潜能，通过劳动创造更加美好的生活，最终实现中华民族的伟大复兴。

沟通作为党了解群众利益、愿望、要求的重要手段，是党的群众路线的重要工作方法，深入人民群众，通过沟通了解民情民意，才能更好地解决具体问题、制定相关政策；同时耐心细致地做好宣传群众、教育群众的沟通工作，引导群众正确分析形势，正确理解党和国家的方针政策。通过有"来"有"去"的双向沟通，确保党与群众的紧密联系。

（改编自 2018 年 11 月 6 日《中国纪检监察报》文章《从群众中来、到群众中去的工作方法不能变》）

知识点击

任务一　认识沟通的概念

随着社会的发展，出现了群体活动和行为。在一个群体中，要使每个群体成员能够在一个共同目标下协调一致地努力工作，就离不开有效沟通。成员之间良好的沟通是组织有效运转的切实保证，管理者与被管理者之间有效沟通是所有管理艺术的精髓。沟通是管理的基础，“管理无处不沟通”。

一、沟通的认知

沟通是人与人之间、人与群体之间思想与感情的传递和反馈的过程，其力求思想达成一致和感情的共鸣。沟通在现代社会中的作用是毋庸置疑的。那么什么是沟通呢，它包括哪些内容？《大英百科全书》指出，沟通是“若干人或者一群人互相交换信息的行为”。这里的沟通是指人与人之间的人际沟通。其实除了人际沟通，沟通还包括自己和自己在思想观念上的交流和传递，也就是自我沟通。美国著名传播学者布农指出，沟通是将观念或思想由一个人传送到另一个人的程序，或者是观念或思想在个人自身内的传递，其目的是使接受沟通的人获得思想上的共鸣。

1. 沟通的含义

本书认为沟通是指沟通者为了获取沟通对象的反应和反馈而向对方传递信息的全部过程。

2. 沟通的目的

沟通有以下 4 个目的。

（1）控制社会、组织成员的行为。

（2）激励社会、组织成员改善绩效。

（3）表达情感。

（4）传递信息。

二、沟通的分类

我们从出生到成长，在自己的学习、生活、工作中，无时无刻不在和别人进行沟通，每个人对沟通有着不同的理解，根据结构、信息、方式的不同，沟通分为很多的类别，掌握了沟通的分类，在沟通的过程中才能达到理想的效果。

1. 按结构分

沟通的基本结构包括信息、反馈、通道三个方面，缺少任何一个方面都完成不了沟通行为。沟通按结构划分为非正式沟通与正式沟通两种。通过研究发现，非正式沟通主要有集束式、流言式、偶然式等形式；正式沟通有链式、轮式、全通道式、Y 式等形式。

2. 按信息流动方向分

沟通按信息流动方向可分为上行沟通、平行沟通和下行沟通三种。

3. 按沟通方式分

沟通按沟通方式可分为语言沟通和非语言沟通，语言沟通包括口头语言沟通和书面语言沟通，非语言沟通包括声音语气（比如音乐等）、肢体动作（比如手势、舞蹈、武术、体育运动等）等。最有效的沟通是语言沟通和非语言沟通的结合。

小分享（一）

语言沟通的基本要求

- 态度谦虚诚恳。
- 表情亲切自然。
- 语调平和沉稳。
- 充满真挚的感情。

语言沟通的四要素

- 信息性。
- 主题性。
- 真实性。
- 明确性。

小分享（二）

语言沟通的技巧

- 话题的选择

（1）宜选的话题。

① 既定的话题。

② 格调高雅的话题。

③ 对方擅长的话题。

④ 轻松愉快的话题。

⑤ 时尚流行的话题。

（2）禁忌的话题。

① 非议别人的话题，如个人的隐私（年龄、收入、个人物品的价值、婚姻状况、个人经历、宗教信仰等）。

② 有争议的话题。

③ 批评别人的话题。

- 赞美别人的技巧

（1）保持微笑。

（2）找赞美点。

（3）请教也是一种赞美。

（4）间接赞美。

（5）赞美对方的“缺点”。

（6）用心去表达。

- 交谈六不准

（1）不挖苦对方。

（2）不教训对方。

（3）不否定、纠正、补充对方。要善于倾听他人的意见，若不涉及大是大非的问题，一般不要当面否定，让对方下不了台。不要好为人师，别人说一句，你非加一句，显得比别人多懂一点。

（4）不质疑对方。

（5）不与他人争执。

（6）不随意打断对方。打断他人谈话是不礼貌的，但实在非插话不可时，注意在对方谈话告一段落时，自己立即接口谈自己的看法。

- 禁忌的角色

（1）喋喋不休者。说话过多，难免“祸从口出”，当遇到喋喋不休之人，也不必听之任之，要转换话题或提醒对方。

（2）一言不发者。过于沉默，一言不发，容易在沟通中造成误解甚至不良印象，让人误以为你对话题不感兴趣。

（3）尖酸刻薄者。容易树敌，招人讨厌。

（4）无事不晓者。骄傲的人自命不凡，目空一切，动辄批评别人“愚蠢、糊涂、错误”，越是博览群书、精神富有的人，反而只在自己毕生研究的某一门学问范畴内谦虚地发表意见。

（5）逢人诉苦者。家家都有一本难念的经，谁也不会以听你的诉苦为乐事。

- 交谈的语言

（1）语言要礼貌。注意使用礼貌用语和礼貌称呼。

（2）语言要文明。不讲脏话、粗话、气话、怪话。讲话时不要带脏字、骂骂咧咧；不能语言粗俗；如对方有不良情绪时，最好不要开口讲话；不要怪声怪气，耸人听闻，更不能黑白颠倒，让人无法辨别真伪。

（3）语言要准确。注意发音准确，内容简明，少用行话，不用土语。

语言沟通将在后面的项目中详细介绍，这里着重介绍非语言沟通。

4. 非语言沟通

1）非语言沟通的概念

非语言沟通是人们运用表情、手势、眼神、触摸等方式，以空间为载体进行的信息传递，其是人际沟通的重要方式之一，也是无声语言沟通的一种形式。

美国学者雷蒙德·罗斯认为，在人际沟通中，人们所得到的信息总量，只有35%是语言符号传播的，其余65%的信息是非语言符号传播的。

2）非语言沟通的作用

（1）非语言沟通对语言沟通具有加强作用。

（2）非语言沟通对语言沟通具有辅助作用。

（3）非语言沟通对语言沟通具有替代作用。

（4）非语言沟通对语言沟通具有否定作用（所谓“眼神”骗不了人）。

3）非语言沟通的分类

（1）副语言沟通。

副语言沟通是指有声但没有具体意义的辅助语言（包括音质、音调、语速，以及停顿和叹词等）的沟通应用。副语言虽然有声音，但因为本身没有具体的语义，所以不能称为语言。副语言沟通能传递非常丰富的信息，在某些场合甚至胜似语言。

（2）身体语言沟通。

身体语言既包括先天性的身体特征，如身高、肤色等，也包括后天训练或者塑造的特征，如发型、服饰、化妆、头部动作、身体动作、身体姿态等。总体来说，身体语言能分为形象语言、肢体语言、面部表情语言等几种。

① 形象语言沟通：发型、化妆、服饰。

一个人的形象对信息的传递起着非常大的作用，管理学中有“致命的7秒”这个说法，即对一个人的第一印象通常在7秒之内就已决定。研究表明，看上去有魅力的人往往更容易被人接纳，其说出来的话也更容易被人相信，而外表出众的人往往比外表一般的人获得的收入更高。我们必须清醒认识并且接受一个事实，即自己不仅是作为沟通的对象出现的，还是他人的审美对象。

② 肢体语言沟通：身体姿势、手部动作、头部动作、肩膀动作、脚势、身体接触。

身体的姿势与动作被称为肢体语言。肢体语言包括人的身体姿势、身体动作（手部动作、头部动作、肩膀动作、脚势和身体接触等）。

a）身体姿势。

身体姿势包括走路的姿势、站立的姿势、就座的姿势。

走路时要自然、大方，不能给人懒散的感觉。

男士站姿应体现阳刚之美，抬头挺胸，双脚大约与肩膀同宽站立，重心自然落于脚中间，肩膀放松。女士则宜丁字步站立，体现出柔和之感。

在坐姿方面，以大方、舒服为原则。坐得太直，会让人感觉僵硬，坐得太松弛，会让人觉得失礼。

b）手部动作。

手是人类运用最广泛的器官，其在非语言沟通中的作用也非常大，其是身体动作中最重要、最容易被关注的部分。它以不同的动作，配合讲话者的语言，传递讲话者的心声。

从手部动作（手势）的含义和作用来看，其可以分为两大类。

（a）功能性手势，主要用来指示事物的方位或描述事物的形状。比如手指前方，向问路的人说“就在前面”。

（b）辅助性手势，主要是自觉或不自觉地配合自己的语言所使用的手势。

辅助性手势示例如图 2-1 所示。

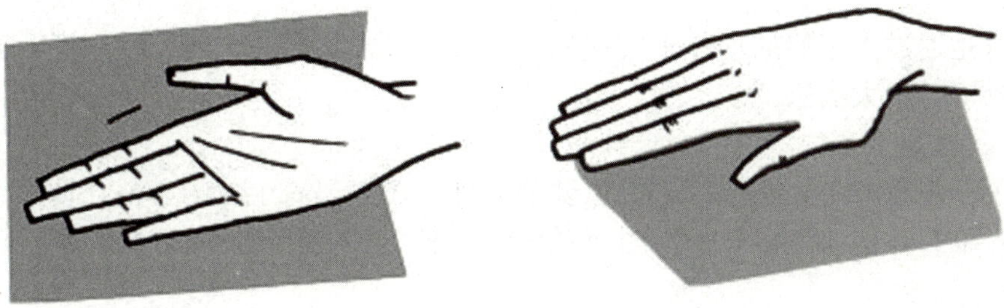

(a)无恶意　　(b)权威性

图 2-1　辅助性手势示例

c）头部动作。

头部动作要结合不同的语境来识别和判断。

（a）点头：在对方说话的时候轻轻点头，一般表示理解、认可、赞同、肯定，在和人相遇的时候轻轻点头，则代表“打招呼”和问候。

（b）摇头：摇头一般代表不同意、不认可、拒绝，有时候轻轻摇头还代表对思考中的问题的否决。

（c）低头：一般表示谦恭、臣服、认错、顺从、害羞。

（d）仰头：仰头一般代表着比较激昂的情绪，比如自信、激动、悲愤、不服气等。

d）肩膀动作。

耸肩膀在西方人的沟通中运用较多，一般是耸耸肩膀，摊开双手，表示一种无奈或不理解。受到惊吓的时候，也会紧张地耸肩膀。

e）脚势。

抖脚表明轻松或无聊，跺脚表明兴奋或愤怒，而脚尖的方向，会泄露一个人的倾向。

f）身体接触。

身体接触是沟通双方通过身体某一部位的接触，传递某种沟通信息，最典型的身体接触是握手、拍肩膀、拥抱等。

握手是目前商务交往中最常见的礼仪，握手时的手部力量、姿势和时间长短均能传递不同的信息。

③ 面部表情语言：眼睛、鼻、嘴巴、眉毛、耳朵、脸部表情。

面部表情语言，即通过五官的动作和形态传递信息。

a）眼睛。

一个人眼睛的形态可以反映其喜怒哀乐。

暴露人们心灵秘密的，首先是眼睛瞳孔的变化。在相同的灯光条件下，随着态度和情绪从积极转向消极，瞳孔会由扩张转向收缩，反之亦然。当人们处于兴奋的状态时，瞳孔会比原始尺寸扩大数倍。相反，如果人们处于消极的情绪时，瞳孔就会收缩。

b）鼻。

鼻子在沟通中较少使用，但也会泄露一个人的真实感情。比如，不满的时候，会在鼻子里发出哼哼的声音；愤怒的时候，鼻孔会张大、鼻翼翕动；紧张的时候，鼻子会流汗、鼻尖会发红，说谎的时候，会不自觉地摸鼻子。

c）嘴巴。

嘴的表情是通过上下唇的动作来实现的，比如生气或不屑时，嘴巴往下撇；开心微笑时嘴角上翘；惊讶时张大嘴巴。

d）眉毛。

眉毛除了和眼睛一起，构成仪表的重要部分外，还表现着主人的心情。如眉飞色舞，扬眉吐气、眉开眼笑说明心情很好；横眉冷对说明愤怒；双眉紧锁说明苦恼。

e）耳朵。

激动的时候耳朵会红，撒谎的时候会用手拽耳朵。

f）脸部表情。

脸部表情是情绪的真实写照，大部分人的喜怒哀乐都会表现在脸上。脸部肌肉放松说明心情也很轻松，而脸色阴沉则是遇到了烦恼。脸部所有器官与脸色组合使用形成脸部表情，例如嘴角上扬表达快乐之情，与此相反，当人们沮丧、绝望、愤怒或紧张的时候，就会表现出一种嘴角下垂的不高兴的表情，也就是我们常说的撇嘴。

（3）环境语言沟通。

环境是沟通必备的要素，所有的沟通必然都发生在特定的环境中，通过时间环境、空间环境进行信息和情感的交互。

① 时间环境。

沟通时间的确定，反映出沟通主体对于沟通事项及对象的态度。是迫不及待、越早越好还是无所谓？是选择对方黄金工作时间段，还是选择无关紧要的时间段？是预留了非常充足的时间，还是利用两个重要日程安排中间的一小段“边角料”时间？是上班时间，还是可以进行更深入交流的下班时间？这些安排都流露出对沟通的重视程度。

② 空间环境。

人们在交际中有四种空间距离——亲密距离、私人距离、社交距离、公众距离。

a）亲密距离：这是恋人、夫妻、父母子女、至爱亲朋之间的交往距离，可分为近位亲密距离和远位亲密距离。

（a）近位亲密距离。在 0～<15 厘米之间，这是一个亲密无间的距离空间，可彼此肌肤相触，能够直接感受到对方的体温和气息。

（b）远位亲密距离。在 15～<45 厘米之间，这是一个可以肩并肩，手挽手的空间，可谈论私密内容，说悄悄话。

b）私人距离：这是一个更有“分寸感”的交往距离，可分为近位私人距离和远位私人距离。

（a）近位私人距离，在 45～<75 厘米之间，在这一距离内，稍一伸手就可触及对方，双方可以亲切握手。近位距离在酒会的交际中比较常见，谈话双方会有一种亲切感。

（b）远位私人距离，在 75～<120 厘米之间，在这一距离内，双方都把手伸直，才有可能相互触及。由于这一距离有较大的开放性，亲密朋友、熟人可随意进入这一区域。

c）社交距离：这是体现社交性的、较正式的人际关系的距离，可分为近位社交距离和远位社交距离。

（a）近位社交距离，在 120～<210 厘米之间，在工作环境中，领导对部属谈话，布置任

务，听取汇报等一般保持这个距离。在一般的社交聚会上，陌生人之间，客户之间商谈事务时也采用这一距离。

（b）远位社交距离，在 210～<400 厘米之间，这是正式社交场合，商业活动、国事活动等所采用的距离。采用这一距离主要在于体现交往的正式性和庄重性。

d）公众距离：这是人际接触中的最大距离，是一切人都可以自由进入的空间，可分为近位公众距离和远位公众距离。

（a）近位公众距离，在 400～<800 厘米，这通常是小型活动的讲话人与听众之间的距离、教师讲课与学生听课之间的距离。

（b）远位公众距离，在 800 厘米之外，这是大型报告会、听证会、文艺演出时报告人、演讲者、演员与听众、观众之间应当保持的距离。重要人物在演讲时需要与听众保持这一距离，以便在增强权威感的同时，确保安全。

小分享

沟通以个体的人为维度，可以划分成：
① 个体内部的自我沟通；
② 个体与个体之间的人际沟通。
沟通以组织为维度，可以划分成：
① 组织内部沟通；
② 组织外部沟通。

任务二 沟通的作用

一、沟通的直接作用

（1）沟通是人类集体活动的基础，是人类交流的前提。沟通使原始部落进化为人类社会。
（2）沟通是现代管理的命脉。没有沟通或者沟通不畅，管理效率就无法提高。
（3）沟通是人际情感的基石。良好的沟通可以造就健康的人际关系。
（4）沟通是人类生存、生产、发展和进步的基本手段和途径。

二、人际沟通的重要性

在职场工作中，沟通是一件很重要的事。

一个人只有与他人准确、及时地沟通，才能建立起良好的人际关系，而且这种人际关系是牢固的、长久的。良好的沟通能够使自己在事业上左右逢源、如虎添翼，最终取得成功。

美国石油大王洛克菲勒说：“假如人际沟通能力也是同糖或咖啡一样的商品的话，我愿意付出比太阳底下任何东西都高的价格购买这种能力。”

人与人的交流、沟通如果不顺畅，就容易引起误解，闹出笑话，甚至引起敌视。

人与人的交往，就是一个反复沟通的过程，沟通顺畅，就容易建立起良好的人际关系；沟通不好，闹点笑话倒没什么，但因此得罪人、失去朋友，就后悔莫及了。

现代社会，不善于沟通将失去许多机会，同时也将导致自己无法与别人协作。人不是生活在"孤岛"上的，只有与他人保持良好的协作，才能获取自己所需要的资源，才能获得成功。

三、职场中有效沟通的重要性

沟通是连接人与人的一座桥梁，只有沟通才会使我们的工作和生活变得更加美好。我们强调的沟通不是无效的而是有效的、成功的沟通，在现实生活中我们也能看到一些关于沟通的例子，比如有的单位的员工经常待不了多久就辞职，辞职的员工认为：我每天在做同样的事情，也没人跟我说为什么这么做，这么做的目的是什么？这让我每天很迷茫，感觉自己就是一台机器，没有思想！这就是典型的职场沟通不力！每个人都是一个有血有肉、有想法的活生生的人，不是机器，"不要问为什么，照做就是了"怎么可能让人完全执行到位呢？由此可见，有效的沟通在我们的生活和工作中起着至关重要的作用。有人一直认为，沟通不就是"说话"嘛，这很简单嘛，"说话"谁不会？问题的关键在于：如何进行有效的沟通，如何才能让"说话"达到你的目的，而不是适得其反？ 有效沟通，首先心态要好，要克服自私、自大、自我的心理，理解、关心对方，换位思考，主动去帮助对方。在单位里，沟通尤为重要，只有沟通有效、顺畅，员工才能了解单位的政策，员工觉得自己是单位的一分子，单位的事就是自己的事，这样上级的指令才能被执行到位。有效沟通能否成立关键在于信息的有效性，信息的有效程度决定了沟通的有效程度。信息的有效程度又主要取决于以下几个方面。

1）信息的透明程度

当一则信息应该作为公共信息时就必须是公开的。公开的信息并不意味着只要简单的信息传递，而是要确保信息接收者能理解信息的内涵。模棱两可的、含糊不清的文字语言会传递一种不清晰的，难以使人理解的信息。此外，信息接收者也有权获得与自身利益相关的信息的内涵，否则有可能导致信息接收者对信息发送者的行为动机产生怀疑。

2）信息的反馈程度

有效沟通是一种动态的双向行为，而双向的沟通对信息发送者来说即其要得到充分的反馈。只有沟通的主、客体双方都充分表达了对某一问题的看法，才真正实现了有效的沟通。

有效沟通能够让员工准确理解单位决策的内涵，提高工作效率，化解单位内部的矛盾。公司决策需要一个有效的沟通过程才能施行，沟通的过程就是对决策的理解和传达的过程。决策表达得准确、清晰、简洁是进行有效沟通的前提，而对决策的正确理解是实施有效沟通的目的。在决策下达时，决策者要和执行者进行必要的沟通，以对决策达成共识，使执行者准确无误地按照决策方案执行，避免因为对决策的曲解而造成执行的失误。群体成员之间进行的交流包括物质上的相互帮助、支持，以及感情上的交流、沟通，信息的沟通是将单位共同目标和个人目标联系在一起的桥梁。同样的信息由于接收人的不同会产生不同的效果，信息的过滤、保留、忽略或扭曲是由接收人主观因素决定的，是他所处的环境、位置、年龄、教育程度等相互作用的结果。由于对信息感知存在差异性，就需要进行有效的沟通来弥合这种差异性，以减少由于人的主观因素而造成的时间、金钱上的损失。准确的信息沟通无疑会提高我们的工作效率，使我们舍弃一些不必要的工作，以最简洁、最直接的方式取得理想的工作效果。为了使决策更贴近市场变化，单位内部的信息流程也要分散化，使单位内部的沟通渠道向下一直到最低的责任层，向上可到高级管理层。在信息的流动过程中必然会产生各种矛盾和阻碍因素，只有在部门之间、职员之间进行有效的沟通才能化解这些矛盾，使工作顺利进行。

四、管理沟通障碍

（1）“我以为”的错误。不能以为沟通过，别人就清楚了，不能以为没有反馈就是没有意见了。特别是跨部门的沟通，无论是口头还是书面，更要注意双方是否理解一致。

（2）不敢越级沟通，不敢与高层直接沟通。经常出现员工不敢直接找高层或其他部门负责人沟通的现象，要鼓励员工就相关问题与高层直接沟通。

（3）害怕被拒绝，这是人的本性。在工作中，有一些想法建议，仔细思考后要敢于提出来，不要不敢说出来，白白延误了好时机。

（4）欠缺适当的沟通技巧。一般行业的从业人员，不用在沟通技巧上耗费太多时间，但必须掌握一些适当的沟通技巧。

小测试

沟通能力测试

回答下列问题，测评你的沟通能力。选择与你的经历最相近的答案，进行如实作答。如果你的回答是“从不”选 1，“总是”选 4，以此类推。把得分加起来，参考“分析”，评定你的沟通技巧。根据自己的回答找出你在哪些方面仍然需要改进。

选项：1 从不　　2 有时　　3 经常　　4 总是

1. 我适时地把适当的信息传递给合适的人。	1	2	3	4
2. 在决定该如何沟通前，我认真思考信息内容。	1	2	3	4
3. 我表现出自信，讲话时信心十足。	1	2	3	4
4. 我希望对方就我的沟通提供反馈。	1	2	3	4
5. 我注意倾听并在回答前检查我的理解是否正确。	1	2	3	4
6. 评价他人时，我努力排除各种个人成见。	1	2	3	4
7. 会见他人时，我态度积极、礼貌周到。	1	2	3	4
8. 我及时向他人提供他们需要与想要的信息。	1	2	3	4
9. 我会观察周围人的表现并将我的意见反馈给他们。	1	2	3	4
10. 我通过提问了解了他人的想法及他们的工作进展。	1	2	3	4
11. 我通过书面或网络方式（电子邮件、QQ、微信等）要求他人向我提供我需要的相关信息。	1	2	3	4
12. 我运用专业的沟通技巧进行沟通。	1	2	3	4
13. 我通过所有可以利用的电子媒介进行沟通。	1	2	3	4
14. 我把写议论文的规则应用到人际沟通中去。	1	2	3	4

15. 进行工作中的会见、调查时，我使用有效的记录方法。	1	2	3	4
16. 写重要函件或文件材料时，在定稿前，我常征求可信赖的批评者的意见。	1	2	3	4
17. 我运用快速阅读技巧来提高工作、学习效率。	1	2	3	4
18. 做演讲前，我认真准备并多次试讲。	1	2	3	4
19. 在群体中，我发挥着明显的积极作用。	1	2	3	4
20. 我进行的一些需要多部门、多人员协调的工作常能顺利完成。	1	2	3	4
21. 我用软性和硬性方式说服他人接受我的观点。	1	2	3	4
22. 谈话前我已经对谈话内容进行了深入研究，并熟知对方的需要。	1	2	3	4
23. 我写的报告结构合理，内容准确、简明、清晰。	1	2	3	4
24. 提出观点前，我往往进行彻底的调查。	1	2	3	4
25. 我努力了解有关听众对组织的看法。	1	2	3	4
26. 我认真考虑其他更擅长某项工作的人员帮助我解决相关问题。	1	2	3	4
27. 我与其他部门工作人员进行有益的接触。	1	2	3	4
28. 我确保与同事思想一致地协同工作。	1	2	3	4
29. 我交给同事的工作是以明确的目标为基础的。	1	2	3	4
30. 我把定期与他人沟通看作重要工作。	1	2	3	4
31. 我积极接收并回应来自他人的反馈。	1	2	3	4
32. 我确定了沟通目标，并且不允许任何行为阻碍这一目标的实现。	1	2	3	4

做完自我测评题目，把各题得分加起来，然后通过阅读相应评语，检查你的表现。无论你的分数有多高，一定要记住：永远有改进的余地。检查一下你在哪一方面做得较差，找到实用的建议和提示以改进沟通技巧。

32～64：你不能有效地沟通，要倾听意见，努力从失败中吸取教训。

65～95：你在沟通方面表现一般，要针对弱点，努力提高。

96～128：你能很好地沟通，但仍要继续提高沟通能力。

小实训

模拟初次见面

见面的头 3 分钟是你留给他人第一印象最重要的时间段。在一个会议或培训刚开始的时候，如何让大家熟悉起来，是关系会议或培训是否成功的关键，下面的小游戏就可以用于消除大家的陌生感。

时间：20 分钟。

场地：教室。

道具：姓名牌。

一、游戏程序和规则

1. 第一步

（1）给每一个人都做一个姓名牌。

（2）让每位同学在进入教室之前，先在名册上核对一下自己的姓名，然后给他一个别人的姓名牌。

（3）等所有人到齐之后，要求所有人在3分钟之内找到姓名牌上的人，同时向该人做自我介绍。

2. 第二步

（1）主持人作自我介绍，然后告诉大家：“很高兴来到这儿！”

（2）主持人快速绕教室走一圈，问：“如果你今天不在这儿，你会在做什么不情愿做的事情呢？”

（3）众人逐个回答。

注意让问答保持在一个轻松活泼的氛围之内。

二、相关讨论

当你在寻找你拿到的姓名牌上的人的时候，你是不是也同时认识了很多其他的人？参与这个游戏，你是不是感觉大家的距离近了很多？

三、总结

（1）主持人一定要注意保持一个积极、幽默的态度，以便让大家迅速地消除腼腆等情绪，这有助于促进大家积极发言。

（2）如果没有调动起大家的情绪，没有积极举手回答问题的人的话，主持人可以有意识地挑选同学进行回答，以调动气氛。

项目三

积极进行“自我沟通”

项目导语

沟通常被理解为人与人之间的信息交换（人际沟通），其实个体内部也存在沟通，这种沟通即自我沟通。自我沟通从某种角度上说，是人际沟通的基础，自我沟通顺畅的人，在人际沟通上，往往也更“得心应手”。自我沟通还涉及个人正确人生观、价值观的确定，其对个人心理健康，良好人格的养成具有重要意义。

知识点

- 理解自我沟通的方法、特点及类型
- 掌握自我沟通的概念及作用
- 掌握自我沟通的方式、作用和过程
- 自我认知、情绪管理、自我修炼

技能目标

- 能够识别自我沟通的障碍
- 能够利用自我认知技能制订高速铁路客运服务人员的职业规划
- 能够运用情绪管理方法对高速铁路客运服务人员进行情绪调整

引导案例

某高铁客运班组，列车长黄伊静接到客运段下达的指标：每年被投诉不超过 10 次。这个指标让黄伊静压力很大，随后她分析了最坏的状况：没有达标。没有达标的后果是什么呢？她可能会被降职。不过她分析，自己还这么年轻，专业知识和经验在这个行业中是非常有竞争优势的，自己继续努力可以重新回到列车长的岗位。想到这里，黄伊静心里就坦然了，接下来就开始分析如何完成这个指标。

黄伊静衡量了投诉的“多发点”，对减少、避免被投诉有了更清醒的认识，找到了积极预防投诉的方向，并制订了一些防投诉的计划，要求乘务组提高认识、认真对待。经历了这一系列过程，黄伊静的压力自然就减轻了许多。

案例分析：

良好的自我沟通技能是职场人士成功的前提。当面临工作压力、意外情况发生时，不能很好地进行自我沟通，便无法正确地看待和应对困难，案例中列车长黄伊静面对工作压力、任务指标，进行了有效的自我沟通，排解了压力，找到了对策，这是有效自我沟通的典范。

➔ 本项目知识结构导图

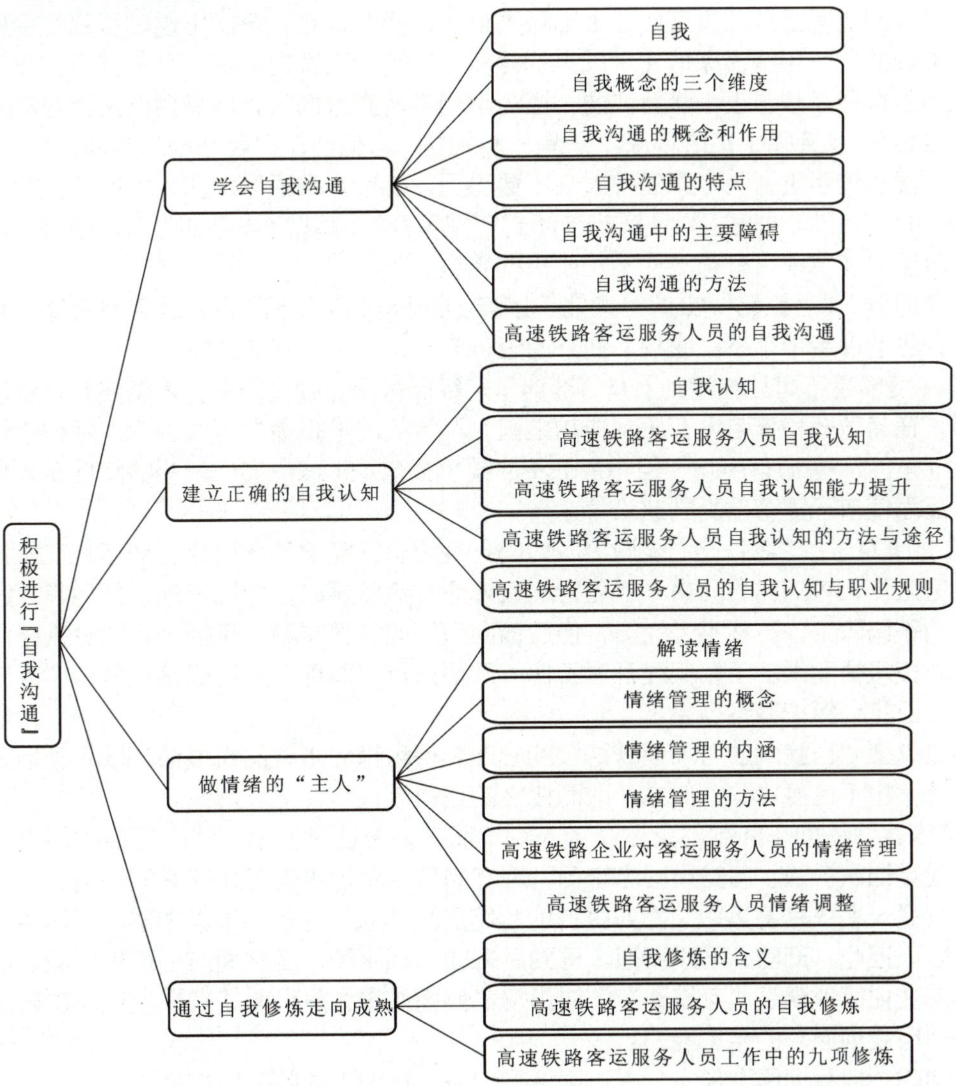

思政课堂

透过新冠疫情期间铁路职工的心路历程看“自我沟通”的意义

2020 年年初，新冠疫情袭来。中国铁路上海局集团有限公司的某位客运乘务员作为17 年前值乘徐州至北京列车，有过“非典”期间乘务经历的“老铁路”起初没有过于在意，认为无非是要注意个人卫生，加强个人防护。

随着疫情的发展，上下班途中的不便、乘务工作中的风险等问题开始出现。

1 月 24 日，大年三十当天，中央召开会议，把防控疫情作为当前最重要的工作。这位“老铁路”通过媒体了解到，确诊病例数以万计，已经超过非典期间的感染人数，而且还在不断增加，大有以武汉为中心向全国蔓延之势。其他高铁班组同事也有因列车上有确诊病例而被隔离的情况出现。其在心理上出现害怕、担心的情绪，每次出乘都反复检查口罩和手套的佩戴情况，和旅客保持 1 米以上的距离，洗手的次数也增多，开始独自到车内人少的空间用工作餐，除了正常测量体温，还经常用手背碰触额头，感受温度是否异常，每次值乘任务结束，走到家门口的时候，总有一种担忧，害怕自己已经感染病毒而传染给家人。休息的时候通过手机看到专家建议大众不要出门，感染人数逐日增加，疫苗和特效药的研制还需要时间，各地小区、村庄实行封闭式管理等各类信息。“老铁路”更加焦虑，心想疫情什么时候才能结束，有种茫然不知所措的感觉。

这个时候，“老铁路”觉得继续处于这样的消极状态，自己的心理负担会越来越大，对工作和生活都会带来不良影响。他开始进行与自己内心的“对话”:

（1）疫情是不可战胜的吗？从“非典”的经历来看，经过研究，人类终会找到应对病毒之策，在特效药和疫苗没有研制成功之前，科学的防护是最为有效的个人保护手段；

（2）担心、害怕有用吗？担心害怕不会让疫情自动消失，抑郁的心情降低了人体的免疫力，反而使自己更容易受到感染；

（3）作为一名“老铁路”能消极应对吗？身边有的党员同事已经主动请战支援武汉线路的乘务工作，有的党员同事不畏危险，在处置发热旅客时，冲锋在前，作为有 20 年工作经验的铁路职工，虽然不是党员，但应该向身边的党员学习，承担一名“老铁路”的职责，认真按疫情期间的工作流程开展工作，严格执行“消毒”规范程序，做好个人防护，维护公共卫生，保护旅客安全。

通过以上“自我沟通”，“老铁路”的心态变得积极起来，面对疫情，既不盲目乐观、不以为然，也不过度紧张、焦虑，取而代之的是科学预防，坚守岗位。

“老铁路”还向车队党总支递交了入党申请书，表达了愿意在防控疫情的艰难阶段，自觉接受党组织考验，向党员同志学习，坚守岗位，承担更多工作任务的心声。

这就是一名铁路客运职工面对疫情的心路历程：从一开始的不以为然、无所谓，到中间的紧张、担心、茫然、不知所措，再到后来的心态平和、坦然面对、积极进取。这些心理状态的变化既体现了“老铁路”作为正常个体面对重大危机时的常规反应，也表明其具有正向“自我沟通”的自愈能力。

正向的“自我沟通”是一个人正确认识自身、认识世界的有效途径。

知识点击

任务一 学会自我沟通

一、自我

自我，即一个人对自身存在的体验，一个人通过经验、反省和他人的反馈，会逐步加深对自身的了解。自我概念是一个有机的认知体系，由态度、情感、信仰和价值观等组成，其贯穿于经验和行动之中，并把个体表现出来的各种特定习惯、能力、思想、观点等组织起来。

二、自我概念的三个维度

自我概念的三个维度：反映评价、社会比较和自我感觉。

1. 反映评价

反映评价就是人们从他人那里得到的有关自己的信息。

如果年轻的时候常得到肯定的评价，你就会有一个良好的自我概念。如果这种评价是否定的，你的自我概念就可能会很糟糕。例如，在学期开始时，老师对一个学生说，你行，你一定会成为一个好学生，这位学生听了以后常常以好好学习作为心理暗示；如果老师说你以后没有什么发展，这位学生可能会消极起来，觉得反正自己不行，懒惰一点也无所谓。

2. 社会比较

在工作和生活中，人们往往将自己与他人进行比较来确定衡量自己的标准，这就是在做社会比较。

例如考试卷子发下来，许多人会问一下自己的同桌是多少分数，自己的朋友是多少分数；走上社会，又和同事比，比谁收入高，谁生活得更好；当自己有了孩子，就比谁的孩子学习好；当担任领导管理一个单位时，就和其他单位比，等等。无论什么人从出生到长大，从家庭到社会，从学习到工作，都是在社会比较中发展和充实自我的。

3. 自我感觉

在年少时，对自己的认识大多来自人们对自己的反应。然而，在生活的某一时刻，你开始用你自己的方式来看待自己，这种看待自己的方式被称为自我感觉。

如果从成功的经历中获得自信，自我感觉就会变得更好，自我概念就会改进。例如，通过自己的能力安装、调试好一台电子计算机，自我感觉就非常好。

三、自我沟通的概念和作用

1. 自我沟通的概念

自我沟通也称内向沟通，即信息发送者和信息接收者为同一个行为主体，自行发出信息，自行传递信息，自我接收和理解信息。

2. 自我沟通的作用

自我沟通是一切沟通的基石，现代社会快速的生活节奏让很多人每天都忙于和客户沟通、和同事沟通，闲暇时间则忙着陪伴家人，可能鲜有自我沟通的时间。“知人者智，自知者明”，只有自我沟通顺畅，才能真正做到人生的豁达，也才能真正和他人和谐相处。

（1）要说服他人，首先要说服自己。内心真正认同当下所为的积极意义与价值，方能心甘情愿地自觉为之。

（2）自我沟通技能的进一步开发与提升是成功职场人士的基本素质。

（3）以内在沟通解决外在问题。自我沟通是内在和外在得到统一的联结点。

在工作和生活中重视自我沟通的价值，更好地进行自我沟通，我们会拓宽生命的宽度，让自己的生命更有品质。我们的生活品质在很大程度上取决于我们的沟通能力。要想跟别人顺畅沟通，必须先学会跟自己沟通。良好的自我沟通能力有助于我们掌控自己的情绪和心态，积极的心态能够影响行动，有效行动可以改变我们的命运。掌控自己的命运，获得成功的人生，必须从自我沟通开始。

想实现卓越的人生，必须自己掌握自己的心境和情绪。遇到困境，要学会自我沟通，尽快排解自己消极、负面的情绪。

小案例

小李和小张是某校高铁乘务专业的同班同学。毕业后，小李进入车站候车室工作，小张则成为一名乘务员。七年后，小李被提拔为候车室值班班长，小张被提拔为列车长。小李一直认为自己能力一般，对于这次被提拔感到十分欣喜，其决定继续努力以争取更好的成绩。而小张在校期间对所学专业很感兴趣，成绩优秀，工作后也十分努力，对于七年后，才成为列车长，其认为这是失败和挫折，感到懊恼、沮丧，但其也决定继续努力，做出更多成绩。这个案例说的是个人的自我满足水平并不简单地取决于其获得多大的成功，还取决于个人的抱负水平，以及如何解释成功对于个人的意义。

四、自我沟通的特点

自我沟通的过程与一般人际沟通具有相似性，但在具体要素和程序上有其自身的特点。

（1）主体和客体同一性。自我沟通中的“我”同时承担信息编码和解码功能。

（2）自我沟通的目的是说服自己。自我沟通经常在自我原本认知和现实外部需求出现冲突时发生。

（3）沟通过程连续。自我沟通时，信息输出、接收、反应和反馈几乎同时进行，也同时结束，这些基本活动之间没有明显的时间分隔。

（4）沟通媒体来自“我”本身。自我沟通渠道可以是语言、文字，也可以是自我心理暗示。

五、自我沟通中的主要障碍

与人际沟通相比，自我沟通容易被人所忽视，所以在自我沟通的过程中常常会出现自我认识的盲区和未知区。

约哈里窗这个概念最初是由美国社会心理学界在 20 世纪 50 年代针对如何提高人际交往的成功率而提出来的，其用来解释自我和公众沟通关系的动态变化。此理论被引入到人际交往心理学、管理学等领域。约哈里窗如图 3-1 所示，它将人的心灵想象成一扇窗，其中的 4 个区域分别代表个人特征中与沟通有关的部分。

	自知	自不知
人知	区域一 开放区	区域二 盲点区
人不知	区域三 隐秘区	区域四 未知区

图 3-1 约哈里窗

（1）区域一——开放区：自己知道、他人也知道的信息。

（2）区域二——盲点区：他人知道而自己不知道的信息。

（3）区域三——隐秘区：自己知道而他人不知道的信息，这些信息有的是知识性的、经验性的，有的则是创造性思维的结果。

（4）区域四——未知区：自己不知道、他人也不知道的信息，其是潜意识、潜在需要。这是一个大小难以确定的潜在区域。

约哈里窗各区域的范围不是静止的而是动态的，人们可以通过内、外部的努力改变约哈里窗 4 个区域的分布。当人们开放、隐秘的信息变大了，那么其盲点和未知的信息相对就变小了。盲点、未知这些制约和影响人们潜能发挥的因素，必须依据全新的团队互动式学习方法，理性而大胆地应用反问、回应、分享等手段，才可以不断冲破人们内心的阻力，使个人和组织思维中的盲点越来越少，未知充分披露，从而达到个人素质提升和组织效率提高的目的。

约哈里窗理论有助于人们发现盲点、开发潜能。

小案例

同一乘务组不同乘务员偶尔会产生矛盾，如果不妥善解决，问题就会复杂化。

某铁路局集团公司京广高铁乘务组乘务员大陈和小赵是同事，发生矛盾后，两人吵了起来，小赵向领导提出更换乘务组的要求。

乘务长分别找两人谈心。问他们愿不愿做团结协作的好同事，想不想共同为旅客服务，共同参与高速铁路大发展的历史进程。两人都进行了有效的自我沟通，运用约哈里窗理论，认识自己的不足，找出对方的优点，重新成为好同事。

六、自我沟通的方法

学会自我沟通，在工作和生活中重视自我沟通的价值，更好地学会和自己相处，我们将拓宽生命的宽度，让自己的生命更有品质！

自我沟通可能是人们长期忽略却亟待了解的。完美生活来自完美的自我沟通，从呱呱坠地开始，我们就开始自我沟通的旅程，学习认识自己的父母，在家族谱系中寻找自我的人生定位。祖先是自我沟通时间轴的开端，家族则是自我沟通的空间坐标的开始。长大后，我们从更大的时间和空间上确认自己的位置和角色，从与同辈的比较中寻找自己的位置，从工作分工中寻找自我的价值所在。可以说我们时时都在与自我沟通，那么如何让自我沟通更有效、更为自己所用呢？

（1）遇到任何问题、状况与事情时，不要怨天尤人，怪别人甚至怪“老天无眼”，而是要冷静下来，做自我审视与沟通。

（2）自我沟通的首要条件在于认知，认知自己的不足、前方的障碍、所受的限制。

（3）在充分认知自己的基础上，再用心去感觉、去体会、去感悟，使自己的心胸打开，增加自我沟通的内在动力。

（4）“心动不如马上行动”，当自己内心的动力增强后，即刻就要付诸实践，充分发挥自我沟通的作用。

（5）良好的自我沟通能力不可能一蹴而就，必须持续不断，一次又一次地修炼，不可心急，必须一步一步来，方能实现自我沟通的良好效果。

小案例

某铁路乘务员公寓位于高速铁路枢纽城市，规模较大，每天入住的乘务员非常多。由于公寓楼层较多，所以电梯不会很快到达，值乘高峰期的时候，一些乘务员往往等得不耐烦，便会连续按电梯按钮，有时即便已看见按钮灯亮起，也不停止。许多乘务员觉得只有不停地按，电梯才会来，因此电梯按钮的更换频率很高。公寓管理部门在电梯门边安装了一面大镜子。这面镜子可以让乘务员看见自己的“猴急样”，所以只要他们站到镜子前，就会马上变得有礼貌，一个个都成了“绅士淑女”。其实这面大镜子无意中起到了自我沟通的作用。它让人们看到了自我，和镜子中的自我进行沟通和比对，对自我进行定位，然后依据这个定位，人们会改变自己的行为方式，提高个人素养。

七、高速铁路客运服务人员的自我沟通

高速铁路客运服务人员的自我沟通是指高速铁路客运服务人员在服务工作中面向自己的沟通，是个人在客运服务过程中接收外部信息并在自身内部传递、理解、处理信息活动的过程。自我沟通实现了“主我”和“客我”之间的信息交流。自我沟通是其他一切沟通的基础。自我沟通能力也是高速铁路客运服务人员的一项必备能力。

1. 高速铁路客运服务人员自我沟通的方法

高速铁路客运服务人员掌握自我沟通的技巧，在实际的客运服务工作中，可以达到事半功倍的效果。

高速铁路客运服务人员自我沟通的方法主要有受众法、信息法、媒体法等。

1）受众法

受众法就是高速铁路客运服务人员进行自我认知。

2）信息法

信息法就是通过相关学习，寻找各种依据和道理对自我进行说服，这种信息可能来自自身的思考，也可能来自他人（有经验的资深高速铁路客运服务人员或其他有丰富高速铁路客运服务经验的人）的传授和从书本中学来的知识。

3）媒体法

媒体法是指每个个体（高速铁路客运服务人员）根据自己的特点选择相应的沟通渠道。例如，有的人通过写日记的方式表达自己的感情；有的人通过冥思苦想的方式来排解情绪；有的人借助书中的人物来发泄自己的矛盾心态，这些都是不同个体进行自我沟通的渠道和方法。

高速铁路客运服务人员应根据个体的心理、生理特点，以及所处的高速铁路客运服务工作环境，选择最佳的沟通方式。

2. 高速铁路客运服务人员自我沟通能力的提升

高速铁路客运服务人员在工作和生活中要重视自我沟通能力的提升，更好地与自我相处。高速铁路客运服务人员自我沟通能力的好坏，直接影响高速铁路客运服务工作的质量，良好的自我沟通能让自我满意，领导满意，旅客满意，能拓宽生命的宽度，让自己的生命更有品质！高速铁路客运服务人员可以从以下方面提升自我沟通能力。

1）自我认知

本项目任务二将对自我认知进行具体介绍。

2）情绪管理

本项目任务三将对情绪管理进行具体介绍。

3）自我修炼

本项目任务四将对自我修炼进行具体介绍。

小案例

一位列车长的做法

李莎莎当列车长11年，管理过的班组有数十个，朝夕相处的乘务人员有几百人。她认为列车长要多和乘务员交流，学会当一名倾听者，利用当班巡视车厢的机会在乘务员值班室坐一坐，与每位乘务员聊聊天，在掌握了乘务员的思想动态的同时，也掌握了工作的全局。李莎莎认为列车长不是高高在上的，自己也是从乘务员做起的，要学会调解乘务员之间的矛盾，而不是纵容和挑拨。班组稳定是列车长的功劳，班组混乱也是列车长管理的失责。

任务二　建立正确的自我认知

小案例

他该怎么办

云宏，在某企业工作11年，现在是该企业的销售部经理。11年来他一直非常勤奋，孜孜不倦。每天加班加到最晚，工作身先士卒，达不到业绩誓不罢休。然而云宏一直有一个性格特点，就是脾气特别不好，动辄向下属发脾气，还常常抱怨其他部门的同事合作度不够。私底下，云宏也常常觉得自己很累，偶尔跟好友闲谈的时候也常常提出疑问："我这样的生活到底值不值得？"云宏很迷惘，但不敢做很大的调整，因为他觉得自己现在拥有的一切，都是通过这样的生活方式得到的。更令云宏头痛的是，他的儿子有时候很怕陌生人，有时候会在学校跟同学打架，常常因为注意力无法集中、欠交作业等问题而受到老师的批评。云宏对此感到非常焦虑，他知道儿子是受自己的情绪和性格影响了，才会变成这样。

一、自我认知

1. 自我认知的概念

自我认知指的是对自己的洞察和理解，包括自我觉察和自我评价。自我觉察是指对自己的思维和意向等方面的觉察；自我评价是指对自己的想法、期望、行为及人格特征的判断与评估。自我认知是自我调节的重要条件。

个体对自我的觉察，或者说意识的形成，是来源于个体被外界环境刺激后，经由记忆和思想产生的反应，因此，在形成记忆之前，个体是不会有自我意识的。如果说记忆是一切思想的基础，那自我认识就是个人对环境的反应。当一个人的记忆和思想达到一定程度后，比如出现了完全来自大脑的思维和想象力，个体的自我意识会更加强烈。我存在、我需要、我想要的想法，不断地通过思维和想象力，加强个体对自我的认知，直到个体有机生命体的结束。故自我认知从大脑记忆力产生开始，伴随记忆力的消失而消失，其是一个不断发展的过程。

个体对于自我的存在，行为和心理的认知会有一个发展的过程，刚开始是比较模糊的，所以儿童会经常出于好奇心而做一些危险的事情。儿童的自我意识是比较朦胧的，只有经过不断地试错，以及学习和思考后，对于自我肌体的存在感才会渐渐成熟，随后才会对各种行为进行有意识的区分，得出哪些行为是危险的，哪些行为是安全的结论，再决定是否要实施。在这一系列行为之后才会产生对自我心理的认知。一般来说，一个人的思维和想象力达到一定程度后才能具备察觉自我心理变化的能力。个体开始区分个人肌体行为和心理行为的差异是自我心理认知的开始。

2. 自我认知的作用

自我认知是一种比较高级的认知能力。对于受教育程度低，或者智力水平低的人而言，也许其终身也不具备自我认知的能力。而对于有些人，其能够准确地运用自我认知能力。心理认知一般来说是一个无限的过程，因为心理活动本身是无限的，它会跟随个人经历和记忆，以及思想和想象力的发展而不断地发展。出现和前一阶段不同的心理活动后，个体对自我的心理认知常常会有一个总结和重新调整的过程。

自我认知的超越状态在于个体认识到自己整个思维和记忆的状况，并能够对自己的心理活动进行控制，从而达到一种忘我的境地或者无我的境地。在这一状态中，这个自我已经认识到我是谁，我和我的思想、记忆的关系。于是这个自我很可能被抛弃或者被摆放到一个特定的位置或空间，可以全面观察自己的心理状态和整个自我的运作情况并有控制能力。从觉察自我，了解自我的性质和运作方式，到抛弃自我以达到无我，是一个超越的过程。生命体的死亡则是自我认知的停止。

如果一个人不能正确地认识自我，看不到自我的优点，觉得处处不如别人，就会产生自卑心理，丧失信心，做事畏缩不前，相反，如果一个人过高地估计自己，也会骄傲自大、盲目乐观，导致工作的失误，因此，恰当地认识自己能够克服这些不切实际的想法，在生活中找到适合自己的位置。

自我认知的核心是自我意识，或叫自我，其是个体对自己存在的觉察，包括对自己的行为和心理状态的认知。

3. 自我意识

自我意识是对自己身心活动的觉察，具体包括认识自己的生理状况（如身高、体重、体态等）、心理特征（如兴趣、能力、气质、性格等），以及自己与他人的关系（如自己与周围人们相处的关系，自己在集体中的位置与作用等）。

广义的自我意识指人对自己的属性、状态、行为、意识活动的认识和体验，以及对自身的情感和行为进行调节、控制的过程。

自我意识是一个人对自己的认识和评价，包括对自己心理倾向、个性心理特征和心理过程的认识与评价。正是由于人具有自我意识，才能使人对自己的思想和行为进行自我控制和调节，使自己形成完整的个性。

自我意识是人对自己身心状态及对自己同客观世界的关系的意识。自我意识包括三个层次：对自己及其状态的认识；对自己肢体活动状态的认识；对自己思维、情感、意志等心理活动的认识。自我意识不仅是人脑对主体自身的意识与反映，而且人的发展离不开周围环境，特别是人与人之间关系的制约和影响，所以自我意识也反映人与周围现实之间的关系。自我意识是人类特有的反映形式，是人的心理区别于动物心理的一大特征。

自我意识在个体发展中有十分重要的作用。首先，自我意识是认识外界客观事物的条件。一个人如果无法认识自己，也无法把自己与周围相区别时，他就不可能认识外界的客观事物。其次，自我意识是人具有自觉性、自控力的前提，其对自我教育有推动作用。人只有意识到自己是谁，应该做什么的时候，才会自觉、自律地去行动。一个人意识到自己的长处和不足，就有助于他发扬优点，克服缺点，取得积极的自我教育效果。最后，自我意识是改造自身主观因素的途径，它使人能不断地自我监督、自我修炼、自我完善。综上所述，自我意识对人的个性形成尤为重要。

自我意识主要包括以下三种心理机制。

1）自我认识

自我认识是主观自我对客观自我的认识与评价，是自己对自己身心特征的认识，自我评价是在自我认识基础上对自己作出的某种判断。正确的自我评价，对个人的心理和行为有较大影响。如果个体对自身的估计与社会上其他人对自己的客观评价过于悬殊，就会使个体与周围人们之间的关系失去平衡，产生矛盾，时间一长，将会形成稳定的心理特征——自满或自卑，这将不利于个人的心理健康。自我认识在自我意识系统中具有基础地位，属于自我意识中“知”的范畴，其内容广泛，涉及自身的各个方面。进行自我认识训练，重点应放在三个方面：第一，能认识到自己的身体特征和生理状况；第二，能认识到自己在集体和社会中的地位及作用；第三，能认识到内心的心理活动及其特征。自我评价是自我意识发展的主要成分和主要标志，是在认识自己的行为和活动的基础上产生的，是通过社会比较而实现的。由于多数人自我评价能力不高，往往不是过高就是过低，因此，要提高我们的自我评价能力，就应学会与同伴进行比较，通过比较做出评价。还应学会借助别人的评价来进行自我评价，学会用一分为二的观点评价自己。由于自我评价是自我认识中的核心成分，它直接制约着自我体验和自我调控，所以，进行自我意识训练，重点应放在自我评价能力的提高上。

2）自我体验

自我体验是主体对自身的认识而引发的内心情感体验，是主观的我对客观的我所持有的一种态度，如自信、自卑、自尊、自满、内疚、羞耻等都是自我体验。自我体验往往与自我认知、自我评价有关，也和自己对社会的规范、价值标准的认识有关，良好的自我体验有助于自我监控的发展。进行自我体验训练，就是要让自己有自尊感、自信感和自豪感，不自卑、不自傲、不自满，随着年龄增长懂得因做了错事而感到内疚，因做了坏事而感到羞耻。

3）自我监控

自我监控是自己对自身行为与思想言语的控制，具体表现为两个方面：一是发动作用；二是制止作用，也就是支配某一行为，抑制与该行为无关或有碍于该行为进行的行为。进行自我认知、自我体验训练的目的是进行自我监控，调节自己的行为，使行为符合群体规范，符合社会道德要求，通过自我监控调节自己的认识活动，提高学习效率。提高自我监控能力的重点应放在促使一个转变上，即由外控制向内控制转变。一个人自我约束能力较低时，常常在外界压力下被动地从事实践活动，例如只有教师要求做完作业后检查，你才会进行检查，针对这种现象，你应学会如何借助外部压力，发展自我监控能力。

二、高速铁路客运服务人员自我认知

高速铁路客运服务人员的工作对象是旅客，在客运服务工作中要处理各种涉及旅客的事务，要明确自己的角色定位，培养自我认知意识，在工作中加强自我建设。

高速铁路客运服务人员自我认知是指高速铁路客运服务人员对自己的洞察和理解，也就是高速铁路客运服务人员在客运服务工作中的自我觉察，在处理相关问题、事件中对自我行为和心理状态的了解。高速铁路客运服务人员正确认识自我，实事求是地评价自己，是自我调节和人格完善的重要前提，也是做好客运服务工作的重要前提。

三、高速铁路客运服务人员自我认知能力提升

每一位高速铁路客运服务人员都希望通过对自己的深入了解，在心理素质和言谈举止方面得到进一步的提升和改善，使自己的客运服务工作质量得到进一步提升。

提升自我认知的有效方法比较多，但是我们必须认识到自我认知是一个非常复杂而又模糊的概念，因为人很复杂，也时刻在变化，本书介绍一些提升自我认知能力的方法。不论用什么方法提升自我认知能力，都无法速成，都需要长期努力。

（1）人们往往难以做到正确地进行自我认知。自我认知简单来说就是一个人对自己的了解程度。我们总觉得我们了解自己多过别人，因为自己是不会和自己说谎的，自己最了解自己，然而自己对自己的看法往往带有很多主观色彩，难以做到客观。

（2）我们的自我认知会受限于我们的视角。比如此刻你应该注意不到自己的脚掌是什么感觉，可是当读完了这句话之后你肯定能清楚地感觉到自己脚掌的存在。人的意识像手电筒一样，照到哪里我们才注意到哪里，而人的内心又是很复杂的，像一个漆黑的房间，我们永远无法照亮每一个角落。

自我认知度高的人，并不会比其他人“照亮”得更多，但却更熟悉自己。就好像在自己的房间里，有时候就算伸手不见五指，也能大致了解身边的物品，而身处一个陌生的房间里时就做不到这一点。

（3）有的时候我们对自己的认识是混乱的，支离破碎的，就好像我们对刚认识的朋友一样，只能通过只言片语来判断。

一个人的一生必然是有很多内在的逻辑和规律的，了解这些规律能解开我们的很多困惑，从而带来安全感和方向感。了解自己多一些，能够更全面地理解问题与挑战，也能做出更周全的反应。

（4）自我认知度的高低也会受到我们的欲望和目标的影响。有时候我们并不是不了解自己，而是出于某些原因拒绝关注自己，了解自己。一个害怕被责备的下属为了维持与上级的关系而牺牲个人心灵成长的需要，并不意味着他不知道自己想要什么，只是生活当中很多时候我们不得不总是把聚光灯对着别人，所以对自己一无所知。

（5）我们和别人相处，如果了解对方，那么就更容易信任和理解对方，更愿意与对方合作。同样，我们也需要和自己相处，个人和自己的关系，其实也是一个人际关系，是英文里I和me的关系。

（6）自我认知度高的人会更自信，自信是信任自己，是相信自己。不自信的人，往往不能准确地认识自己。

（7）自我认知度高的人会更有安全感，因为其会更清楚地知道出现问题和挫折的时候，自己做了些什么，哪些行为对事情的结果有影响。有些人脾气不好，自我认知能力又差，意识不到自己接人待物的方式很有问题，所以老是和别人闹矛盾然后被嫌弃，还反过来怪别人。这样的状况反复几次，一个人便很难在任何关系里有安全感，会觉得这个世界似乎都是讨厌自己的。

（8）自我认知度高的人对自己的人生有更好的规划，更有方向感。缺乏自我认知，就好比自驾游没有目的地，只是看哪条路不堵车就往哪里走，到了最后自己都不知道走到哪里去了。了解自己的需求、目标、追求，知道自己喜欢什么、讨厌什么，都是自我认知的

一部分。

（9）自我认知度高的人能带来更好的自我照顾，或者说“自爱”。我们往往喜欢指责不是特别熟悉的人，给他们贴标签，但是对于我们非常熟悉的人，比如子女，心里面总会多一分宽容，“他就是这样的人”。对于我们自己，如果不了解自己，也会很容易产生自责和负罪感，但如果知道自己的“优劣好坏”，接纳自己的不完美和不足，就不会时刻感到挫败了。

素质拓展

写一篇个人成长史

1. 划分人生阶段

将自己已有的经历划分为6个阶段。每一个阶段用一个重要的事件或者时间点来界定。第一个阶段从出生开始，最后一个阶段一直持续到现在。

2. 罗列重要事件

在每个阶段中找出三件对你影响最大的事件。这些事件对你的情感、性格、生活轨迹、人际关系有重要的影响。

建议关注这样一些事件：生活轨迹变化的转折点，重大的失败或意外，重要的决定，情感上冲击很大的事件，记忆深刻的事件。

罗列这18个事件本身可能就是个挑战，有的需要努力回忆，有的需要去询问他人。

3. 分析事件

针对每一个事件，都需要回答以下几个问题。

（1）这个事件给我带来了哪些认知和想法上的变化？

（2）这个事件给我带来了哪些情感上的冲击或者影响？

（3）这个事件和现在的我有什么关系？换句话说，这个事件如何塑造了今天的我？

4. 收获

这份“作业”可能会写得很长，长到超过你的预期。写的过程中你可能会哭、会笑、会感慨。你可能需要他人帮助你回忆，但不要给他人看你的“作业”，因为只有你自己才能看的情况下，你才能最诚实。

这份“作业”最终能达到什么效果，因人而异。第一，写作过程中的思考就会让自己非常受益，一边写一边思考，看清了很多以往忽略的或者误解的问题。第二，写完之后，整个人有一种“觉醒”的感觉，而且这种感觉，以及带来的思考，会持续影响自己很长时间。第三，可能有些事情写出来后会让自己不舒服，但是短时间的不舒服换来的是长期的内心的平静。第四，对自己的理解会变得非常宽广，甚至会看到自己所处的历史和社会环境给自己带来的影响。

四、高速铁路客运服务人员自我认知的方法与途径

正确认识自我指一个人对自我的认识要与自我的实际情况相符合，它包括两个方面的含义。① 正确、全面认识自己的特点和长处。② 正确认识自我与社会、个人与集体的关系。

认识到个人的成长离不开集体，自我的人生价值主要在于对社会的贡献。

人总是在不断地发展变化的，因此，我们需要不断更新、不断完善对自己的认识，这样才能使自己变得更好和更完美，而要正确认识自己，我们就必须用全面的、发展的眼光看待自己。① 全面认识自己，我们既要认识自己的外在形象，如外貌、衣着、举止、风度、谈吐，又要认识自己的内在素质，如学识、心理、道德、能力等。一个人的美应是外在的美与内在的美的和谐统一，内在的美对外在的美起促进作用。② 全面认识自己，我们既要看到自己的优点和长处，又要看到自己的缺点和不足，因为，我们每个人的外在形象和内在素质都有自己的优势，也有自己的不足，正所谓“金无足赤，人无完人”，我们每个人都有自己的缺点，但同时每个人也都有自己的“闪光点”。我们应该多关注自己的优点和长处，即使自己可能有很多不足，也要用欣赏的眼光来看自己。只有先看得起自己，才能正确认识自己。面对纷繁复杂的世界，如果你把目光都集中在痛苦、烦恼上，生命就会黯然失色；如果你把目光都转移到快乐之中，你将会得到幸福。同样的道理，面对自己，如果你只看到自己的缺点、不足，你将会悲观失望，停步不前；如果你能看到自己的优点、长处，你将会充满信心，迎接生活的挑战。同样，如果我们只看到自己的优点，看不到自己的不足，“看自己一朵花，看别人豆腐渣”，用自己的长处比别人的短处，我们就会沾沾自喜，骄傲自大，停步不前，甚至会倒退，因此，为了全面认识自己，我们既要看到自己的优点和长处，又要看到自己的缺点和不足。③ 事物总是发展变化的，没有一成不变的事物。俗话说“士别三日，当刮目相看”，我们每个人也都是在不断发展变化的，我们的优点和缺点也不是一成不变的，因此，我们必须用发展的眼光看自己，及时发现自己的优点和缺点，通过自己的努力，争取变缺点为优点，通过不断改正自己的缺点来完善自己。

高速铁路客运服务人员自我认知的途径如下。

（1）通过自我观察认识自己。在高速铁路乘务工作中通过自我观察来认识自己。

（2）在与乘务组的领导、工作伙伴和旅客的接触、交流和比较中认识自我。要正视现实，实事求是，全面客观地看待自己，用发展的眼光看待自己。要正确认识自己，我们必须做一个有心人，经常反省自己在日常生活中的点滴表现，总结自己是一个什么样的人，找出自己的优点和缺点。自我观察是我们自己教育自己、自我提高的重要途径。自我观察主要包括三个方面。① 自身外表和体质状况的观察，包括外貌、风度和健康状况等方面的观察。② 自我形象的观察，主要是对自己在所生活的集体中的位置和作用、公共生活中的举止表现及社会适应能力等的观察。③ 自己的精神世界的观察，包括对自己的道德水平、智力水平、能力、性格、兴趣、爱好、特长等方面的观察。

（3）通过他人了解自己。从乘务组的领导、工作伙伴和旅客对自己的态度和评价中认识自己。大文豪苏轼写道：“不识庐山真面目，只缘身在此山中。”认识自己有时候的确比较难，一般来说，当局者迷，旁观者清，周围的人对我们的态度和评价能帮助我们认识自己、了解自己。我们要尊重他人对自己的评价，冷静地分析。对于他人对自己的评价我们既不能盲目认同，也不能忽视。

在生活中我们要用变化和发展的眼光看待自己，看待他人。

小提示

完善自我的途径

- 注重人格培养：智慧力、道德力、意志力。
- 努力获取新知：直接、间接。
- 改变心智模式：开放心灵、摆脱“路径依赖”。
- 培养积极心态：正视客观现实、调控个人情绪。
- 勇于挑战自我：充分认识不足、确定改进目标、加强时间管理。

五、高速铁路客运服务人员的自我认知与职业规划

高速铁路客运服务人员在工作中，有的人对自己的职业规划非常重视，有的人却茫然地度过每一天，由于自我认知的差距，几年之内，这两种人会在自己的高速铁路客运服务事业上形成鲜明的对比，那么我们应该怎样才能对自己有清晰的认知，并制订清晰合理的行动计划呢？

1. 明确自己的工作目标

如果你不清楚自己到底想做什么，不清楚自己何去何从，不清楚自己每天辛苦工作到底为了什么，请花上一个星期，一个月甚至半年的时间，好好想想自己在追求什么，比如说我想成为一流的高速铁路客运服务人员、我想成为高速铁路列车的乘务长、我想成为高速铁路车站的值班站长，等等。

2. 分析自己身边的机遇

思考自己所处乘务组的环境或者自己所处的乘务服务岗位是什么情况，比如说自己所在铁路局集团有限公司的企业文化非常鼓励个人创新，比如说乘务组未来可能会存在我所追求的职位空缺，比如说乘务组至今仍有很多未能解决的问题，而我却要努力将其解决。这些都是你身边的机遇，千万要记住你身边的机遇在很大程度上会决定你在这个乘务组能“走多远”，不要让自己处于一个“死胡同”中。

3. 分析自己身边的威胁

这里所说的“威胁”不是一个贬义词，而是让你更清晰地认识你周围的环境，比如说同样的工作岗位，比自己优秀的人都非常努力，自己很难在群体中出类拔萃，比如说你自己本身非常优秀，但背后却有人对自己“使坏”。比如说后继者都是潜力股，如果自己不努力，很有可能被后来者所替代。这些都是威胁，我们要清楚地认识威胁，并通过自身能力的提高来消除这些威胁。

4. 分析自己的优势

在一张纸上，明确地写出自己具有什么优点，比如说自己的学历比他人高，自己的专业理论知识扎实，自己有某个方面的特长。清楚认识自己的优势，才能扬其所长。

5. 分析自己的劣势

和分析自己的优势一样，用一张纸清晰地列出自己的不足之处，记住如实描述，不要自己骗自己，比如说执行力不够且爱拖延，比如说口才不好，比如说容易情绪化。清楚地认识

自己的劣势，才能着手改进。

6. 制订具体的行动计划

进行了以上自我分析之后，就应该制订具体的改进措施，特别是针对自己的不足，一定要抓紧时间弥补。你身边的机会说不定哪天就会降临在自己身上，千万不要因为自己存在某个劣势，而与机会擦肩而过。

小提示

（1）自我认知，关键在于对自己坦诚。

（2）自我分析完成之后一定要记住执行、执行、再执行。

沟通小故事（一）

正确地认识自己

一只驮着圣骨的驴子，一路上看见人们都朝着他顶礼膜拜，不由洋洋自得，把这些礼拜都看作献给自己的。有个行人说：“尊敬的驴先生，您太虚荣了，您难道不觉得所有的礼拜都是给圣骨的吗？”驴一听，十分生气，于是摇晃着身子，要把圣骨从自己身上摇下来。这个时候，惊慌的人们将圣骨安置到另一只听话的驴子身上，而给了这只驴一顿皮鞭。

启示：

人要明白自己是谁，冷静地对待各种赞美，也许环绕在自己周围的所有光环都是因为自己本身的权力造成的。

沟通小故事（二）

别盯着缺点不放

有一个哲人给朋友看了一幅画：白纸中画了个黑色圆点。然后哲人问他的朋友看见了什么，所有的朋友异口同声地回答说：“一个黑点。”哲人笑笑说：“只说对了极少部分，其实画中最大的部分是空白，而不是黑点。”这个黑点恰似人的缺点，盯住自己的缺点不放，你就会成为一个十分自卑的人，不敢放手去做自己想做的事情；盯住别人的缺点不放，你就会失去世界上所有的朋友，不敢开怀去和朋友来往。

启示：发现别人的缺点实在是一件容易的事情，但别人的缺点往往只是个小黑点，不要夸大别人的缺点，进而全面否定别人。

任务三　做情绪的“主人”

小案例

接 纳 自 己

有一位自小就患脑性麻痹的病人，脑性麻痹夺去了她肢体的平衡感。然而，她没有让这些外在的痛苦击败自己内在奋斗的精神，她坦然面对，终于获得了艺术博士学位，她用她的手当画笔，以色彩告诉人“寰宇之力与美”，并活出了“生命的色彩”。在一次演讲中，全场的听众都被她不能控制自己的肢体动作震慑住了。一个孩子小声地问：“从小就长成这个样子，请问你怎么看你自己？”“我只看我所有的，不看我所没有的。”沉静片刻，现场掌声响起。

自我接纳是一个人健康成长的前提。一个人如果不接纳自己，连自己的问题都不敢正视。那他怎么可能成长？有了自我接纳，有了不断自我完善的动机和行为，总有一天，自我就会得到发展，得到完善，所以，自我接纳是成功的起点。

一、解读情绪

1. “情”为何物

情绪是人各种感觉、思想和行为的一种综合的心理和生理状态，是因外界刺激所产生的心理反应及附带的生理反应。我们平时比较常见的情绪，事实上都是个人的主观体验和感受，常常与心情、气质、性格、性情及环境等因素有关。

“情”即通常所说的感情、心情、性情。心理学把短暂而强烈的感情叫作情绪；把稳定、持久的感情叫作情感。情绪、情感也常通用，两者通称感情。情绪状态有几种特殊的形式：心境是持久而淡漠的状态，激情是强烈、短暂的状态，应激是在生命或精神处于受威胁情景时出现的状态。

2. 情绪的种类

从心理学的角度来看，情绪是身体对行为的可能性乃至必然性的反应，以及在生理反应上的评价和体验。通常情绪包括喜、怒、忧、思、悲、恐、惊七种。这些情绪的表现也可以加以归纳，如喜会表现为手舞足蹈，怒可能是咬牙切齿，忧则茶饭不思，悲会痛心疾首……行为在身体动作上表现得越强烈，就说明其情绪的强度越大。

情绪分为以下四类。

（1）将快乐、愤怒、恐惧、悲哀视为最基本或最原始的情绪。

（2）与感觉刺激有关的情绪包括疼痛、厌恶、轻快。这类情绪可以是愉快的，也可以是不愉快的。

（3）与自我评价有关的情绪，包括成功与失败、骄傲与羞耻、内疚与悔恨等，这些情绪取决于一个人对自身行为与客观行为标准关系的知觉。

（4）与他人有关的情绪，发生在人与人之间的情绪种类似乎无限繁多，按照积极的与消极的维度，可以把它们分为“爱”与“恨”两大类。

二、情绪管理的概念

情绪管理要求善于掌握自我，善于调制、调节情绪，对生活中的矛盾和负面事件引起的反应能合理地排解，能以乐观的态度、幽默的情趣及时地缓解紧张的心理状态。

在管理学中，情绪管理也指通过研究个体和群体对自身情绪和他人情绪的认识，培养驾驭情绪的能力，并由此产生良好的管理效果。现代职场中，人们均将情商及自我情绪管理视为领导力的重要组成部分。

情绪管理是指通过研究个体和群体对自身情绪和他人情绪的认识、协调、引导、互动和控制，充分挖掘和培植个体和群体的情商、培养驾驭情绪的能力，从而确保个体和群体保持良好的情绪状态，并由此产生良好的管理效果。

三、情绪管理的内涵

情绪管理是用心理学的方法有意识地缓解或激发情绪，以保持适当的情绪体验与行为反应，避免或缓解不当的情绪与行为反应，其具体包括认知调适、合理宣泄、积极防御、理智控制、及时求助等方式。

四、情绪管理的方法

1. 心理暗示法

心理暗示法就是个人通过语言、形象、想象等方式，对自身施加影响的心理过程。这个概念最初由法国医师库埃于 1920 年提出，他的名言是“我每天在各方面都变得越来越好”。自我暗示分积极自我暗示与消极自我暗示。积极自我暗示，在不知不觉中对自己的意志、心理，以及生理状态产生影响，积极的自我暗示令我们保持好的心情、乐观的情绪、强大的自信心，从而调动人的内在积极因素，发挥主观能动性。心理学上所讲的“皮格马利翁效应”也称期望效应，就是指积极的自我暗示。而消极的自我暗示会强化我们个性中的弱点，唤醒我们潜藏在心灵深处的自卑、怯懦、嫉妒等，从而影响情绪。

与此同时，我们可以利用语言的指导和暗示作用，来调适和放松心理的紧张状态，使不良情绪得到缓解。心理学的实验表明，当个人静坐时，默默地说“勃然大怒”“暴跳如雷”“气死我了”等语句时心跳会加剧，呼吸也会加快，仿佛真的发起怒来。相反，如果默念“喜笑颜开”“兴高采烈”“把人乐坏了”之类的语句，那么他的心中也会产生一种乐滋滋的体验。由此可见，言语活动既能唤起人们愉快的体验，也能唤起人们不愉快的体验；既能引起某种情绪反应，也能抑制某种情绪反应。当我们在生活中遇到情绪问题时，我们应当充分利用语言的作用，用内部语言或书面语言对自身进行暗示，缓解不良情绪，保持心理平衡。比如默想或用笔在纸上写出下列词语：“冷静”“三思而后行”“制怒”“镇定”，等等。实践证明，这种暗示对人的不良情绪和行为有奇妙的影响和调控作用，既可以松弛过分紧张的情绪，又可用来激励自己。

2. 注意力转移法

注意力转移法就是把注意力从引起不良情绪反应的刺激情境，转移到其他事物上去或从事其他活动的自我调节方法。当出现情绪不佳的情况时，要把注意力转移到使自己感兴趣的事情上去，如：外出散步、看看电影、看看电视、读读书、打打球、下盘棋，甚至找朋友聊天，换换环境等，这些都有助于使情绪平静下来，在活动中找到新的快乐。这种方法，一方面中止了不良刺激源的作用，防止了不良情绪的泛化、蔓延；另一方面，通过参与新的活动，特别是自己感兴趣的活动从而达到增进积极的情绪体验的目的。

3. 适度宣泄法

过分压抑只会使情绪困扰加重，而适度宣泄则可以把不良情绪释放出来，从而使紧张情绪得以缓解、放松。遇有不良情绪时，最简单的办法就是“宣泄”。宣泄一般是在无人处，或在知心朋友间进行的，其采取的形式或是用过激的言辞抨击、抱怨恼怒的对象；或是尽情地向至亲好友倾诉自己认为的不平和委屈等，一旦发泄完毕，心情也就随之平静下来；或是通过体育运动、体力劳动等方式来尽情发泄；或是到空旷的山林原野，大声呼喊，发泄胸中怨气。必须指出，在采用宣泄法来调节自己的不良情绪时，必须增强自制力，不要随便发泄不满或者不愉快的情绪，要采取正确的方式，选择适当的场合和对象，以免引起不良后果。

4. 自我安慰法

当一个人遇有不幸或挫折时，为了避免精神上的痛苦或不安，可以找一种合乎内心需要的理由来说明或辩解。如为失败找一个冠冕堂皇的理由，用以安慰自己，或强调自己所有的东西都是好的，以此冲淡内心的不安与痛苦。这种方法，对于帮助人们在大的挫折面前接受现实，保护自己，避免精神崩溃是很有益处的，因此，当人们遇到情绪问题时，经常用“胜败乃兵家常事”“坏事变好事”等词语来进行自我安慰，以摆脱烦恼，化解矛盾冲突，消除焦虑和失望，达到自我激励，总结经验，吸取教训之目的。

5. 交往调节法

某些不良情绪常常是由人际关系矛盾和人际交往障碍引起的，因此，当我们遇到不顺心、不如意的事，有了烦恼时，能主动地找亲朋好友交往、谈心，比一个人独处胡思乱想、自怨自艾要好得多。在情绪不稳定的时候，找人谈一谈，具有缓和、抚慰、稳定情绪的作用。另外，人际交往还有助于交流思想、沟通情感，增强自己战胜不良情绪的信心和勇气，能更理智地去对待不良情绪。

6. 情绪升华法

升华是改变不为社会所接受的动机和欲望，而使之符合社会规范和时代要求，是对消极情绪的一种高水平的宣泄，是将消极情感引导到对人、对己、对社会都有利的方向去。如一同学因失恋而痛苦万分，但他没有因此而消沉，而是把注意力转移到学习中，立志做生活的强者，证明自己的能力。

在上述方法都失效的情况下，不要灰心，可以通过更长一段时间的调节让自己恢复平静，也可以去找心理医生进行咨询、倾诉，在心理医生的指导、帮助下，克服不良情绪。

五、高速铁路企业对客运服务人员的情绪管理

在高速铁路企业中，管理者如果不能很好地进行高速铁路客运服务人员的情绪管理，将

会导致高速铁路企业客运服务工作效率低下，从而影响企业的发展。做好高速铁路客运服务人员情绪管理的方法如下。

1. 建设企业文化，理顺组织情绪

在现代企业管理中，企业文化已经逐渐成为新的组织规范。事实上，企业文化对员工不仅具有一种强有力的号召力和凝聚力，而且对员工的情绪调节起着重要作用。一般而言，员工从进入企业的那一刻起便开始寻求对企业的认同感，如果企业文化中有一个员工愿意为之奋斗的愿景使命，一种被员工认同的价值观和企业精神，那么这个企业就能够激励员工超越个人情感，以高度一致的情绪去达成企业的目标愿景。

2. 开放沟通渠道，引导员工情绪

积极的期望可以促使员工向好的方向发展，员工得到的信任与支持越多，也会将这种正向、良好的情绪带到工作中，并能将这种情绪传递给更多的人。企业管理者必须营造良好的交流沟通渠道，让员工的情绪得到及时的交流与宣泄，在企业管理中如果交流沟通渠道受阻，员工的情绪得不到及时的引导，这种情绪会逐步蔓延，影响到整个团队的工作。

3. 匹配工作条件，杜绝消极情绪

工作环境等工作条件因素对员工的情绪会产生很大影响，在实际工作中，企业管理者需要将工作条件与工作性质进行匹配，从而避免员工产生消极情绪。例如高速铁路车站的客运服务工作具有强烈的不确定性，非常强调员工的团队合作能力，因此，其工作环境应设计成开放式结构，以利于团队成员间的交流。

4. 传授情绪知识，增强员工理解

情绪知识在决定人们的行为结果时可能起到调节作用。情绪知识是员工服从企业决定的关键因素，企业管理者可以通过有针对性的“情绪知识”培训，增强员工对企业管理实践的理解能力，激发员工的工作动机以适应组织的需要。

5. 营造情绪氛围，提升个体感受

每个企业都有一定的氛围，表现为组织情绪，如愉快的工作氛围、沉闷的工作氛围、复杂的人际关系等。组织情绪会影响员工的工作效率和心情，甚至会成为一个员工是否留在企业的原因。整个组织的情绪氛围会影响和改变员工的情绪，尽管员工和组织的情绪是相互影响的，但是组织对个体的影响力量要比个体对整个组织的影响力量大，因此，从企业发展的角度来看，企业管理者必须营造良好的组织情绪氛围。

六、高速铁路客运服务人员情绪调整

许多时候，我们认为自己心情不好，所以表情沮丧、说话无力、走路时耷拉着脑袋，也就是说：心理影响身体。可是，反过来也是成立的，身体会影响心理。当我们表现出快乐的，充满信心与活力的表情、动作时，我们的心情也就会随之改变。

（1）微笑。微笑是带来身体与心灵健康的良药。张开你的嘴角，开始笑对生活吧。微笑与快乐是不需要理由的，快乐是一种习惯，而不是一个结果。

（2）抬头挺胸，深呼吸。如果你垂头丧气，那是你的行为在告诉你自己，你失败了。从现在开始，抬起你的头，昂首挺胸，眼光坚定就是在用行动宣告：我是成功者。这个简单的动作会让你更有信心。

（3）做事速度快 20%。加快你行动的速度。行动，快速行动，将带来力量与信心。

（4）说话大声。你有权发言，你的声音是独特的，现在，让大家听到你的声音。深呼吸，开始对自己说：我喜欢我自己。提升说话的音量，带着信心去与人沟通。

（5）正视对方的眼睛，说话简洁有力。有的人说话时眼光东摇西摆，说明其对眼前的人没有兴趣或者自身缺乏信心。正视别人，简单、有力地说出你的想法。第一次也许不尽如人意，多尝试几次，你就会感觉到信心如潮水般涌来。

小提示

好情绪使人变美

幽默超脱，青春常驻。
排遣宣泄，吸纳美好。
学会宽容，海阔天空。
弱化转移，宁静豁达。

小案例

别人做错事或说话态度差，或许是他一贯的习惯，或许是他现在心情不好，但是我们没有必要因此而破坏自己的心情。生气是用别人的过失来惩罚自己！

1. 莫娅妮跑步

乘务员莫娅妮每次生气和人起争执的时候，就会绕着客运段的围墙跑步，跑步时她问自己已经有多长时间没有锻炼身体了，把时间用来锻炼身体还是用来生气，哪一个更划算，跑着跑着她就不再生气了。

2. 我该让谁来决定我的行动

列车长陈江和乘务员段强在动车组上值乘，陈江礼貌地向某位旅客说了声“您好”，但这位旅客冷脸相对，一言不发。

段强问陈江：“这位旅客态度很差，你为什么还是对他微笑？”陈江回答：“为什么我要让他的表现决定我的行为呢？”

启示：人与人之间常常因为一些无法释怀的坚持，而造成永远的伤害。如果我们都能从自己做起，宽容地看待他人，一定能收到许多意想不到的结果。给别人开启一扇窗，也就是让自己看到更完整的天空。

3. 自乱阵脚

在高速铁路列车上，乘务员张涛对一名吃瓜子的旅客说：“先生，让你不要乱丢瓜子壳，你听到了吗？你听到了吗？”

“听到了！”旅客回答。

见旅客仍在不停乱丢瓜子壳，张涛控制不住自己的情绪，暴跳如雷，开始咆哮。

其他旅客对张涛投来异样的目光，张涛因情绪的失控让自己乱了章法。

启示：生活中，面对不同的环境、不同的人，有时候采用何种手段不是关键，而保持好自己的情绪才是至关重要的。

每个人都有自己的情绪，而情绪是一种很缥缈的东西，有时缥缈得让人捉摸不定，但是，不管如何缥缈，你都要想办法将它捏得紧紧的，因为这关系到你是否能理智地处理问题。

有时候，掌控不住情绪，不管三七二十一发泄一通，结果搞得场面十分难堪。生活中，每个人都难免会碰到“擦枪走火”的状况，但是，理智的人会将情绪马上“收回来”。

情绪处理得好，可以将阻力化为助力，帮你“解危化险”。情绪若处理得不好，便容易被激怒，产生一些非理性的言行举止，轻则误事受挫，重则违法乱纪。

任务四　通过自我修炼走向成熟

一、自我修炼的含义

自我修炼就是准确认识自己，发挥优势，控制弱点，更好地欣赏自己，发挥自己的长处，弥补自己的短板，完善自己的性格的过程。

二、高速铁路客运服务人员的自我修炼

1. 高速铁路客运服务人员自我修炼体系的构建

1）人生原则

人生原则，可细分为以下方面：人生观，即要做什么样的人；价值观，即对待他人、对待事业、对待名利的态度等。

2）现实价值观

我们生活在价值观多元化的时代，不同的价值观决定你将做出什么样的行为，决定你愿意和什么样的人交往，决定你是哪一类人。我们要对这些不同的价值观做独立的分析与评判，以便做出取舍。找出那些与自己的人生原则一致的价值观，组成一个统一的体系，用以激励自我，成就自己的理想。现实生活中的价值观纷繁复杂，每个人都生活在多种价值观环境中，因此，自然会受到多方面的影响。不同价值观的冲突，是内心矛盾、痛苦的根源。价值观的选择和整合是一个长期的过程。

2. 构建及运用自我修炼体系的五项原则

1）简洁

用于做自我暗示的句子要简洁、明了，这样易于回想。

对一个人传递积极的期望，就会使他进步得更快，发展得更好，反之，向一个人传递消极的期望则会使他自暴自弃，放弃努力。当我们对某件事物有非常强烈的期望的时候，我们所期望的事物常会出现。

2）多用正面积极的词汇

如果你想说：“不能再消沉下去了！”不妨换为：“要奋发进取！”如果想说：“改变落后的现状！”不妨换为：“力争上游！”

3）可行性

你所表达的意思一定是你可以做到的，你所确定的目标不会被轻易否定，使用带渐进意味的词是个好办法，如“我一定能做得更好”“我会越来越健康”“天天向上”等。

4）形象化

默诵或朗读自我激励的语句时，要在脑海里想象目标情景；很多目标可能转换成图画，要将它展示出来；不管是语句还是图示或画面，最好把它贴在你经常看的地方。

5）注入感情

你要从内心认同并相信你所确定的目标。当你朗诵（或默诵）你用做自我激励的语句时要把感情投入进去，否则“光动嘴不动心”是不会有结果的。注入情感，才能起长久的、强有力的行为导向作用。

小分享

自我修炼，才能不断走向成熟

在人的一生中，会遇到许许多多的人和事，比如名利、贪心、虚荣、嫉妒，等等。它们中有些是负担，应该果断地删除！就像计算机中的垃圾文件一样，及时删除，操作系统才能顺利工作。人生，就是一步一步走，一步一步扔。走出来的是路，扔掉的是包袱。这样，路就会越走越长，心就会越走越静。

内心深处是坚定还是脆弱，导致了不同的人生轨迹。生命的真谛，在于理解成功，善待磨难，坚定生活的信念，拓展生命的范围，要从容地面对和洒脱地放下，去认识生命的深刻和丰富，去承担生命的追问、选择、秩序。

修炼自己的表情，让它神采飞扬；修炼自己的行为，让它规范专业；修炼自己的学识，让它丰富多彩；修炼自己的脾气，让它受人喜爱；修炼自己的个性，让它鲜明唯美；修炼自己的心灵，让它平和美丽；修炼自己的气质，让它超凡脱俗；修炼自己的灵魂，让它崇高圣洁；修炼自己的人生，让它快乐幸福。

幸福，没有捷径，也不可能完美无瑕。幸福，其实很简单，平静地呼吸，仔细地聆听，微笑着生活；有人爱，有事做，有所期待；不慌乱，不迷茫。在人生道路上，走一步，有一步的风景；进一步，有一步的欣喜；退一步，有一步的心境。

做事不必过分期待，坚持不必太执着；要学会放下，放下不切实际的期待，放下没有结果的执着。要学会珍惜当下的幸福。

三、高速铁路客运服务人员工作中的九项修炼

高速铁路客运服务人员要想工作出色，事业有成，就必须进行以下 9 项修炼。

1. 第 1 项修炼：耐得住性子

耐得住性子指的是忍耐，社会对高速铁路客运服务人员的忍耐力要求较之其他人员更高。忍耐是坚忍和能耐的简称。高速铁路客运服务人员在工作中不会忍耐，不可能会有能耐。工作中有很多事，需要忍；工作中有很多苦，需要忍；工作中有许多痛，需要忍；工作中有很多话，需要忍；工作中有很多气，需要忍。忍是一种眼光，忍是一种胸怀，忍是一种领悟，

忍是一种工作的技巧，忍是一种智慧。

在工作中，不要乱发脾气，更不要轻易生气，生气也是对自己的一种惩罚和否定，学会控制自己的情绪，学会制怒；不要任性，接受艰巨的任务不要烦躁，处理重要的事情更要拒绝浮躁，要耐得住工作中的寂寞，更要忍得住工作中的孤独，一个人沉得住气才能成大事、成大器。因为再简单的工作也能做得出彩，再烦琐的工作也能做出成就，所以说，要想获得成长，需要有坚持不懈的耐性；要想取得胜利，需要有持之以恒的耐心；要想获得成功，需要有非同寻常的耐力。

2. 第 2 项修炼：顶得住压力

做任何工作都会有压力，尤其是高速铁路客运服务人员的工作压力更大，追求大发展就会有大的压力，只求小成就就只有小的压力。可以毫不夸张地说，没有压力，我们将一事无成；而有了压力，就会使我们进步。压力能让人成长，压力更是追求成功的动力，所以说，压力很折磨人，但更磨炼人。不要害怕和逃避工作中的压力，敢于接受压力的人会变得成熟，学会减少压力的人会获得成长，懂得卸载压力的人能取得成就，能否学会接受压力、减少压力、卸载压力，也是检验一个人能否成功的标准之一。从另一种角度来看，压力就是一种挑战。人的一生要面对很多挑战，如果每一次面对挑战，我们都止步不前，那么我们将会碌碌无为。作为高速铁路客运服务人员，在面对压力的时候，不能退却，而应勇敢地去面对，并且战胜它，征服它。

3. 第 3 项修炼：挡得住诱惑

在高速铁路客运服务工作中经常会遇到各种诱惑，如果控制不住自己的欲望，就有可能犯错误。人最大的敌人是自己，最难战胜的也是自己，控制人的物质欲望有利于磨练自己的意志。有些人总是挡不住诱惑，经常为私心所扰，为名利所累，为物欲所惑。

诱惑是无形的陷阱，诱惑越大，陷阱越深。知道自己不能做什么，比知道自己能做什么更有智慧。

有些人把名利看得很重，干点工作就要回报，有点成绩就想得到提拔，得不到晋升就有失落感；有的人把谋得一官半职当作一种荣耀，他们总以捞取“政绩”为出发点，不惜弄虚作假、糊弄领导。

有不少人为了名誉、利益，给自己扣上了锁链；为了情欲、美色，给自己套上了枷锁。总之，各种各样的欲望，不断加重了自己的负荷，导致自己误入歧途，不能自拔，甚至会锒铛入狱。

贪心不足蛇吞象。名利面前，贪欲终会使人丧失理性，缺乏判断力。他们自以为自己能力无限，可以为所欲为，却不知法网恢恢，疏而不漏，最终必定会落得个身败名裂的下场。

高速铁路客运服务人员要正确看待金钱、权力与荣耀。始终保持头脑清醒的人，会顺利成长，日臻成熟，也能不断取得成绩，最终获得应有的成就。古往今来，凡成大事者，都能很好地主宰自己的欲望。做人是成事之道，人品则是谋事之基。

4. 第 4 项修炼：扛得住困难

在高速铁路客运服务工作中不会总是一帆风顺的，难免会有坎坷、泪水、困难。要想成才，就要扛得住困难。人人都会遭遇困难和险阻，战胜它们则会成功，不能战胜它们必定会失败。人只要不被困难打倒，就一定能打倒困难。人生就是这样，面对困难，往后退一步就会更难，若再退一步就会被困住。

困难对天才是块垫脚石，对能干的人是财富，对弱者才是万丈深渊。困难是一把双刃剑，一面割出你的鲜血，一面又为你掘出新的希望。

现在的不如意、逆境、挫折乃至苦难都是你的财富！要学会在困境中激励自己。人们常说，苦难是最好的大学。古今中外，凡成大器者，很多都是从苦难中走过来的。面对困难，一旦我们经受了各种考验与锤炼，“百炼成钢”，就能成就非凡的意志和能力。困难并不可怕，可怕的是你把它看成结局而不是过程。

千难万险只会让你更强大，困难是强大的源头，是奋斗的激素，强大很多时候是困难催生出来的。在困难面前要么倒下，要么挺住，只要能挺住，就能置之死地而后生，最终迎来成功。

5. 第 5 项修炼：经得起折腾

在高速铁路客运服务工作中，总有一些人不能体会领导的良苦用心，总把责任当折磨。很多时候，领导给你的责任其实都是善意的，是因为他欣赏你、看重你。应认真把握每次被领导严格要求的机会，深入分析失误的原因，并在下一次加以改正，时间长了你就会发现自己的能力在渐渐提高。

在高速铁路客运服务工作中不要怕折腾，事实上，反复折腾就是在坚持不懈地磨炼自己。

有时候，不要害怕旅客的“折腾”，因为有旅客愿意“折腾”你，是一种幸福，就怕你连被“折腾”的资格都没有。

不要抱怨眼前的事情总是那么烦琐，不要抱怨自己总是重复那些机械化的动作，而是要问自己到底花了几分心力。

要想成为工作班组的核心骨干，就要经得起“折腾”，因为骨干是“折腾”出来的。不经历“折腾”，就得不到锻炼，得不到锻炼就不可能体现自己独特的价值，没有价值的人是不能成为骨干的。

在高速铁路客运服务工作中，一旦给自己设限，你就没有了敢于“折腾”的勇气和动力。你若想取得巨大的成功，就要树立远大的目标，克服自我设限，突破自我，敢于“折腾”。工作中不自我设限，个人事业的发展就会大有潜力。

“折腾”是一种体验，亲身体验是最深刻的智慧。工作实践是高速铁路客运服务人员最好的学校，旅客是最好的老师。

6. 第 6 项修炼：担得起责任

做好高速铁路客运服务工作需要尽职尽责，要担得起责任。

凡事要以身作则，出现了错误，不要想着推诿责任，不要先责备别人，要先反省自己，学会多责己，少怨人，甚至不怨人。能做到以责人之心责己，以恕己之心恕人，必然能够事事想在前、干在前，而不是畏首畏尾、临阵退缩；必然能够表里如一、言行一致，而不是阳奉阴违、自行其是；必然能够精益求精、一丝不苟，而不是敷衍塞责、草草应付；必然能够甘于牺牲、乐于奉献，而不是私利当头、争名逐利。

敢于负责，才能奋发有为，但凡有大成就的人，都有一个共同的特点，那就是强烈的责任感。正因为有这种责任感，他们的能力才能不断提高，平台也才能不断扩大。具备担当意识和责任感的高速铁路客运服务人员，必然会在工作中获得更多的发展机会。

敢于担当，才能大有作为。面临大事与难事，可以看出一个人的责任；面临顺境与逆境，可以看出一个人的气度。

7. 第 7 项修炼：丢得起面子

高速铁路客运服务人员中也有个别人看不起一些基础性的工作，他们认为从事基础性工作的人是“卑微”的。其实，这种对“卑微”的认识，充满了虚假性。劳动是没有贵贱之分的。没有卑微的劳动，只有卑微的心灵。把自己看得太重的人，总觉得全世界都在和自己作对，他们害怕“丢脸”，却没有想到：干这样一些看起来似乎丢脸的“卑微”的小事，恰恰是你在工作班组能立足、在客运服务领域能发展的前提。

能看淡面子的人拥有非同寻常的胸襟和肚量，有着良好的修养，为人处世充满着智慧。能放得下架子的人，凡事以身作则，事必躬亲、身体力行、躬行实践，以做好工作为首要之大事，这样的人值得尊敬。

永远要记住：不是每个人在刚工作时，都能有高起点。成功是积累和磨炼的过程。做好身边的小事，才是担当大任的基础。丢掉虚假的“卑微观”，就是丢掉无用的“面子观”，只有这样，才能创造优异的工作业绩。

面子是自己给自己的，不是别人给的。害怕丢面子会让自己丢一辈子的面子，害怕失败会失败一辈子！

当一个人需要外在的排场为自己撑起脸面和威严时，排场越大，越显出他的器量狭小和见识短浅；而越是谦卑地低下自己的头颅，背后所蕴藏的，往往是宽宏的器量和深远的见识。一个人的器量与见识，决定着其个人成就的大小，甚至事业的成败。

8. 第 8 项修炼：受得了批评

善于接受上级领导和旅客的批评、敢于面对打击并努力纠正自己缺点和不足的人会取得双赢的结局：首先是赢得了自己的成长，工作起来会更加得心应手；同时也赢得了领导的器重。

有的高速铁路客运服务人员自以为是，不善于接受别人的意见和批评，不敢面对打击，最终无法改正自己的弱点，从而无法取得成功。

那些善于接受批评，敢于面对打击，把挫折当作锻炼，把挫败当作磨炼，抵抗得住质疑，坚持到最后的人，往往就是那些获得他人瞩目的人。一个不断战胜自己，不断用成功回击别人质疑的人，才是真正的强者。

梦想着成功的人比比皆是，上天不可能让每个人都成功，因此失败和挫折就是淘汰掉一部分人的最好方法。批评让人成长，勤奋助人成才，在挫折与失败面前，只有那些善于接受批评、敢于面对打击、勇于改善自我的人才有可能获得别人无法企及的成绩。

9. 第 9 项修炼：改得了错误

在高速铁路客运服务工作中不可能不犯错误，但有些人却总是想方设法掩饰自己的错误，这样的人最终会被自己所犯的错误拖累，相反，正确地面对错误，然后认真改正，则能减少错误的发生。

改正自己不足的人是聪明的人，因为聪明的人看得懂自己错在哪里，错了就会改。改正自己缺点的人可以算得上是精明的人，因为精明的人知道自己在哪里会犯错，会让自己少犯错。改正自己所有错误的人可以算得上是高明的人，因为高明的人看得远，他能经常检查自己是不是又自负了，又骄傲了，又看不起别人了，他会对自己不满，对自己不满的人，才能圆满，才能很好地控制自己不犯错。

要改正错误，就要多思、多想、多听、多看、谨言、慎行。我们在做事之前要先想后果，要先往远处想，谨慎再谨慎，以求避免对他人的伤害，减少自己将来的悔恨。

简而言之，在高速铁路客运服务工作中，严谨、严格地要求自己做好以上9项自我修炼，就能成就卓越的自我！

人生不是一场物质的盛宴，而是一次灵魂的修炼，要使它在谢幕之时比开幕之初更为高尚。

小分享（一）

突破心智，进行自我修炼

专心打造自己，让自己成为一个优秀的人，一个有用的人，一个独立的人，比什么都重要。

无论是学习、生活还是工作，心智模式和思维模式在很大程度上会影响我们。自我管理、精力管理及效率管理的问题，其实归根到底是要突破心智，进行自我修炼。

我们究竟应该如何突破心智，更好地进行自我修炼呢？

我们可以从以下几个方面来进行提高。

一、要有提升自我管理的意识

我们能够管理和掌控的只有我们自己，我们只能进行循序渐进的自我管理。如果一个人可以学会自我管理的话，那么他会很高效，也会收获更多的东西。

自我管理中的精力管理和效率管理会使我们收获更多的东西。比如可以更自由地安排自己的事情。很多时候，自我管理不是督促我们去做更多的事情，而是不断地告诉我们要不断地提升自己的价值，做一些高价值的事情。

行动建议：强化自我管理能力。

规划、行动、反思改进是自我管理的三要素。这三个要素可以使我们在生活和学习中能够更好地去做成更多的事情，也可以接触更多的朋友，完成更有价值的工作。自我管理最好的方式就是把我们所要完成的目标都变成自己的习惯。

二、不断积累

自我管理能力的提高靠积累，要深信积累的力量。

有一句话是这样讲的："量变引起质变"，这就是积累的过程。当然对于青年学生来说，还有一个好的地方就是可以用成长和习惯来做积累，也就是每天进步"一点点"。

行动建议：重视习惯的养成。

不妨用21天时间来养成一个习惯。也就是说，定一个目标，在21天里养成，然后每天都来记录自己完成的进度，在这个过程中可以进行目标的调整，还可以不断地挑战自己。或许这就是每天进步"一点点"的有效途径。

三、运用心智，获得解放

一个人的心智就是其过往获得的一切知识及经验的总和（包括基于这些知识和经验造就的思考方法、思考模式）。

无论正向还是反向，心智一旦开启，就会不断自我积累，自我过滤，直至根深蒂固。

很多时候我们的思维模式和心智模式是比较重要的，并且这也影响着我们的成长和发展。一个人成长、发展的关键在于心智，因此我们要多多开启心智，从而更好地修炼自己和完善自己。

行动建议：习惯在路上行走着。

这里的在路上行走指的是读书，写作，实践，也就是像那句话说的：“心和身总有一个要在路上。”这样的方式不仅可以使得我们开启自己的大脑，还可以锻炼身体，还能够结识更多的朋友。所以在这里建议大家养成读书、写作的习惯，当然也包括实践。

四、越早醒悟越好，越早准备越好

万事皆可提前准备，万事皆需提前准备。

拖延的人并非不做事——他们做事，甚至做很多事。拖延的人也并非不努力——他们花很长时间去做事，但做的只是很简单的事。他们每次回避困难的时候，往往已经给自己找了许多的借口。

我们没有完成的事情，我们失败过的事情，回过头来仔细研究才发现只是我们不懂得准备，只是因为我们没有做好前期工作。懂，很重要，动，更重要，因此我们要在正确理解的基础上快速行动起来。

行动建议：提前一天完成计划中的事情。

无论是工作还是生活，都要趁早去规划。我们要懂得真正地学会规划自己的生活和工作。同时，我们也要习惯提前准备，很多事情，在规划之后我们不妨来践行一下，提前一天完成计划。这样在工作和学习中我们才能够得到高价值的回报。

五、学习是投资回报率最高的行为

任何知识的获取，都是不可逆的。

学习最重要的起点是：起码学会一种技能。

如果想要进行系统的学习，那么读书会好一点；如果想要进行碎片化的学习和快捷的学习，那么通过网络学习会好一点；如果想要更快速地学习，那么向别人学习是再好不过了。如果想要有所收获，那么学习就是最好的方式。在学习和生活的过程中我们一定要不断地去修炼自己的学习能力。

行动建议：熟练使用各种工具提升自己的学习能力。

通过读书、网络等途径进行学习，多种方式结合起来从而更好地打造属于自己的最具核心竞争力的学习能力。

六、学会把自己的时间切分为“时间片”

要把自己的时间安排好，推荐运用日程安排表法，即以日历为样板，建立相应的Excel表格，然后在表格里填上自己所要规划的事情，可以从月初开始填入，然后不断地完善。

对于大块时间，我们安排好之后，其实也就是把自己的时间切分为“时间片”，如何打造一个不一样的时间片就成了我们学习和修炼的最重要的问题。我们除了要拥有制定时间预算的能力之外，还要练就自己的专注力。

行动建议：练就自己的专注力。

专注力会使我们在很短的时间里有高效的输出，也能够使我们在短时间里不断地在自己需要处理的各个事项里进行快速切换。可以随身携带一本书，在公交车上，或者任何吵闹的地方看书，能够看进去的时候也就是自己的专注力练成功的时候。

以上就是在突破心智和自我修炼的时候所常用的六招，希望大家在自我修炼的路上能够获得更多的经验。

小分享（二）

生活中有各种各样的镜子，有真实存在的镜子，还有每个人心中的镜子，有人在岁月的流逝中，照见了容颜的改变；有人在人生的戏剧中照见了真正的自我；但也有人出于自卑不愿面对或不能面对自己。

要想战胜别人，必须战胜自己，修正错误；要想评论别人，首先对自己要有个评判；要想了解别人，必须首先了解自己。只有这样，才能有自知之明，才能认识自我。

以人为镜，首先要能认识自己，做到自鉴、自省、自重、自励。以别人的优缺点为镜，以别人的得失成败为镜，从中可以汲取很多的养料，一个善于学习的人，到处都可以找到学习的镜子。我们应该善于以人为镜，修正错误，趋向完美。每个人都应树立起一面明镜，不断完善自己。

职场人士需要一面心灵的镜子，用自己“照”自己，用别人“照”自己，时刻告诉自己处于什么状态。

小分享（三）

现代心理学认为：“激励”是调动人的主观能动性和开发有效潜能的最重要手段，正如成语故事中的勾践，明确的复仇兴国目标使他在任何艰难困苦之中都能坚持到底，最终雪耻兴国，名垂千古。

一个没有受过激励的人，仅能发挥其能力的 20%～30%，而当他受到激励时，其能力可发挥至 80%～90%，即一个人在经过充分的激励后，所发挥的能力相当于激励前的 3～4 倍。

所以一个人在其他方面都具备的情况下，为确保成功的概率，激励的作用是不可忽视的，其中包括外在的激励和内在的激励。如果二者都有的话，事情成功的可能性就大大增加了。

自我激励公式：

$$M=V\times E$$

M 指个体从事某项活动积极性的大小，称为激励水平。

V 指人们对某一目标的重视程度与评价水平，即人们在主观上认为奖酬价值的大小，即效价。

E 指某一特别行为会导致一个预期结果的概率，即期望值。

该公式指出了人们的努力行为与其所获得最终奖酬之间的因果关系，说明了激励过程是以选择合适的行为达到最终的奖酬目标的过程。

要想获得较大的激励，根据这个公式，我们可以从这两个方面入手：首先是弄清楚所要做的事情对于自己的重要性，其次就是要弄明白做某件事情成功的可能性有多大。我们应该对前者多下功夫，换句话说，我们要把事情对于自己的重要性彻底弄明白，尽可能把它的数值做大，对于后者即便成功的可能性小，但由于前者足够大，从而使结果成为一个可观的数值。

小分享（四）

如何进行自我激励

六个自我激励的“黄金”步骤。

（1）你要在心里，将你希望达到的目标数字化。例如“我要做到很少的投诉”是没有用的；你必须确定投诉量具体低于多少。

（2）确定你将会付出什么努力与多少代价去换取你所要达到的目标，世界上是没有不劳而获的事情的。

（3）规定一个固定的日期，一定要在这个日期之前把你要求的目标实现。因为没有时间表，你的船永远不会“泊岸”。

（4）拟定一个实现你理想的可行性计划，并马上进行。你要习惯“行动”，不要再停留于“空想”之中。

（5）将以上四点清楚地写下来。

（6）不妨每天两次，大声朗诵你写的计划的内容。一次在晚上就寝之前，另一次在早上起床之后。

小分享（五）

高速铁路列车长修炼手册

确保高速铁路运输安全、为旅客提供安全、高效、便捷、优质的服务是每一位高速铁路列车乘务员应尽的责任和义务。如何才能成为一名合格的高速铁路列车乘务员？答案是业务学习！唯有具备过硬的职业技能及素养，方能将各项工作落到实处。

高速铁路列车乘务员表面上光鲜亮丽，但他们的工作并不轻松。高速铁路列车乘务员需要深入学习铁路的文化理念，了解铁路的发展背景，还需要掌握许多的技术知识，了解旅客的需求，在旅途中向旅客提供舒适、安全的乘车环境。乘务员如何提高乘务服务质量，首先取决于乘务员个人的文化修养，其次是对岗位工作重要性公正、客观的认识，乘务员只有对乘务工作有了正确认识，才能向旅客提供优质的服务。

列车长作为铁路系统基层领导，通过带领包乘班组全体职工，做好本职工作，激发职工积极性和工作热情，为旅客服务，并能够及时妥善处理列车上的突发事件。

亲情关怀是服务的理念，旅客是服务的主体，每一名乘务员是服务的载体。如何成为一名领导信任的列车长？如何成为一名职工支持、拥护的列车长？如何成为一名旅客称赞的列车长？这就要求我们不但要有强烈的责任心、出色的业务能力，更为重要的是还要有对班组职工无微不至的关怀和对旅客的爱护。

一个有凝聚力、能战斗的班组的形成，必须依靠公正、公平、公开的奖惩考核方式。只有在公正的奖惩制度的约束下，才能更好地激发职工的工作热情，使他们全身心投入工作。同时，通过各种学习会、返乘会、民主生活会，同职工谈心、交流，使之畅所欲言，进而创造良好的氛围，使每个人把班组当成家。

班组建设涉及各个方面，职工思想稳定，工作热情高涨，是开展工作的第一步。提高职工业务水平，提升业务技能，是开展工作的第二步，在此基础上，定期开展业务技能竞赛，以创造一个人人争先的良好氛围。

班组建设的目的是将服务定位在“视旅客需要为第一”的基础上，把满足旅客需要作为服务工作的根本出发点和落脚点，并针对旅客需要的不断变化，调整自身的服务标准、服务方式、服务内容。实施品牌战略，打造铁路列车的特色服务品牌。要通过多种方式获知旅客的需求信号，主动发现服务机会，并提供及时、恰当、满意的服务，以满足旅客的高期望值。还要创造新的服务“品牌”，引导、教育和鼓励乘务员积极适应旅客需求的层次性、多样化，不断完善和创造“预测式”“提示性”“品位化”等个性化服务模式，使旅客享受越来越高质量的服务。通过提供差异化的特色服务来满足不同需求层次旅客的不同需求，实现列车服务向“主随客变”的方向转变。

小总结

（1）在了解自我含义的基础上，进一步理解自我沟通的概念和类型，并通过了解自我沟通的特点来辨析自我沟通的障碍，重点掌握自我沟通的方法。

（2）重点掌握高速铁路客运服务人员自我沟通的概念，熟练掌握高速铁路客运服务人员自我沟通的方法和技巧。

（3）重点掌握高速铁路客运服务人员自我认知的相关知识，熟练掌握高速铁路客运服务人员认识自我的方法、途径及原则。

（4）掌握情绪知识，了解情绪管理的概念及内涵，重点掌握高速铁路客运服务人员情绪管理的方法，努力提升情绪控制能力。

（5）了解自我修炼的含义，掌握高速铁路客运服务人员自我修炼体系的建立途径，重点掌握高速铁路客运服务人员的“九项修炼”知识。

小测试

测一测你的沟通能力

自我沟通能力测试题

1. 我能根据不同对象的特点提供合适的建议或指导。
2. 当我劝告他人时，更注重帮助他们反思自身存在的问题。
3. 当我给他人提供反馈意见，甚至是逆耳的意见时，能坚持诚恳的态度。
4. 当我与他人讨论问题时，始终能就事论事，而非针对个人。
5. 当我批评或指出他人的不足时，能以客观的标准为基础。

6. 当我纠正某人的行为后，我们的关系常能得到加强。
7. 在我与他人沟通时，我会激发出对方的自我价值和自尊意识。
8. 即使我并不赞同，我也能对他人的观点表现出诚挚的兴趣。
9. 我不会对比我权力小或拥有信息少的人表现出高人一等的姿态。
10. 在与自己有不同观点的人讨论时，我将努力找出双方的某些共同点。
11. 我的反馈是明确而直接指向问题关键的，尽量避免泛泛而谈或含糊不清。
12. 我能以平等的方式与对方沟通，避免在交谈中让对方感到被动。
13. 我以“我认为”而不是“他们认为”的方式表示对自己的观点负责。
14. 讨论问题时，我通常更关注自己对问题的理解，而不是直接提建议。
15. 我有意识地与同事和朋友进行定期或不定期的、私人的会谈。

自我沟通能力测试评价标准：
非常不同意/不符合（1分）；不同意/不符合（2分）；
比较不同意/不符合（3分）；比较同意/符合（4分）；
同意/符合（5分）；非常同意 / 非常符合（6分）

自我评价：
如果你的总分是80～90分，那么你具有优秀的沟通能力。
如果你的总分是70～79分，那么你的沟通能力略高于平均水平，有些地方尚需提高。
如果你的总分是70分以下，那么你需要严格地训练你的沟通能力。
可以选择得分最低的6项，作为沟通能力提高的重点。

项目四

精通“人际沟通”

项目导语

人际沟通是高速铁路客运服务人员必备的技能，本项目将对高速铁路客运服务人员的人际沟通技巧进行系统的介绍。

知识点

- 人际沟通和高速铁路客运服务人员人际沟通的相关理论
- 高速铁路客运服务人员与工作对象沟通、倾听与分享、口头沟通、书面沟通、非语言沟通的方法和技巧

技能目标

- 能够识别高速铁路客运服务人员人际沟通中的障碍
- 能够通过有效的训练方法使相关技能得到提升

引导案例

高速铁路列车乘务人员如何与旅客沟通？

接到列车留滞待命的命令，乘务班组迅速启动应急预案，列车长徐峰对大家说：“在特殊情况下，我们吃苦、受累、受委屈是我们工作分内的事，但千万不能让旅客受委屈，一定要以保证旅客安全，消除旅客烦躁情绪为己任。”在漫长的停车时间里，G1609 次列车乘务六组秉承“车停，服务不停，列车晚点，服务正点，用行动赢得旅客理解”的服务信条，全体乘务人员坚持为旅客服务。

为保证 800 多名旅客的饮食供应，列车长徐峰及时掌握情况，并与前方车站取得联系，补充所需餐食，满足旅客需求。对困难旅客，列车免费供餐，对未带够现金的旅客，列车应旅客要求，采取支付宝、微信支付等方式，以解旅客燃眉之急。列车采用广播和口头方式反复向旅客解释、致歉。车厢乘务员实行双班作业：一名协助列车长保证安全，维护秩序，为旅客供餐，做宣传安抚工作；一名负责给旅客送水，搀扶重点旅客上厕所，确保车厢干净整洁。大家长时间连续工作，宁愿自己渴着、饿着，也要想办法使每一名旅客有水喝，有饭吃。班组党员带头把自己值乘的干粮拿给旅客充饥。

乘务人员的服务架起了铁路部门与旅客沟通的桥梁，在 6 个小时的停留时间里，无一旅客有愤慨情绪和对列车服务的投诉，有的只是理解和感动。来自江苏苏州的旅客尚廷宝拱手对列车乘务人员表示感谢。来自湖北襄阳的旅客肖珍说：“这次火车晚点虽然让我很心烦，但遇到了最美的乘务员，是她们让我烦躁的心有了依靠，感谢她们一路的陪伴。”

15 个小时后，风雨同舟的旅客和列车乘务人员到达了终点站。有的旅客在临下车前对列车乘务人员说：“在大灾面前，你们将自身安危置之度外，坚守岗位，你们拥有最纯净、最朴实的心灵，你们是最美的人。”

案例分析：

人际沟通能力是高速铁路客运服务岗位要求从业人员必备的核心能力。从某种程度上说，人际沟通能力的好坏，决定了高速铁路客运服务人员工作质量的好坏，本案例中，乘务组出色的人际沟通能力确保了突发事件获得完美的处置。

本项目知识结构导图

- 精通“人际沟通”
  - 领会人际沟通的实质
    - 人际沟通的含义和主要特点
    - 人际沟通的作用
    - 高速铁路客运服务人员人际沟通
    - 高速铁路客运服务人员人际沟通应遵循的原则
    - 高速铁路客运服务人员人际沟通的技巧
  - 高速铁路客运服务人员与工作对象的沟通
    - 高速铁路客运服务人员工作对象的分类
    - 高速铁路客运服务人员与不同工作对象的沟通技巧
    - 高速铁路客运服务人员与工作对象沟通中应具备的优秀品格
    - 高速铁路客运服务人员与旅客沟通的技巧
  - 擅长倾听与分享
    - 倾听的概念
    - 高速铁路客运服务人员倾听的意识及培养
    - 高速铁路客运服务人员倾听的障碍及克服
    - 高速铁路客运服务人员分享的概念
  - 熟练使用口头沟通技巧
    - 口头沟通
    - 高速铁路客运服务人员的口头沟通
    - 高速铁路客运服务人员口头沟通的种类
    - 高速铁路客运服务人员口头沟通的方法与技巧
    - 高速铁路客运服务工作日常用语
  - 高速铁路客运服务人员与投诉人员的沟通
    - 投诉及旅客投诉的概念
    - 旅客投诉的处理
  - 具备书面沟通能力
    - 书面沟通的概念及重要性
    - 高速铁路客运服务人员书面沟通的特点
    - 高速铁路客运服务人员书面沟通的种类
    - 高速铁路客运服务人员书面沟通的写作过程
    - 铁路部门常用文书的写作
  - 巧妙地使用非语言沟通手段
    - 高速铁路客运服务人员非语言沟通的概念
    - 高速铁路客运服务人员非语言沟通的功能
    - 高速铁路客运服务人员非语言沟通种类
    - 高速铁路客运服务人员非语言沟通的主要特点

思政课堂

从一名列车长的抗疫坚守看“人际沟通”的艺术性

“您好，我是本次列车的列车长，现在是抗疫特殊时期，为确保安全，我需要为您测量一下体温，感谢您的配合。”大半年来，每次值乘，列车长陈琳都要对每一位旅客重复这句话。

“因为疫情的影响，肩上的任务在我十多年铁路生涯中是最重的一次”，陈琳说。疫情发生后，乘坐列车必须佩戴口罩，但少部分旅客出于一些原因并不配合。

一些老年旅客的疫情防控观念不是很强，有的觉得戴口罩闷得难受而选择不戴。陈琳运用老年人政治觉悟高，同理心强的特点，对他们进行劝导：“大爷、大妈，疫情传播的时候也是我们国家人民团结的时刻，从大家自觉戴口罩出门这一点就可以看出我们国家的团结。戴口罩不仅是保护自己，也是保护他人，更是对此次疫情无私奉献的医护人员及志愿者的一种尊重。他们为了此次疫情做出了重大牺牲才换来了我们现在的安全，现在我们只能通过戴口罩等方式来回报他们的奉献。”老年旅客听到这些，都非常感动，纷纷主动戴上口罩。

进入夏季，疫情得到缓解，人们商务、公务、旅游出行开始多了起来。一位出差的企业高管对当班乘务员戴口罩的提示置若罔闻，陈琳微笑着对他说：“这位先生，您是经营公司的企业家，口罩的罩字和招财的招字谐音，戴上口罩出门，也预示着您这次是招财之旅，何乐而不为呢。”这位企业高管听到这里，愉快地戴上了口罩，还对陈琳报以微笑。

疫情期间，除了常规的乘务工作，测量体温、落实乘车佩戴口罩规定等防疫工作加大了铁路乘务人员与旅客进行沟通的工作量，但依托良好的“人际沟通”能力，全国铁路乘务战线的工作人员圆满地完成了党和国家交给的抗疫任务。

知识点击

任务一　领会人际沟通的实质

一、人际沟通的含义和主要特点

（1）人际沟通的含义是指人与人之间在共同活动中彼此交流思想、感情和知识等的过程。它是沟通的一种主要形式，主要通过语言、非语言（表情、手势、体态及社交距离等）手段来实现。

（2）把人的观念、思想、情感等看作信息，把人际沟通看作信息交流的过程，这种观点可以说是迈出了很有意义的一步，其用信息论的观点来解释人际沟通的整个过程，但是，在方法论上却不能认为这种观点是正确的，因为这种观点忽略了人际沟通的某些重要特点。人际沟通有以下特点。

① 人际沟通不同于两套设备间的简单“信息传输”，其中每一个个体都是积极的主体。也就是说，人际沟通中的每一个参加者都要求对方具有积极性，不能把沟通伙伴看成某种客体，因此在沟通过程中，信息发出者必须判定对方的情况，分析他的动机、目的、态度等，并预期从对方的回答中得到新信息。人际沟通的过程不是简单的“信息传输”，而是一种信息的积极交流。

② 人们之间的信息交流不同于设备之间的信息交流，沟通双方借助符号系统相互影响。人与人的交流是以改变对方行为为目的的。

③ 信息交流只有在发送信息和接收信息的人掌握统一的编码和译码系统的情况下才能实现。这个法则用一般的话说，就是要使用双方都熟悉的同种语言或非语言说话。

④ 人际沟通可能产生完全特殊的沟通障碍。这些障碍与某些沟通渠道的弱点，以及编码、译码的差错无关，而是社会性的和心理性的障碍。

二、人际沟通的作用

人际沟通是人际关系的前提和条件，人际关系是人际沟通的基础，两者的关系是相辅相成的。人际沟通在社会生活中具有重大意义。人们只有通过沟通，才能相互影响、相互了解，才能达到行动上的协调一致，实现共同的目标。

人际沟通的作用主要体现在以下几方面。

（1）人际沟通是人们适应环境、适应社会的必要条件。沟通是人与人之间发生相互联系的最主要的形式。通过信息沟通，我们了解周围的许多情况，哪些是有利的，哪些是不利的，从而及时调整我们的行为，使我们的目标得以实现。同时，通过与他人进行比较，了解他人对自己的态度和评价，可以使我们更正确地了解和认识自己，提高自我意识水平。

（2）人际沟通具有心理保健功能，有助于保持人们的心理健康，其能促进良好个性的形成。人际沟通是人类最基本的社会需要之一，同时也是人们同外界保持联系的重要途径。通过沟通，保证了个人的安全感，增强了人与人之间的亲密感。如果沟通的需要得不到满足，就会影响个人的身心健康，因此，人际沟通对于个人来说是不可缺少的行为。保持人与人之间充分的情感和思想交流，能使人心情舒畅，起到心理保健的作用；而与他人沟通不充分的人，往往有更多的烦恼和难以排除的苦闷。

（3）人际沟通是心理发展的动力，其提供了人们身心发展所必需的信息资源。通过人际沟通，人与人之间交流各种各样的信息、知识、经验、思想和情感等，为个体提供了大量的社会性刺激，从而保证了个体社会性意识的形成与发展。婴儿一出生就通过与父母的沟通获得生理和心理的满足。随着年龄的增长，个人与他人沟通的范围日益广阔，接受各种社会思想，形成一定的道德体系，逐渐完成了各个年龄阶段的人生发展课题，社会意识由低级向高级迈进，形成了健全的人格特征以适应复杂的社会生活。

（4）人际沟通有促进信息交换，实现有效决策的功能。人类是决策者，无时无刻不在做决策，有时可能是靠自己就能进行决策，有时却是和别人商量后一起做出决策。沟通满足了决策过程中的两个功能，即信息交换与影响他人。正确和适时的信息是做有效决策之“钥”。我们经由沟通来获得许多信息，而我们也借助沟通来影响他人决策。

（5）人际沟通是营造高效工作团队的重要条件。人类得以生存、发展的一个主要条件是人与人之间能够通过沟通建立各种关系，相互分工，相互协作，协调一致，实现目标。同样，在我们为某一事业奋斗的过程中，也需要努力与他人合作。一个人的能力是有限的，且各有其擅长的一面，也有其不足的一面，这就需要把个人的知识、专长和经验融合在一起，构建一个高效的工作团队，才能获得成功。这一目标只有通过人们的相互沟通才能实现。人际沟通有助于提高部门领导整合差异、缓解压力、处理冲突的技巧。

人际沟通也有积极和消极之分。良好的、积极的人际沟通有助于人们保持心理的健康；不良的、消极的沟通会破坏心理平衡，造成心理冲突，给人的生活、工作带来不利的影响，因此，我们对沟通的内容和方式应该进行主动性的选择，提高自己的沟通质量。

小故事

一天，美国知名主持人林克莱特访问一名小朋友，“你长大后想要做什么呀？”小朋友天真地回答：“嗯……我要当飞机的驾驶员！”林克莱特接着问：“如果有一天，你的飞机飞到太平洋上空所有发动机都熄火了，你会怎么办？”小朋友想了想：“我会先告诉坐在飞机上的人绑好安全带，然后我挂上我的降落伞跳出去。”当现场的观众笑得东倒西歪时，林克莱特继续注视着这孩子，想看他是不是自作聪明的家伙。没想到，孩子的两行热泪夺眶而出。于是林克莱特问他说：“为什么要这么做？”小孩的答案透露出一个孩子真挚的想法：“我要去拿燃料，然后回来！”

当你听到别人说话时，真的能听懂他说的意思吗？如果不懂，就请听别人说完吧。“听的艺术”：① 听话不要听一半；② 不要把自己的意思，投射到别人所说的话上。

三、高速铁路客运服务人员人际沟通

高速铁路客运服务人员人际沟通最核心的内容是高速铁路客运服务人员与旅客之间的信

息交流，也就是高速铁路客运服务人员和旅客在共同活动中彼此交流各种观念、思想和感情的过程。这种交流主要通过高速铁路客运服务人员的言语、表情、手势、体态及社交距离等来表示。

高速铁路客运服务工作从本质上来说，代表的是一种人际交往关系。作为“列车、车站的工作人员”，需要拥有一个正面的、积极的心态，用现在流行的话说，就是要表现出“正能量”。高速铁路客运服务人员的态度在为旅客服务过程中占了首要地位，我们可以试着换位思考一下，从旅客的角度出发，如果我是旅客，我希望可以得到一个什么样的服务？每一个高速铁路客运服务人员都要学会说话的艺术，善于跟普通旅客沟通、跟老年旅客沟通、跟儿童旅客沟通，以及跟情绪不稳定的旅客等特殊旅客沟通。面对不同的旅客，应该使用不同的语言技巧。同时，我们的笑容也是为旅客服务时的强大“武器”，没有人喜欢受到冷漠的对待，没有人喜欢呆板无趣的教条式的对话，凡事要“请”字当头，多说“谢谢”。你对待旅客的态度，旅客是可以感受到的，在为旅客服务的时候，用心感受一下，你会发现，旅客其实也有着“可爱”的一面，他们也会跟你说，“谢谢，你辛苦了”。不得不说，听到这句话的时候，心里非常感动，自己的辛苦付出原来旅客都看在眼里，是被理解和被认可的，这种喜悦相信很多高速铁路客运服务人员都体会过。

高速铁路客运服务人员为旅客服务的时候，需要多一份责任感，用我们的爱心、包容心、同情心和耐心，把旅客当作我们的家人和朋友，当他跟你说需要帮助的时候，我们可以很热情地回应：“好的，您稍等，我马上来！”让旅客感受到家人般的关怀，无形中提升了旅客的满意度。

立岗迎客时、引导旅客入座时、巡视车厢时、提供餐饮时，到站前告知时间与温度、道别时等，都是跟旅客沟通的良机，乘务人员知冷知热的一句话，都可以让旅客为乘务服务加分。

学会说话，恰到好处地说话，巧妙地运用语言技巧，在工作中锻炼提升服务能力，一定可以为旅客带来更好的服务感受，为旅客打造一个和谐、温馨的旅途氛围，有力地提升服务品质，提高旅客对乘务服务的满意度。

四、高速铁路客运服务人员人际沟通应遵循的原则

1. 平等的原则

高速铁路客运服务人员人际沟通要遵循平等的原则。平等原则是相对的、现实的，人都有友爱与受人尊重的需要，同样高速铁路客运服务人员与旅客的有效人际沟通也是建立在平等原则基础上的，高速铁路客运服务人员与旅客需要相互尊重，需要相互的平等对待，在礼仪面前人人应该平等。无论是公务还是私交，不论职务高低，不论家资贫富，都没有高低贵贱之分，要以朋友的身份进行交往，才能融洽。平等，是人与人之间建立情感的基础，只有以平等的姿态出现，不盛气凌人，不高人一等，给别人以充分的尊重，才有可能形成人与人之间的心理相容，产生愉悦、满足的心境，形成和谐的人际交往关系。

2. 包容的原则

包容即高速铁路客运服务人员与旅客之间的融洽关系，在与旅客相处时要宽容、忍让。包容表现在对工作对象的理解、关怀和喜爱上。在高速铁路客运服务人员人际交往中由于各自成长环境、道德修养、个性特征等差异的存在，沟通和交往中出现认识不一致或因误会、

不理解而产生矛盾是不可避免的，这就要求工作中遵循包容原则，理解旅客，在非原则性问题上不斤斤计较，而且在旅客明显对自己有误解的时候，也能以德报怨，求同存异。所谓“君子和而不同，小人同而不和”，君子不但要成人之美，更要有容人之德。求同存异，互学互补、处理好竞争与相容的关系，才能更好地完成客运服务工作。

3. 互利的原则

互利指高速铁路客运服务人员与旅客的交往要互惠互利，可表现为双方关系的相互依存，通过物质、能量、精神、感情的交换而使各自的需要得到满足。人际沟通是一种双向行为，只有单方获得好处的人际交往是不能长久的。互利原则要求我们了解旅客的价值观倾向，多关心、多帮助旅客，尽量让旅客的得大于失，从而维持和发展与旅客的良好关系。互利原则，既包括物质方面的，也包括精神方面的，但互助互惠并不是等价交换，更不是庸俗的交易，而是一种自觉自愿的相互付出，相互奉献。既要考虑双方的共同价值和共同利益，满足共同的心理需要，又要促进相互间的联系，深化双方的感情。

4. 信用的原则

信用指高速铁路客运服务人员诚实、不欺骗、遵守诺言，进而取得旅客的信任。与守信用的人交往有一种安全感，与言而无信的人交往内心充满焦虑和怀疑。一个心地坦诚、纯洁无私的人受到大家的欢迎，那种矫饰、伪装、抑制自己的真情，闪烁其词，敷衍搪塞的人是难以获得美好的感情的。当然，高速铁路客运服务人员也应该看到社会环境，人际关系的复杂性。真诚是高速铁路客运服务人员人际交往的第一要素，但并不是唯一要素。

除了上述这些高速铁路客运服务人员人际沟通的基本原则外，还要注意和旅客保持适度距离，不要过于亲近，要虚心听取不同意见，不要好为人师，要自尊自爱，不要热衷于接受旅客的馈赠等。

五、高速铁路客运服务人员人际沟通的技巧

沟通是人与人之间进行信息交流的必要手段，每一个社会人都离不开沟通，高速铁路客运服务人员在工作中更离不开人际沟通。作为一名高速铁路客运服务人员，要为工作对象（旅客）提供良好的服务，就要与旅客进行有效的沟通。

当然，沟通是一门学问、一门艺术，良好的沟通技巧能让高速铁路客运服务人员与旅客产生很好的共情，增进高速铁路客运服务人员与旅客的互相了解，让双方在心情舒畅中达成共识。在高速铁路客运服务人员人际沟通中，我们应该注意到一点：沟通不是简单的你+我=我+你，即在沟通中，如果双方没有共鸣，你说你的，我说我的，其结果必然是不欢而散。

有些人无论在生活中，还是在工作中，人际关系都处理得非常和谐，这是因为他们掌握了有效的沟通技巧。关于有效沟通，有很多研究和分析的资料，这里，我们总结几条实用、有效的高速铁路客运服务人员人际沟通技巧。

（1）从沟通要素构成的角度看，人际沟通一般包括三个方面：沟通的内容，即文字；沟通的语调和语速，即声音；沟通中的行为姿态，即肢体语言。这三者的比例为文字占 7%，声音占 48%，行为姿态占 45%。同样的文字，在不同的声音和行为下，表现的效果是截然不同的。所以有效的沟通应该更好地融合这三者。作为高速铁路客运服务人员，在与旅客进行有效人际沟通的过程中，更要把语言、声音和肢体语言有效地融合。

（2）从心理学角度看，人际沟通包括意识和潜意识层面，而且意识只占 1%，潜意识占 99%。高速铁路客运服务人员有效的人际沟通必然是在潜意识层面上，有感情、真诚地与旅客沟通。

（3）高速铁路客运服务人员在人际沟通中要进行“身份确认”，针对不同的沟通对象，如工作班组领导、同事、旅客等，即使是相同的人际沟通内容，也要采取不同的声音和行为姿态。

（4）高速铁路客运服务人员在人际沟通中可以通过重复对方沟通中的关键词，甚至能把对方的关键词语经过自己的修饰后，回馈给旅客。这会让他们觉得他的沟通得到了你的认可与肯定。

（5）高速铁路客运服务人员人际沟通中的倾听很重要，倾听不是简单听就可以了，需要你把沟通的内容、意思进行全面把握。例如，有很多高速铁路客运服务人员在与旅客进行人际沟通中有时会不等对方把话说完，就急于表达自己的想法，结果有可能无法达到深层次的共鸣。

（6）高速铁路客运服务人员在工作中可以使用“先跟后带”的技巧。“先跟后带”是指，即使你的观点和旅客的观点是有差异的，在沟通中也应该先让对方感觉到你是理解他的，然后再通过语言和内容的诱导抛出你的观点。

小案例

诸葛亮的沟通艺术

三国时期，孙权和刘备是一对既联合又斗争的盟友，主要体现在周瑜和诸葛亮的既联合又斗争上。在联合抗曹取得胜利后，因为荆州的问题两家闹起了别扭。诸葛亮用计“三气周瑜”，结果周瑜丧命。东吴上下对诸葛亮恨之入骨，决心要杀死诸葛亮为周瑜报仇，孙刘两家的盟友关系也遭受严峻的考验。为了不使两家分裂并结仇，诸葛亮亲自到柴桑为周瑜吊孝。刘备君臣坚决劝阻，认为诸葛亮一去必然要被东吴杀害，有去无回。诸葛亮说服众人，过江去东吴。到达柴桑之后，鲁肃礼貌地接待了他。诸葛亮到了灵堂，读完祭文就伏地而哭，情真意切，流泪不止，一口一个“周都督”，一口一个“周贤弟”，一边诉说两人联合抗曹的谋略，一边长叹周瑜一死没有了共同谋划之人，似乎这个世界上只有周瑜是他唯一的知己了。这令所有在场的人都非常感动，就连周瑜的夫人小乔也动摇了。人们对周瑜是不是诸葛亮气死的都产生了疑问，甚至认为周瑜之死是他自己心胸太狭窄造成的。

诸葛亮之所以能取得这样的沟通效果，是因为他的“三寸不烂之舌”和真诚的态度。所以在为人处世上，说话的态度一定要认真、诚恳。只有认真、诚恳，才能使人相信；只有使人相信，才能达到预期的沟通效果。

任务二 高速铁路客运服务人员与工作对象的沟通

一、高速铁路客运服务人员工作对象的分类

高速铁路客运服务人员的工作对象即客运服务中面对的对象，主要是指广大的旅客。旅客各不相同，为了更好地做好高速铁路客运服务工作，提高高速铁路客运服务质量，熟悉旅客的分类极为重要。旅客的分类是一个很复杂的问题，可以从不同的角度对旅客进行分类。如：按气质分类，按能力分类，也可从自然构成、社会构成、身份构成及旅行要求和旅行目的等方面来对旅客进行分类。本书仅从性格上，对旅客进行分类。

1. 急躁型旅客

急躁型旅客的性格特征：对人热情、感情外露、说话直率而快，这种类型的旅客容易激动，通常喜欢与人争论问题。他们对服务的评价易走极端。他们在旅行中较为粗心，经常丢东西。

2. 活泼型旅客

活泼型旅客的性格特征：活泼好动，反应快，理解力强，显得聪明伶俐。他们动作敏捷、灵活、多变。旅行中他们对人热情大方，喜欢与人交往和聊天，喜欢打听各种新闻。他们情感外露，并且变化多端，经常处于愉快的心境之中。

3. 稳重型旅客

稳重型旅客的性格特征：喜欢清静的环境，很少主动与他人交往，交谈起来很少滔滔不绝和大声说笑，情感很少外露，自制能力很强，做事总是不慌不忙，力求稳妥，很少打扰别人。他们反应慢，希望别人讲话慢些或重复几次，自己讲话也慢条斯理，显得深思熟虑。他们的注意力比较稳定，对新环境不易适应，但一旦适应了又对乘坐过的列车或打过交道的服务人员产生留恋之感。

4. 忧郁型旅客

忧郁型旅客的性格特征：感情很少向外流露，心里有事一般不愿对别人讲。旅行中表现为性情孤僻、不合群、沉默寡言，不喜欢在公共场合与人交往和聊天。这类旅客对事情体验深刻，自尊心强，很敏感，好猜疑，想象力丰富。他们在遇到困难或挫折时，会表现得非常痛苦，如丢失东西，或与人发生纠纷后会长时间不能平静。他们行动迟缓、反应慢。

二、高速铁路客运服务人员与不同工作对象的沟通技巧

大致了解客运服务工作对象的性格特征后，接下来的工作就是根据旅客不同的性格特征，采用不同的沟通方式，提高工作水平。

1. 针对急躁型旅客的沟通技巧

在沟通工作中，对于急躁型旅客，言谈要注意谦让，不要激怒他们，不要计较他们有时不顾后果的冲动言语，一旦出现矛盾，应当尽量回避。随时提醒他们别乱扔、乱放和丢失东西。

2. 针对活泼型旅客的沟通技巧

在服务工作中，对于活泼型旅客，同他们交往时，尽量满足他们在交往时爱讲话的特点。旅行中高速铁路客运服务人员应主动向他们介绍车站和列车设施，以及各地风光和特产，以满足他们喜欢交流的心理。

3. 针对稳重型旅客的沟通技巧

在服务工作中，对于稳重型旅客，应当注意讲话的速度，重点内容适当重复一下。一般不要过多地与他们交谈。如需交谈，应尽量简单明了，不要滔滔不绝，以免他们反感。

4. 针对忧郁型旅客的沟通技巧

在服务工作中，对于忧郁型旅客，应当十分尊重，与他们交流要清楚、明了、和蔼可亲。尽量少在他们面前谈话，绝对不要与他们开玩笑，以免产生误会和猜疑。当他们遗失物品、生病时，应当给予特别的关心和帮助，想办法安慰他们，使之感到温暖。

以上旅客分类与沟通技巧，仅仅针对客运服务工作中所面对的旅客的共性心理特征。实际上，旅客的心理活动除受自身条件制约外，还受客观事物的影响，所以在客运服务工作中，既要掌握旅客的共性心理，又要探索和理解旅客的个性心理，这样才能避免服务的片面性和盲目性，才能提供更加主动、更有针对性的服务，才能真正提高我们的客运服务水平。

三、高速铁路客运服务人员与工作对象沟通中应具备的优秀品格

客运服务在本质上是一种高速铁路客运服务人员人际交往关系，这种关系由服务者与被服务者和服务环境三元素组成，其中，服务者是影响服务质量的最主动、最积极的因素，其能力和素质的高低对服务水平具有决定性的作用。具有良好的素质和能力的服务者可以在服务过程中营造令人愉快的氛围，使服务三元素之间的关系达到和谐统一，这种和谐统一的美就是优质服务。优质服务需要具有优秀个人素质和能力的服务人员，而素质是个人品格、性格、文化等相关因素的综合反映，其中品格是决定个人素质的关键因素。高速铁路客运服务人员应具有以下个人品格：责任心、爱心、包容心、同情心和耐心。

1. 优秀的高速铁路客运服务人员应具备的第一种品格——责任心

通俗地说：责任心就是一个人自觉地把分内的事情做好。客运服务工作既是服务工作，也是安全工作，既关系到班组服务水平的高低，更关系旅客生命和国家财产安全，客运服务工作至关重要，需要高速铁路客运服务人员以高度的责任心认真对待，可以说，责任心是一名优秀高速铁路客运服务人员应该具备的最基本条件。同时，高速铁路客运服务的构成和高速铁路客运服务工作的特点也要求高速铁路客运服务人员必须具有高度的责任心。每个高速铁路客运服务人员要以高度的责任心自觉地履行自己的职责，做好分内的工作，高速铁路客运服务人员要相互配合，为优质服务打好基础。另外，服务工作灵活性较强的特点也决定了优秀的服务有赖于强烈的责任心。完成客运服务规定的程序只是高速铁路客运服务工作最基本的一步，真正优秀的服务需要高速铁路客运服务人员发挥主观能动性，竭力满足旅客的合理需求，甚至在旅客开口之前提供服务，要达到这样的标准，高速铁路客运服务人员没有高度的责任心是不可能实现的。

2. 优秀的高速铁路客运服务人员应具备的第二种品格——爱心

爱心，首先是对高速铁路客运服务工作本身的热爱，热爱服务工作的人都知道，看似轻松的客运服务工作，实际是非常劳累和枯燥的工作，如果没有建立对客运服务工作深刻理解

基础上的热爱，就很难长久地保持对这份工作的激情，具体地说，对客运服务工作的热爱就是要甘于平凡、乐于助人，要能够从枯燥的工作中，认识到简单的动作对于千百万旅客生命和国家财产的重要性，从繁复累赘的客运服务中感受到人性的美好，从日复一日的迎来送往中体会到人与人之间的尊重，从而真正理解客运服务工作的意义。有对客运服务工作的热爱，才能吸引高速铁路客运服务人员积极探索服务工作的有关技巧，激发他们的工作热情，克服工作中的各种困难，对客运服务工作本身的热爱是高速铁路客运服务人员做好优质服务的原动力。

爱心是对旅客的友善，服务是人际交往，优质服务是愉快的人际交往，是美好情感在人与人之间的共鸣，而爱心是美好情感的基础。高速铁路客运服务人员作为“高速铁路客运服务”这种特殊人际交往过程的主体，把握着交往过程的主动权，而高速铁路客运服务人员用对旅客的爱心来营造优质服务的氛围非常重要，一个优秀的高速铁路客运服务人员，首先应该是一个与人为善、充满爱心的人，以爱心为基础的服务才是真诚的服务。没有真挚的爱心，只依靠技能、技巧来服务旅客的高速铁路客运服务人员，永远不可能真正留住旅客，也就不可能成为一名优秀的高速铁路客运服务人员。

爱心应是对工作伙伴的体贴。高速铁路客运服务工作需要高速铁路客运服务人员相互配合，没有良好的合作就不可能有完美的服务。作为高速铁路客运服务人员、要相互关照，及时沟通，彼此谅解，要多替别人着想，尽量给他人提供方便。俗话说“予人方便，予己方便。”孔子也曾说过：“己所不欲，勿施于人。”优秀的高速铁路客运服务人员对于这些做人的道理一定有深刻的认识。

3. 优秀高速铁路客运服务人员的第三种品格——包容心

优秀的高速铁路客运服务人员一定是一个可以包容旅客或同事 “过失”的人，高速铁路客运服务人员和旅客的关系是一种特殊的人际关系。“旅客”作为普通受服务者，其言行遵守法律、法规便可，而高速铁路客运服务人员除了必须遵守法律、法规之外，还要遵守铁路制度、职业操守、社会公德，甚至还要对旅客的感受负责，因此，这种人际关系没有“公平”可言。旅客作为相对的“自由人”可以在法律、法规允许的范围内，在自己的道德认知水平上提出需求，宣泄个人的情绪，这些需求和情绪完全可能超出普通人的心理承受范围，给别人带来伤害，而高速铁路客运服务人员却必须包容这些一般人难以忍受的言行，要具有超过普通人对伤害的接受度，这就考验着高速铁路客运服务人员的包容心。

具有包容心是高速铁路客运服务人员的职业需要，同时也是高速铁路客运服务人员自我保护的需要，包容不是简单的忍受，而是理解、同情、练达、包涵。从事高速铁路客运服务工作，遭受旅客带来的“不公”是避免不了的事，我们必须包容这些“不公”，并将其化为顺理成章的理由，才不会给自己的身心造成伤害，才可以始终如一地坚持对这份工作的理解和热爱。包容心不仅可以化解高速铁路客运服务人员与旅客之间的不快，还能化解高速铁路客运服务人员工作和生活中的负面情绪，保持阳光心态，在任何时候都快乐而积极地为旅客服务。

4. 优秀高速铁路客运服务人员的第四种品格——同情心

同情在一切内在的道德和尊严中为最高的美德。同情心就是当他人有困难或遭到不幸时，自己的内心世界产生的一种不好受、怜悯，进而想在道义上，方法上或物质上帮助他人解决困难的内心感受，是感人之所感，甚至是人与人之间的一种“心灵感应”。如果把爱心比喻成宽广的大海，同情心就是那海面上朵朵美丽的浪花，蔚蓝的海面令人平静，而洁白的浪花使人激动。高速铁路客运服务工作面对的旅客来自天南海北，他们有着不同的背景和经历，当他们聚集在列车、车站特殊的空间里，会有各种不同的心理感受。一般来说，前往陌生的异地或很少乘坐高速铁路列车出行的旅客希望得到高速铁路客运服务人员不动声色的及时指点，来化解紧张的情绪和茫然的感觉，生病的旅客需要特别的关照和问候来克服病痛和不安，无人陪伴独自出行的旅客需要更多的陪伴来抵御陌生环境的孤独感，老年旅客需要及时的帮助，以避免手脚不便造成的困扰和尴尬。富有同情心的高速铁路客运服务人员能够从旅客的举止言行中敏锐地察觉到不同的旅客的困难和需求，及时提供细心的、周到的、有针对性的服务。富有同情心的高速铁路客运服务人员能够很好地展示优质服务的魅力，从而使服务工作达到令人“动心”的效果。

5. 优质高速铁路客运服务人员的第五种品格——耐心

耐心是在工作中化解矛盾的一种重要素质。首先，优质服务是服务三元素共同营造的和谐统一的美好境界，在服务的三元素之中最难把握的就是服务对象——旅客的情绪和举动。要使旅客在旅行中愉快、自愿地配合我们的工作，需要我们不厌其烦地关心和满足他们的合理需求，及时化解出现的问题和矛盾，努力营造一种积极的氛围来感染旅客。尤其是在列车运行过程中，旅客情绪激动的情况下，更需要以极大的耐心来安慰或感动他们。

耐心也是使高速铁路客运服务人员把“职业要求”转化为“职业素质”的一种力量。从新入职的高速铁路客运服务人员到优秀的高速铁路客运服务人员，每个人都有段距离需跨越，这期间必须有这样或那样的困难和阻力，能否最终跨越则需要客运服务人员保持足够的耐心，只有耐得住辛苦、委屈、压抑、枯燥和诱惑力的人才能获得成功。所以，要想成为一名优秀的高速铁路客运服务人员，就必须在日常的工作、生活和学习中持之以恒地磨炼自己，反复地总结、思考，坚持不懈地努力。

优秀个人品格的培养是高速铁路企业文化建设中不可忽视的一部分，高速铁路企业职工思想政治工作要注重对高速铁路客运服务人员的个人品格培养，帮助每个高速铁路客运服务人员在思想认识上正本清源，向着好的标准看齐。

小提示

高速铁路客运服务人员与工作对象进行沟通的小技巧

文明用语，用心服务。
真诚沟通，随机应变。
微笑耐心，将心比心。
换位思考，考虑周全。
报站及时，细心提示。
了解周边，为人乐观。
乐于助人，热情开朗。
不怕吃苦，与人为善。

四、高速铁路客运服务人员与旅客沟通的技巧

1. 交谈时用词要恰当、灵活

在为旅客服务时，要避免交谈中出现令人感到尴尬或忌讳的字词，面对不同层次的旅客，服务语言也要有所不同，要保证说出来的话能够通俗易懂。

2. 态度诚恳、亲切

在与旅客交谈时，首先要把握“以旅客为中心”的原则，态度诚恳。与旅客交谈时还要注意使用礼貌用语，如“请”“谢谢”“对不起”“打扰了”等。

3. 声音要温柔、动听

高速铁路客运服务人员作为服务工作者，说话发音要准确，吐字要清晰、自然，声音要温柔、大方。高速铁路客运服务人员的声音应根据自身条件的不同来寻找适合自己的语调和音量，不要一味地追求温柔、动听，过于温柔、动听反而会让旅客感到不舒服。

4. 体态语要谦逊、亲和

体态语是声音语言的辅助表达工具，能够帮助声音语言更好地传递情感信息。谦虚、善意的体态语会让旅客感觉受到尊重，和蔼可亲的体态语让旅客有回家的感觉。

5. 巧妙使用商讨式语气

商讨式语气是高速铁路客运服务人员在进行沟通时经常用到的一种交谈方式。用商讨的语气与旅客交谈，让旅客得到充分的尊重，使其能配合或协助完成一些事项。在使用商讨方式交谈时，一定要注意意思的表达，不要让旅客理解为“他说的重要，我说的就不重要”，应先肯定商讨的对象，然后再提出需要商讨的问题，要让旅客受到尊重的同时觉得自己也做了件助人为乐的好事。

6. 善于使用征求式语气

征求式语气是高速铁路客运服务人员在服务工作中最常用到的。在向旅客提出要求时，高速铁路客运服务人员用征求意见的口气去询问，语气温柔和蔼，会让旅客感到自己得到了应有的尊重，自然也就会配合高速铁路客运服务人员的工作。征求式的语气常用于需要旅客配合工作的情况，询问时，高速铁路客运服务人员要灵活机动，如果效果不好，应当更换交谈方式，不要生搬硬套地只用一种交谈方式，以免造成与旅客关系的恶化，不利于事情的解决。

7. 适时使用恳求式语气

恳求式语气一般用于高速铁路客运服务人员处于弱势时，通过“以情动人”，缓解对方的情绪。

8. 注意使用委婉式语气

高速铁路客运服务人员在服务过程中，常会遇见一些不能直接劝解的问题，对于此类问题，可以用委婉式语气与旅客交谈。对于无理取闹的旅客，高速铁路客运服务人员需要有更多的耐心，用委婉的语气对其进行劝导。

任务三　擅长倾听与分享

小案例

倾听，也是一种尊重

经朋友介绍，汽车销售员李子枫去拜访一位曾经买过他们公司汽车的大企业经理。见面时，李子枫照例先递上自己的名片："您好，我是汽车公司的销售员，我叫……"才说了不到几个字，就被客户以十分不友好的口气打断了，客户开始抱怨，讲述当初买车时的种种不快，如服务态度不好、报价不实、交接车的时间等待过久等。

客户在喋喋不休地数落着汽车公司及当初提供汽车销售服务的销售员时，李子枫只好静静地站在一旁，认真地倾听，一句话也不说。终于，那位客户把以前所有的怨气都一股脑儿地吐光了。当他稍微休息了一下时，才发现眼前的这个销售员好像很陌生。于是，他有点不好意思地对李子枫说："小伙子，贵姓呀？现在有没有一些好一点的车型？拿一份目录来给我看看，给我介绍介绍吧。"当李子枫离开时，已经兴奋得几乎想跳起来，因为他手上拿着两辆汽车的订单。从李子枫拿出商品目录到那位客户决定购买，整个过程中，李子枫说的话加起来不超过十句。汽车交易拍板的关键，由那位客户道出来了，他说："我是看到你非常实在，有诚意又很尊重我，所以我才向你买车的。"

一、倾听的概念

倾听，属于有效沟通的重要组成部分，倾听的作用是求得思想达成一致和感情的通畅。狭义的倾听是指凭借听觉器官接收言语信息，进而通过思维活动达到认知、理解的全过程；广义的倾听包括文字交流等方式。倾听的主体是听者，而倾诉的主体是诉说者。两者"一唱一和"有排解矛盾或者宣泄感情等作用。倾听者作为真挚的朋友或者辅导者，要虚心、善意地为诉说者排忧解难。

倾听不是简单地用耳朵来听，它也是一门艺术。倾听不仅要用耳朵来听说话者的言辞，还需要一个人全身心地去感受对方在谈话过程中表达的语言信息和非语言信息。

倾听是高速铁路客运服务人员在客运服务工作中，与旅客进行有效人际沟通的前提，是高速铁路客运服务人员接收旅客口头语言信息，确定旅客讲话的含义以做出正确反应的过程。

二、高速铁路客运服务人员倾听的意识及培养

1. 高速铁路客运服务人员倾听的过程

高速铁路客运服务人员倾听是一个在客运服务工作中的能动性的过程，是高速铁路客运服务人员在客运服务工作中对感知到的信息经过加工处理后能动地反映自己思想的过程，高速铁路客运服务人员倾听的过程大致可分为准确感知、正确选择、有序组织、合理解释或理

解四个阶段。这四个阶段相互联系、相互影响，任何一个阶段出现问题，高速铁路客运服务人员的倾听都可能是无效的。作为高速铁路客运服务人员（信息接收者）要注意仔细地倾听，倾听是一种完整地获取有效信息的方法。倾听包含了四层意思，即听到、注意、理解、记住，高速铁路客运服务人员倾听的过程包括接收旅客发出的信息、选择性地注意、赋予信息正确的含义、记忆信息。

（1）在与旅客沟通时不要急于表达自己的意见，要礼貌地请旅客先发表意见。以身体稍稍倾斜面向旅客的姿态，来表示你在尊重并聆听旅客讲话。

（2）高速铁路客运服务人员要暂时放弃自己的好恶，尽量“放空”自己，才能听进旅客的话。不要轻易打断旅客的话，要让旅客把事情叙述完整，感情表达清楚，不满发泄出来。在倾听过程中，用简单的肢体语言（微笑、点头）来表示你紧跟着旅客的思路。

（3）在倾听后不要急于否定旅客，不要匆忙下任何结论，这种做法是非常危险的，有时候会制造误会，要给予自己时间去思考和判断。

2. 高速铁路客运服务人员倾听的类型

按照倾听的目的，高速铁路客运服务人员倾听分为：获取有效信息式倾听、质疑式倾听、移情式倾听、享乐式倾听。所谓移情式倾听是在倾听中设法从旅客的观点来理解他们的感受，并把这些情感反馈回去。

按照倾听的专心程度，高速铁路客运服务人员倾听分为：投入型倾听、字面理解型倾听、随意型倾听、假专心型倾听、心不在焉型倾听。假专心型的倾听者在沟通过程中不做任何努力，因此所获得的信息毫无价值，不能解决旅客提出的问题，也无法满足旅客的诉求。

人们在听别人说话时，注意的程度由浅入深可以分为六个层次，以此为据，我们把高速铁路客运服务人员倾听分为以下六个层次。

（1）第一层：心不在焉。知道对方在说话，耳朵也听见了声音，但陷入自己的想象或情绪中，眼神凝滞。

（2）第二层：随口应答。条件反射式的随声附和。

（3）第三层：记住“尾巴”。如果说话者反问：“你听清我刚才说什么了吗？”听者会重复最末尾的几个字。

（4）第四层：能够回答问题。已听进大脑，记住了内容，被提问能回忆起来。

（5）第五层：能对其他人讲。当我们不放心对方是否记得自己交代的重要信息时，可以让对方重复一遍，或让他说给周围的人听。

（6）第六层：能教别人。当我们要学习某项知识信息时，把自己看成老师而不是学生，就会以最积极的姿态去听，效果也最好。

三、高速铁路客运服务人员倾听的障碍及克服

1. 高速铁路客运服务人员倾听的障碍

（1）高速铁路客运服务人员因语言因素引起的障碍。讲话速度与思考速度的差异：人们的思维远比讲话的速度快。讲话的低速度和思维的高速度之间的差异给不熟练的倾听者带来麻烦。当讲话者缓慢地叙述着，听讲者的思绪可能走向不同的方向，例如，开始考虑家庭、好友及个人问题等，而不再注意讲话的内容。

（2）旅客（作为倾听者）引起的障碍。体质不佳，身体障碍，如疲惫、疾病会影响有效

倾听。上午 7:30—10:30 为人在一天中精力最旺盛的阶段，11:00 至下午 1:00 左右，人的精力处于低谷，人在下午时段的精力平均水平不如在上午时段的精力平均水平高。一般来讲，在精力低潮阶段，疲劳会影响有效倾听。除了疲劳，疾病也会减弱一个人的倾听能力。当一个人患重感冒就很难成为专注的倾听者，也就是说，任何疾病或身体不适都会作为内在干扰而影响倾听。

（3）感情过滤引起的障碍。每个人都会选择自己喜欢听的来听，可以说，在倾听过程中，情感起到了听觉过滤的作用，有时它会导致盲目，而有时它排除了所有的障碍。

（4）心理定式引起的障碍。这主要包括偏见、思想僵化、缺乏信任。

（5）性别差异引起的障碍。男性和女性倾听的态度和方式是不同的。男性和女性在交谈时，双方必须了解这种差异所造成的障碍。

（6）外部因素引起的障碍。外部因素大致有以下几个方面：喧闹声、手机铃声、意外事件、交谈环境、说话者的谈吐举止、说话者的发音特点等。

2. 克服倾听障碍的对策

（1）创造良好的倾听环境。如适宜的时间、适当的地点、平等的氛围等。

（2）提高倾听者的倾听技能。例如完整、准确地接收信息，正确地理解信息，适时、适度地提问，及时给予反馈，防止分散注意力等。

（3）改善讲话者的讲话技巧。

四、高速铁路客运服务人员分享的概念

分享是指与他人一同享受、使用，这种分享可以是精神上的，也可以是物质上的。如让他人分享自己的喜悦，让别人也感觉到自己的感受，或者同别人述说自己的感受。

分享是一种快乐，是我们跃出自己思想的狭隘，让那种思想的碰撞在我们内心深处获得“土壤”，并享用人生无穷的馈赠。分享是一种幸福，一个人的世界很孤独，分享会让心情在充分舒展的气氛中升华。分享是一种源泉，让我们在那种无拘束的表露中互相寻找前进的动力。

高速铁路客运服务人员分享是指在客运服务工作中，在与旅客有效沟通的基础上享受彼此的欢乐，分担彼此的烦恼，在处理高速铁路客运服务工作中的问题或矛盾时进行情感上的沟通，达成共识，共享精神上的愉悦。

分享其实更多的是跟沟通者一起描绘一个美好的未来。分享的目的其实是让高速铁路客运服务人员知而后行，但目前，高速铁路客运服务人员的分享大多还停留在知的层面，一些高速铁路客运服务人员在刚从业的时候总希望将自己所知道的东西分享得越多越好，好让旅客觉得自己有“料”，殊不知这只不过是高速铁路客运服务人员自我感觉良好罢了。其实不在乎到底分享了多少内容，更重要的是分享的针对性，有针对性的分享是提高工作效率的有效手段。

小分享

分享的重要性

孔融让梨的故事从古流传至今，不仅反映了要尊老爱幼，同时也教育人们学会分享。分享是一种美德。懂得分享的人更能爱自己、爱他人。

分享的障碍大致有以下三点。

（1）对自己没信心。持这种态度的人，能够充分认识到分享的重要性和必要性，也有分享的初衷和愿望，但是对分享缺乏信心，片面地认为分享不是一件容易的事儿，只有那些“大V”“大咖”，成功人士才有资格、有能力分享。自己作为一介无名之辈、只有认真倾听的份儿。自己那点墨水拿出来分享，不让人笑掉大牙才怪，何必自取其辱呢？其实，“金无足赤，人无完人”，只要肯挖掘，肯展示，每个人都有自己的闪光点。

（2）对分享有偏见。持这种思想观点的人，认为分享是在浪费精力和时间，与其跟别人分享，还不如省出时间和精力来，集中精力干自己想干、该干的事情。这种观点没有看到分享的潜在价值。

（3）怕自己被超越。持这种思想观点的人，心胸狭隘，认为分享会降低自己对某种资源的“独占性”。

正是“对自己没信心”“怕自己被超越”之类的不正确的思想在作怪，禁锢了思想，阻碍了沟通交流，错失了成长的良机，使我们在茫茫人海、芸芸众生中，独自前行，摸索前进，即使最终到达了成功的彼岸，也会付出超长时间的努力。

现实生活中，想分享的人不少，但会分享的人却不多，干好任何一件事情，都要讲究方法和策略，分享也不例外。

① 真正的分享不是“单相思”，需要找准对象才行，有些人，自己分享的热情很高，按捺不住分享的欲望，逢人便说，遇人就讲，以为这才是分享，但为什么其收获不明显呢？究其原因，就是没有找准分享对象。所以，在分享之前，不妨先冷静地思考一下，我们分享的内容是什么，属于哪个领域？适合哪类人群，对象是哪个年龄段的？找准了目标对象和受众之后，再进行有针对性的分享，肯定会引发共鸣，收获多多。

② 真正的分享不是单纯“输出型”的，需要双向互动才行！分享不是单向运动，你说我听，一味地输出，而是一个双向交流互动的过程。分享人在分享的过程中，被分享人也应发表看法，提出意见，反过来对分享人的分享产生促进和影响。从这个意义上讲，分享人既是“输出者”，同时又是“输入者”，他输出的是自己的观点和看法，收获的是被分享者的真知灼见，看似“舍”实则“得”，在相互切磋中实现了共同进步、共同成长、共同提高。

任务四 熟练使用口头沟通技巧

一、口头沟通

1. 口头沟通的概念

所谓口头沟通，是指借助口头语言实现的信息交流，它是日常生活中最常采用的沟通形式，其主要包括口头汇报、讨论、会谈、演讲、电话联系等。

口头沟通也是沟通的种类之一，其与书面沟通相对应。口头沟通通过口头语言形式进行信息交流，例如，座谈讨论、大会发言、演讲辩论、电话会议、双方会谈等，都属于口头沟通的范畴。

2. 口头沟通的优点

（1）能观察对方的反应。

（2）能立刻得到回馈。

（3）有机会补充说明及举例说明。

（4）可以用声音和姿势来加强沟通效果。

（5）能确定沟通是否成功。

（6）有助于建立共识与共鸣。

（7）有助于改善人际关系。

3. 口头沟通的缺陷

（1）通常口说无凭（除非录音）。

（2）效率较低。

（3）不能与太多人双向沟通。

（4）有时会因情绪不佳而说错话。

（5）言多必失。

（6）对不善言辞者不利。

二、高速铁路客运服务人员的口头沟通

口头沟通是一门很大的学问，人与人相处需要口头沟通，我们在工作中与领导、与同事、与旅客，在生活中与家人、与友人和与所有其他接触到的人都会进行口头沟通，可以说，口头沟通无处不在。高速铁路客运服务人员口头沟通与高速铁路客运服务人员书面沟通相对应，是指高速铁路客运服务人员通过口头语言形式与旅客进行信息交流（即高速铁路客运服务人员在客运服务工作中与旅客之间的口头语言交谈）。

三、高速铁路客运服务人员口头沟通的种类

1. 交谈

交谈是高速铁路客运服务人员口头表达活动中最常用的一种方式。高速铁路客运服务人员在乘务工作中需要与旅客进行口头沟通，这是不可缺少的一项语言活动。交谈是以两个人或几个人之间的谈话为基本形式，进行面对面的学习讨论、沟通信息、交流思想、谈心聊天的言语活动。高速铁路客运服务工作中需解决问题时，通常高速铁路客运服务人员与旅客之间以对话为基本沟通形态。

交谈是一门艺术，而且是一门古老的艺术。交谈的艺术性体现在：尽管人人都会，然而效果却不太一样。所谓“酒逢知己千杯少，话不投机半句多”，这正说明了交谈的优劣直接决定着交谈的效果。与人进行一次成功的谈话，不仅能获得知识、信息的收益，而且感情上也会得到很多补偿，会感到一种莫大的享受。交谈是建立良好人际关系的途径，是连接人与人之间思想感情的桥梁，是增进友谊、加强团结的一种动力。“良言一句三冬暖，恶语伤人六月寒”，这说明交谈在交往中的作用是举足轻重的。交谈不仅是人们交流思想的重要手段，而且是人们学习知识、增长才干的重要途径。善于同有思想、有修养的人交谈，就能学到很多有

用的知识，“听君一席话，胜读十年书”就是对交谈意义深刻的总结。按照性质和目的的不同，可以将交谈划分为聊天、谈天、问答和洽谈四种类型。

2. 发言

这里说的发言不是事先准备好的发言，而是受到某些事物的刺激或在谈话时联想和诱发出来的，这种发言是临时性的发言。即席发言首先要注意观察周围事物的变化，在认真听取别人发言的基础上，有言可发；其次，要思维敏捷，善于进行逻辑归纳和综合，通过对方的发言，迅速形成体现自己思想脉络的发言提纲；最后，要有广博的知识，占有丰富的材料。

3. 演讲

演讲又叫讲演或演说，是指在公共场所以有声语言为主要手段，以体态语言为辅助手段，针对某个具体问题，鲜明、完整地发表自己的见解和主张，阐明事理或抒发情感，进行宣传鼓动的一种语言交际活动。根据演讲的目的，可以将演讲分成劝导型、告知型、交流型、比较型、分析型、激励型，也可以分为凭记忆讲、有准备的脱稿讲和照稿宣读等。

（1）凭记忆讲。这种演讲是将事先写出的稿子，记在脑子里，然后用语言表达出来，这里要讲究记忆的方法，要克服困难，花费相当大的精力用脑子记，这种演讲的优点是眼光始终注视观众，可以观察到观众的表情，不足的是，演讲时精神较为紧张，担心讲错、容易遗忘。

（2）有准备的脱稿讲。这种演讲不必写稿子，写个提纲就可以了。提纲主要包括论点、事例和必要的数字，其不受书面词句的限制，可避免因记忆错误使演讲出现“卡壳”。有准备的脱稿讲，可较自由地发挥，讲起来也会生动、形象、深刻，这种演讲要认真准备，思维和反应要快，提纲要一目了然，切勿遗失。

（3）照稿宣读。这种演讲一般适用于重大的会议或技术性很强的会议。口头表达的方式特点，是把主体与客体在时间与空间上紧密结合，讲、听直接见面，随时观察听者的反映，灵活调整内容，调节气氛。如果是对话、讨论、谈话、辩论，则可直接听到对方的意见，进行针对性强的回答。

四、高速铁路客运服务人员口头沟通的方法与技巧

1. 高速铁路客运服务人员口头沟通的基本方法

口头沟通应该注意语言的应用，如幽默的语言可以使自己在人群中更具有感染力，利于交流；又如含蓄的语言可以提升自己在他人眼里的档次，会招来更多关注你的人，有利于交更多的朋友。当然，除此之外还有很多语言都能对自己的人际交往产生这样或是那样的影响。另外，场合问题也是不可小视的，如涉及重要事项时就需要用到含蓄的语言以提升自己在旅客眼里的权威性，此时如果用幽默的语言就必定会给旅客一种不被重视的感觉，不利于工作的顺利进行，因此，要成功地与人交谈，使交谈产生更多的收获和乐趣，必须学习一些基本的口头沟通方法。

（1）选择恰当的时机和地点。

（2）根据对象选择交谈话题。

（3）事先了解交谈的内容。

（4）把握交谈的尺度。

（5）用眼来“聆听”对方的谈话。

（6）避免讨论无法讨论的问题。

（7）善于提问和反馈。

2. 高速铁路客运服务人员口头沟通的基本技巧

高速铁路客运服务人员口头沟通要领：语言是人们传递情感和意愿的媒介，是表达思想和与外界沟通的一种工具。高速铁路客运服务人员与旅客进行语言交流时，应注意掌握好语音、语调、语速，选词要恰当，用语要得体。在提供客运服务时，要求用普通话与旅客进行交流，针对不同的旅客还可以使用方言、手语、外语。高速铁路客运服务人员在客运服务工作中，语言的表达是十分重要的。客运服务过程中的语言运用多以声音语言为主，体态语言为辅。语言的使用也要讲究艺术。高速铁路客运服务人员在与旅客口头沟通时，一定要把握基本技巧。

（1）态度诚恳、亲切有礼。高速铁路客运服务人员在与旅客交谈时，首先要把握“以旅客为中心”的原则，不要在谈话中多次使用“我”这类人称，以免突出了自己，忽略了旅客。态度诚恳，要“以情动人”，虚情假意的语言同样会让人感觉不舒服。与旅客交谈时还要注意使用礼貌用语，如用“请”“谢谢”“对不起”“打扰了”等礼貌用语。

（2）用词要恰当、灵活。交谈时，高速铁路客运服务人员的用词也需要考究。在为旅客服务的同时，要避免交谈中出现令人感到尴尬或避讳的字词，机智灵活，话要想好后再说。面对不同层次的旅客，服务语言也要有所不同，用词选字要根据旅客的接受能力来确定。保证说出来的话能够通俗易懂，不要让旅客觉得“不知所云”。

（3）体态语要谦逊、亲和。体态语是声音语言的辅助表达工具，其能够帮助人们更好地传递情感信息。高速铁路客运服务人员在与旅客交谈时，表情是很重要的。“伸手不打笑脸人”，从高速铁路客运服务人员与旅客谈话时的表情和举止中，旅客可以得到是否被友好对待的信息。谦虚、善意的体态语会让旅客感觉受到尊重，和蔼可亲的体态语让旅客有回家的感觉。

（4）声音要温柔、动听。高速铁路客运服务人员作为服务工作者，说话发音要准确，吐字要清晰、自然，声音要温柔、大方。语调的抑扬顿挫可以让旅客感觉到高速铁路客运服务人员的感情，动听的声音可以增加一定的魅力。高速铁路客运服务人员的声音应根据自身条件的不同来寻找适合自己的语调和音量，不要一味地追求温柔、动听。

小分享

口头表达训练的十三种方法

一、朗读、朗诵

作用：训练口齿的伶俐性。

方法：（1）准备一份当天的报纸；（2）大声地读出来；（3）持续 15～30 分钟。

二、对镜练习

作用：训练自己的眼神、表情等肢体语言表达能力。

方法：在家中或者办公室对着镜子练习，不要被打断，练习过程中注意自己的语速与表情变化，重复三遍。

三、录音、录像

作用：对自己的演讲进行录音、录像，反复观摩找出问题，并不断改善。看一次自己的演讲录像比上台十次的效果更佳。

方法：录音必须是一次完整的录音，原则上要求先演练再改进，切记不要说错了马上改；录像可方便关注自己的动作与表情是否合理到位。

四、速读练习

作用：锻炼口齿的灵活性。

方法：（1）准备一篇优美的散文；（2）拿字典把文章中不认识的字、不太熟悉的字查出来；（3）开始朗读，第一次朗读速度不要太快；（4）逐步加快，最后达到所能达到的最快速度；（5）读的过程中不要有停顿，吐字要清晰，尽量发声完整，不吞字吞音。

五、卧躺朗读

作用：卧躺式朗读采用腹式呼吸，而腹式呼吸是最好的练声、练气方法，其有利于掌握运气技巧和共鸣技巧，使自己呼吸流畅，声音洪亮，音质动听，具有穿透力。

方法：每天睡觉之前，躺在床上大声地朗读十分钟；每天醒来，先躺在床上唱一段歌，再起来。坚持一至两个月。

六、即兴朗读

作用：增强记忆力、快速理解力和即兴构思能力。

方法：空闲时，随便拿一张报纸或一本书，任意翻到一段，然后一气呵成地读下去。在朗读过程中，能够有意识地上半句看稿子，下半句离开稿子看前面。

七、复述法

作用：这种练习旨在锻炼语言的连贯性及现场即兴构思能力和语言组织能力，如果能面对众人复述还可以锻炼胆量，克服紧张心理。

方法：（1）首先找一位同伴，一起训练，请对方讲一个话题或一个故事；（2）自己先认真倾听，然后再向对方复述一遍；（3）让对方给予反馈，找出自己的优点、缺点；（4）再重复一遍。

八、背诵法

作用：背诵包括背和诵两个部分，即记忆能力的培养和口头表达能力的培养。

方法：尝试去背诵一些经典的文章、优美的词句、经典的语录。时间一长，那些文章字句自然就可以为己所用了。

九、描述法

作用：描述法就是把看到的景、事、物、人用描述性的语言表达出来。描述法可以说是比以上方法更进一步。这里没有现成的演讲稿、散文等作为练习材料，而要自己去组织语言进行描述。因此描述法训练的主要目的在于训练语言组织能力和语言的条理性。

方法：在描述时，要能够抓住特点。语言要清楚、明白，逻辑性强，有一定文采。一定要用描述性的语言，使表达尽量生动、活泼。描述法也有助于提高应用优美词语的能力。

十、模仿法

作用：通过模仿不同的人物，培养人的适应性、个性，以及适当的表情、动作，以提高表达能力。

方法：(1)模仿专家，在生活中找一位播音员、演员等专业人士，把他们的声音录下来，然后进行模仿；(2)角色模仿，比如模仿领导的讲话、模仿律师的答辩等，还可以选择小品中的角色或影视作品中的人物进行模仿；(3)专题模仿，几个好友相聚一处，大家轮流模仿小情节，看谁模仿得最像，此法简单易行，娱乐性好。

十一、讲故事

作用：能帮我们积累大量素材，故事讲得生动、入心，自然就能与听众产生共鸣，培养情感。

方法：故事种类很多，关键是在合适的时间、合适的场合讲合适的故事，如果故事是虚构的，那就要在演讲前多多练习，才能讲出味道。

十二、写日记

作用：写日记是最好的自我沟通方法，每天写上几百字，既整理自己的思路，又能梳理自己的情绪，释放一些不快，缓解压力，还可以锻炼遣词造句的能力。

方法：将脑子闪现出的想法用通俗易懂的方法记下来，或将心中的不快用感性的方式写下来，也可用时间逻辑的方法，记录每天做了什么，然后开口讲出来。

十三、多上台

作用：上台讲是全方位提高口头表达能力的方法，不仅能锻炼胆量，还能训练自己的语言架构能力。

方法：很多人抱怨面向公众讲话的机会很少，其实这是一种误区，例如每次开会，发表一下自己的观点；积极参与团队活动，主动与其他团队成员沟通；甚至召开家庭会议，把家庭也当成练习口才的舞台。总之，不管面对的是谁，把握机会多多练习就好。

五、高速铁路客运服务工作日常用语

（一）常用语

1. 乘车信息用语

旅客们，你们好，为了您下次乘车方便，我把沪宁线路的首末班时间告诉大家，首班时间××，末班车时间××，间隔××分钟。

2. 安全用语

旅客们请注意，车辆在行驶中发生晃动，请您坐稳，以免受伤。

3. 疏导用语

上车请往里走，请旅客们放置好自己的行李物品。

4. 照顾用语

车上人多拥挤，请大家互相照顾一下。

5. 卫生用语

为了保持车厢整洁，请不要将垃圾扔在通道内，车厢两端备有垃圾桶。

（二）必用语

(1) 开场语：旅客们，你们好，我是××车乘务员，欢迎乘坐××次列车，本次列车开往××方向。

(2) 刚上车的旅客，请准备好车票，配合查票。

（3）车辆启动，下一站是××站。

（4）前面车辆转弯，请站好坐稳。

（5）列车马上到达××站，有下车的旅客，请做好下车准备，随身携带的行李、物品请不要遗忘在车上。

（6）车辆靠站，请注意安全，不要拥挤。

（7）××站到了，请下车，开门请当心，欢迎再次乘坐本次列车。

（8）各位旅客你们好，下站是本次列车的终点站，感谢大家一路上对我们工作的支持与合作，欢迎您再次乘坐。

任务五 高速铁路客运服务人员与投诉人员的沟通

一、投诉及旅客投诉的概念

投诉是指权益被侵害者本人针对涉事组织、涉事人侵犯其合法权益的事实，向涉事组织、新闻媒体及有关国家机关主张自身权利。

旅客投诉是指旅客出行过程中，与高速铁路客运服务人员、运输设备设施、运输流程发生权益争议后，请求旅客权益保护组织调解，要求保护其合法权益的行为。

小分享

处理投诉时和旅客真诚交流

铁路部门作为与人打交道的服务行业，出现投诉在所难免。我们常说一句话：出现投诉并不可怕，可怕的是对待投诉的消极态度。在收到列车晚点广播后，车上的旅客当然很气愤，因为在快节奏的现代社会中，由于晚点，可能失去一个商机，可能要推迟三五个小时才能到达，可能今天所有的安排被全部被打乱了。高速铁路客运服务人员，穿上了铁路制服，就担负了一份责任，为把每一位旅客安全送达目的地，他们辛苦着、努力着。

受到旅客投诉，这是很正常的事情。应当理性面对，如果是工作不到位，自然要接受批评，加以改进；如果并非自身的原因，做好宣传解释工作也是应该的。要正确面对媒体监督。旅客经常会向媒体投诉，一些媒体也进行过失实报道。铁路部门要主动做好与媒体的沟通，引导他们实事求是地报道。要做好预案，懂得如何面对旅客投诉，比如制订赔偿制度，统一解释口径，等等。如果没有预案，那么应对投诉确实会被动。总的来讲，面对旅客投诉，要坚持以事实为原则，合法合理地处理。同时要做好舆论引导工作，也许某些不负责任的媒体报道，在一定范围内会对铁路部门造成一些负面的影响，但是谣言总是经不起真理与事实的检验。认真、实事求是的态度，才能赢得公众的理解、支持！

随着社会的发展，高速铁路必将是运输市场的宠儿，但也要通过旅客的慧眼去发现问题，用旅客的视角找出高速铁路忽略的细节，促使服务程序和细节更加完美。

二、旅客投诉的处理

随着服务经济时代的到来，运输服务业的竞争日趋激烈，人们对服务的认识越来越深入，越来越多的旅客开始注重保护自身权益，他们在享受优质服务的同时，对服务的期望值也越来越高，对于不断提升服务形象的高速铁路运输企业而言，满足旅客日益增长的期望值越来越困难，有效地处理好旅客的投诉，把旅客的不满转化为旅客的满意，保持他们对高速铁路的信任和喜爱，使高速铁路能在运输市场竞争中赢得优势，已成为高速铁路客运服务工作的重要内容之一。

1. 投诉产生的原因

1）铁路运输企业自身的原因

例如当旅客来车站购票乘车时，遇以下情况，极易产生旅客投诉。

（1）运能不足，无票可购（春运、暑运、黄金周期间）。

（2）售票窗口开设不足，造成旅客排长队，久候生怨。

（3）硬件设施的不足，例如无自动售票机（窗口取异地票会产生异地取票费）或自动售票机数量较少、售票窗口与旅客站立位置间的距离较远（递送钱、票时不方便）、话筒效果较差（导致售票员与旅客间产生误会从而导致投诉）。

2）高速铁路客运服务人员的原因

旅客一般针对高速铁路客运服务人员的服务态度进行投诉。

（1）不负责任的行为，例如旅客咨询有无车票时，售票员不进行电脑查询，单凭主观印象来回答旅客；当旅客咨询列车时刻时，乘务员给旅客说个大概时间；遇旅客取票时，有异地票时不告知旅客要收取异地取票费；不问清行李的归属，直接挪动，让旅客产生反感情绪。

（2）冷冰冰的服务态度，例如当旅客咨询相关问题时，高速铁路客运服务人员面无表情、语气生硬、动作粗鲁。

（3）爱理不理的接待方式，例如当旅客需要帮助时，高速铁路客运服务人员还是自顾自地做别的事，或将旅客的提问、要求置之不理，或“有一句没一句”地回答旅客的提问和要求。

（4）工作失误，不积极处理、纠正，甚至将过失强加于旅客，例如乘车日期、席别、到站发售错误，却让旅客自己去改签或退票；由于不熟悉乘务业务，给旅客的旅行造成不便，等等。

（5）与旅客发生争吵，遇纠纷时，出言不逊、不够礼貌、冷嘲热讽、与旅客“对骂”。

3）旅客自身原因

（1）自身失误，例如旅客自己误购车票后，无法弥补过错，就会故意找茬刁难售票员，若我们工作人员处理不当就会产生投诉。

（2）情绪的发泄，旅客若在别的地方遭遇不公待遇，乘车时，若所提要求无法得到满足，极可能采取一系列的行动来发泄其不满情绪，例如通过投诉把自己的烦恼、怒气和怨气发泄出来，以维持其心理上的平衡。

（3）掩盖问题，例如旅客有逃票或携带违禁品等不符合法律、法规规定的行为时，以投诉相威胁。

2. 处理投诉的方法和技巧

1）处理投诉的方法

（1）第一步：做好接待旅客投诉的心理准备。

① 要有“旅客总是对的”的意识。即使旅客错了，也要把“对”让给旅客，只有这样，才能减少与旅客的对抗情绪。

② 理性看待投诉。只要是服务行业，就会无法避免地遇到消费者的抱怨和投诉事件，即使是最优秀的服务企业，也不能保证永远不会受到投诉。我国高速铁路发展的历史不长，与服务相对接的各项标准、规章还在不断完善和补充之中，新服务理念的树立还需要一个过程，因此，在服务的过程中引起旅客投诉是正常的，因旅客投诉而引发恐惧感，是不成熟的表现。对旅客投诉必须有一个清醒的认识，这样才能更好、更有效地改进服务工作，提升服务质量。

对待旅客的投诉不要“山雨欲来风满楼”，要以积极的心态面对，要懂得旅客的投诉能帮助提高服务质量，不断完善和改进服务制度和措施。同时，旅客的投诉也能提高高速铁路客运服务人员处理问题、解决问题的能力。

③ 掌握和判断旅客投诉的三种心态。

a）求发泄型：旅客遇到令人气愤的事，心有怨气，不吐不快，于是投诉。

b）求尊重型：旅客投诉就是为了挽回面子，求得尊重，即使我们没有过错，旅客为显示自己的身份，在同行的朋友或旅客面前“表现”，就会投诉。

c）求补偿型：有些旅客无论对错或问题大小，都要进行投诉，其真实的目的并不在于解决问题本身，也不在于求得发泄和尊重，而在于求得补偿，尽管他可能一再强调“这并不是钱的问题”，但其真实目的还是要求赔偿。

（2）第二步：把握好处理投诉的五个原则。

① 旅客至上的原则。

接到旅客投诉，首先要站在旅客的立场上考虑问题，要有“应该是我们的工作没有做好，给旅客带来了麻烦”的心理准备，同时还要相信，旅客的正常投诉总是有他一定的理由，这是一个非常重要的服务观念，有了这种观念，高速铁路客运服务人员才能用平和的心态处理旅客的抱怨，并且会对旅客的正常投诉行为给予感谢。

旅客至上的原则，要求高速铁路客运服务人员对进行投诉的旅客施以最高的礼遇，而不能有丝毫的怠慢和无礼。例如，高速铁路客运服务人员语气生硬地说：“多大的事，喊啥喊？”“我们就是这样的车况，有钱坐飞机呀！”等，这种说话的腔调，旅客不投诉才怪呢！

② 承担责任的原则。

很多高速铁路客运服务人员面对旅客投诉的第一反应是：“我是不是真的错了”“如果旅客向上投诉，我应该怎么解释”。一旦有了这种想法和解决问题的习惯，高速铁路客运服务人员在接到旅客投诉时会把自己放在旅客的对立面。往往第一句话就会说：“如果真是我的错，我一定改正并帮助您解决。”这看似很有礼貌，但却是一个十分糟糕的开头，因为这种说法将自己的角色定位在第三者，而不是代表当事人，同时也不利于缓和旅客激动的情绪。高速铁路客运服务人员必须清楚地认识到：旅客的投诉有时只是想从客运服务人员那里得到心理安慰，寻求受重视的感觉。

面对旅客投诉和不满情绪，高速铁路客运服务人员应首先向旅客道歉并表示愿意承担责任，表明了这种态度，旅客的气就已经消了一半了。

③ 隔离当事人的原则。

隔离当事人原则是指一旦遇到旅客投诉，要尽快做到“两个隔离”，一是将投诉人与身边的其他旅客隔离，以免旅客之间相互影响；二是将投诉人与被投诉人隔离，避免事态进一步恶化。隔离当事人最好的办法是将投诉人带到餐车、无人的软卧包厢或者其他的安静处所，这样一方面显得尊重投诉人，另一方面也能缓和投诉人的情绪。

通常来说，旅客投诉首先找到的是高速铁路客运服务人员，因此，高速铁路客运服务人员要视情况处理，如果旅客反映的情况不是很严重要先自己解决。旅客将问题投诉到上级领导，领导也没有必要将被投诉人员找来，摆出一副“对质”的架势，这样往往会弄巧成拙。

④ 包容旅客的原则。

包容旅客，是指高速铁路客运服务人员对旅客的误解及无故的指责要给予理解的态度，包容旅客的核心是善意的理解。误解本身是一种错误的认识，只要给予旅客善意的理解，误解就会消除。然而，现实中误解的消除并不那么简单，如果高速铁路客运服务人员发现旅客对自己的看法是完全错误的，那么就有辩解和澄清的强烈要求，这种“自我保护”的心理，在双方交往过程中具有排斥和缺乏善意的特点，这也是导致误解上升为冲突的根本原因。

消除误解往往要经过解释、说明的过程才能完成。在高速铁路客运服务过程中，高速铁路客运服务人员作为提供服务的人员，体谅旅客是最起码的道德修养。旅客的投诉并不都是对的，那种“得理不饶人”的解决方法，必将造成双方关系的紧张，不利于问题的解决。如果高速铁路客运服务人员能够体谅旅客的误解，认为谁都会有错的时候，那么就不会以那种“不吃哑巴亏”的态度对待旅客，这样原先的怀疑和误解，以及由此而引起的冲突就能得到及时的解决。

⑤ 息事宁人的原则。

息事宁人的原则，是要求在处理旅客投诉的时候放弃一些自己的观点，避免将事情闹大的原则。换句话说，息事宁人的实质是一种自我利益的牺牲和退让，是较高的道德修养和心理素质的一种表现。它有利于紧张状态的缓和，是避免激化矛盾的基本原则之一，但是，这种妥协并非无原则的，其应该是以不损害企业利益为前提的一种让步。

一名旅客进站候车，车站工作人员让其将随身携带的数个包裹放在安全检查仪上进行检查。检查完毕后不久，这名旅客找到工作人员，称自己少拿了一件行李。车站工作人员称：“我刚才上卫生间了，没有见到无人领取的包裹。”一个说少拿一件行李，一个说没见到行李，最后引发了投诉。车站据理力争不让步，于是旅客聘请了律师打这场官司，媒体也进行了跟踪报道。最后，车站输在安全检查处的显要位置没有“请清点好行李包裹”的文字提示和工作人员擅离工作岗位上。如果车站能够主动承担责任，找到自身存在的问题，将大事化小，做好和解工作，就不会引发这么大的社会影响。

旅客在接受服务过程中的心理状态及需求是不一样的，这就要求我们在工作实践中不断总结和创新。在处理旅客投诉、建议的过程中，要因人、因时、因地制宜，采取不同的策略与技巧，从而不断提高服务质量，提升旅客满意度。

（3）第三步：接待投诉的规范要求。

① 进行自我介绍：如姓名、职务。

② 保持冷静理智，设法消除旅客的怨气：例如当旅客满头大汗到窗口投诉时，可以马上请他到车站办公室或列车长办公席“凉快凉快”，有纸巾时可以适时地递给旅客擦擦汗。如果旅客是电话投诉，那么就可以先问问旅客现在在哪里、是否需要帮助等。

③ 聚精会神地倾听旅客的投诉，让旅客把话说完，切勿胡乱解释或随便打断旅客的讲述。

④ 旅客讲话时，要表现出足够的耐心，绝不随旅客的情绪波动而波动，即使遇到一些故意挑剔、无理取闹的旅客，也不要大声争辩，而要耐心听取意见，以柔克刚，使事态不至于扩大或影响别的旅客，如果旅客在窗口投诉时发生吵闹或喧哗，应将该旅客与别的旅客分开，请其到别的地方进行沟通处理，以免影响其他旅客或造成围观。

⑤ 与旅客讲话时要注意语音的大小和语调的高低。

⑥ 在处理投诉时不必遵循微笑服务的原则，以免旅客认为我们是在“幸灾乐祸”。

⑦ 做好旅客投诉登记。如实记录投诉的内容，被投诉人或部门，旅客的姓名、联系电话，投诉的时间等内容，这样可以使旅客说话速度放慢，同时也使其感受到我们对他的投诉很重视，从而缓解旅客愤怒的情绪。

⑧ 对旅客的心情表示同情、理解，即使旅客反映的情况不完全属实，或者我们没有出错，也不要让旅客感觉不舒服或不愉快。应使旅客感觉受到尊重，从而减少对抗情绪。

⑨ 对旅客反映的问题要立即着手调查和处理，切勿轻易做出权利范围外的许诺。

（4）第四步：处理旅客投诉。

① 接纳投诉后，应做礼节性的道歉（当然也要视实际情况而定）。

② 进行录像回放查询和实地调查，尽量在最短的时间内给旅客以明确的答复。

③ 处理比较严重的旅客投诉，还必须向上级领导汇报。

④ 投诉问题解决后，要向旅客询问其对处理结果是否满意，并要真诚地向旅客致谢，感谢旅客提出的宝贵意见。

⑤ 如果问题当天无法解决，要留下旅客的联系方式，等调查处理后给旅客一个满意的答复。

2）处理投诉的技巧

处理投诉的总原则：“先处理感情，后处理事件。”

（1）切不可在旅客面前推卸责任。

在接待和处理旅客投诉时，一些高速铁路客运服务人员自觉或不自觉地推卸责任，殊不知，这样会使旅客更加气愤，导致旧的投诉未解决，又引发旅客新的、更为激烈的投诉，出现投诉的“连环套”。

（2）从倾听开始。

倾听是解决问题的前提。在倾听旅客投诉时，不但要听他表达的内容，还要注意他的语调与音量，这有助于了解客户语言背后的内在情绪。同时，要通过解释与澄清确保你真正了解了旅客的问题。例如，听了旅客反映的情况后，根据自己的理解向旅客解释一遍：“王先生，您看我的理解是否正确。您刚才说几天前在上海虹桥站 10 号窗口买票时要买今天的车票，而售票员却错误地发售了昨天的车票给您，现在造成您无法乘车，要求我们对车票进行处理，请问我的理解对吗？”通过认真倾听，向旅客解释他所表达的意思并请教旅客我们的理解是否正确，向旅客显示我们对他的尊重及真诚地想了解问题的态度，同时也给旅客一个机会去重申他没有表达清楚的地方。

（3）认同客户的感受。

旅客在投诉时会表现出烦恼、失望、泄气、发怒等各种情感。我们不应把这些表现当作是对自己个人的不满。特别是当旅客发怒时，旅客只是把我们当成了倾听对象，旅客的情绪是完全有理由的，是理应得到重视和迅速、合理的解决的。所以要让旅客知道你非常理解他的心情，关心他的问题。仍以上面的售票投诉为例，处理投诉人员可以说，“王先生，对不起让您感到不愉快了，我非常理解您此时的感受。”无论旅客对与错，都要把旅客的错当“对”来处理，我们只有与旅客的“世界”同步了，才有可能真正了解他的问题，找到最合适的方式与他交流，从而为成功的处理奠定基础。我们有时候会在说道歉时很不舒服，因为这似乎是在承认自己有错。说声“对不起”“很抱歉”并不一定表明“我”真的犯了错误，这主要是表明你对旅客不愉快经历的遗憾与同情。不用担心旅客会因得到你的认可而越发强硬，表示认同的话会将旅客的思绪引向关注问题的解决。

（4）表示愿意提供帮助。

“让我看一下该如何帮助您”“我很愿意为您解决问题”，正如前面所说，当旅客正在关注问题的解决时，我们体贴地表示乐于提供帮助，自然会让旅客感到安全、有保障，从而进一步消除对立情绪，取而代之的是依赖感。问题澄清了，旅客的对立情绪也就消失了，我们接下来要做的就是为旅客提供解决方案。

（5）解决问题。

① 为旅客提供选择：通常一个问题的解决方案都不是唯一的，给旅客提供选择会让旅客感觉受到尊重，同时，旅客选择的解决方案在实施的时候也会得到旅客的更多认可和配合。

② 诚实地向旅客承诺。能够及时地解决旅客的问题当然最好，但有些问题可能比较复杂或特殊，我们不确信该如何为旅客解决问题时，不要向旅客作任何承诺，而应诚实地告诉旅客情况有点特殊，自己会尽力帮助旅客寻找解决问题的方法，但需要一点时间，然后与旅客约定好回复的时间，一定要确保准时给旅客回复，即使到时仍未帮旅客解决问题，也要准时打电话向旅客解释处理的进展，说明自己所做的努力，并再次与旅客约定回复的时间。

（6）灵活处理。

在不违背相关规定的情况下，一定要积极为旅客着想，不要故意设置障碍，当事情无法处理时，要及时请示上级领导，尽量满足旅客的相关合理需求。

3. 如何避免投诉

在工作中，处理投诉不是目的，而是要通过处理投诉，积累经验，避免今后产生类似投诉，或者减少类似投诉。怎样有效避免或减少投诉呢？可以从以下几个方面着手。

（1）要强化高速铁路客运服务人员的教育培训。一是要强化高速铁路客运服务人员“以旅客满意为中心”的服务意识教育。彻底转换经营理念，调整企业价值取向，由过去的“唯我至上”转化为“服务至上”“以旅客满意为中心”。高速铁路客运服务人员要明白“让旅客满意”是铁路发展的生命线，是职工自身价值的体现。二是要强化高速铁路客运服务人员业务技能培训，提高服务质量。通过举办各种业务和服务技能培训班，提高职工业务能力和服务技巧。三是要开展各种劳动竞赛活动，激励各种优质服务人才，带动全体高速铁路客运服务人员提升服务质量（例如增设鼓励奖、委屈奖等奖项）。四是要落实作业标准和规范化服务，减少随意性，进而减少旅客的投诉量。

（2）全面提升服务水平。一是要加强市场调研，根据客流情况，不断提升服务质量，在运能上满足旅客的需要。二是充分发挥电话和网络的作用，多渠道为旅客提供服务信息。三是要加强宣传、引导，向旅客提供透明的铁路运行信息。特别是春运、暑运、节假日运输信息，以及列车大面积晚点、停运等非正常情况信息，对旅客进行宣传、引导显得尤为重要。四是车站、列车要为旅客提供一个优良、温馨、秩序良好的乘车环境，让旅客有宾至如归的感觉，从心理上消除旅客对车站、列车的对立情绪。五是高速铁路客运服务人员要严格执行服务作业标准和服务质量标准，热情、周到地为旅客服务。对重点旅客、弱势群体旅客、有特殊要求的旅客更应提供周到的服务。

（3）把投诉消灭在现场。一是在车站、列车上设置专门的旅客投诉席，能够让旅客在第一时间就能发现投诉的场所，方便旅客投诉。二是认真落实首问首诉负责制，现场每一名高速铁路客运服务人员，对所接手的每一件投诉都有责任处理好，直至旅客满意为止。三是尽量在现场及时解决旅客的投诉，避免因旅客不满意，造成投诉升级。四是对旅客投诉要进行统计分析，查找服务中的“短板”，着力解决相关问题，进而提高整体的服务水平。

总之，旅客投诉为铁路提供了一次改正错误、重新赢得旅客满意的机会。而认真对待旅客投诉，有助于从整体上提高铁路服务旅客的能力，全面提高旅客满意度。高速铁路客运服务人员在工作中，要时刻牢记“人民铁路为人民”的宗旨，认真执行作业标准，认真落实服务质量的有关要求，面带微笑，体现真诚，构筑起旅客信任铁路、选择铁路的桥梁。用自己的行为体现铁路人的真诚与自豪。

面对投诉，表示歉意是必要的，但是不应只有道歉，而是要让旅客明白这件事情为什么会发生，进而相互理解，变得和谐才是处理投诉应该取得的效果。有错没错只知道让工作人员道歉，不仅不能让旅客理解，也会寒了工作人员的心，时间长了责任心也会淡薄，这非常不利于铁路的发展。铁路在对旅客人文关怀的同时，更需要给予工作人员一些人性关怀，例如说句“暖心话”，设置“委屈奖”，在交班会上点名表扬等。

小分享

提高铁路客服质量 妥善处理旅客投诉

铁路部门日前下发通知，要求进一步加强铁路客服中心工作，同时还要求加强投诉处理工作，规范业务流程，积极妥善处理旅客投诉。

铁路部门公布了三项便民利民新举措。通过全国铁路客户服务中心网站（www.12306.cn）、电话“12306”等方式，旅客可以查询列车车次、时刻、票价、余票等信息。此外，铁路客服中心还通过自助语音、人工在线和网站（www.12306.cn）的客户信箱等方式，受理旅客的投诉、咨询和建议。

为进一步提高服务质量，铁路部门根据不同时段话务量变化情况，合理安排现有人员班次，实现多种班次相结合，人员数量根据话务量变化情况弹性调整，保证高峰时段接听电话能力。

铁路部门不断强化客服中心人员业务培训，既重视加强客户服务中心人员业务知识、服务标准、表达能力、处理技巧等综合素质的培训，还强调客服中心人员要规范业务流程，积极妥善处理旅客投诉。

任务六　具备书面沟通能力

一、书面沟通的概念及重要性

1. 高速铁路客运服务人员书面沟通的概念

书面沟通是以文字为媒介的信息传递形式，其形式主要包括文件、报告、信件、书面合同等。书面沟通是一种比较经济、正式的沟通方式，沟通的时间一般不长，沟通成本也比较低。

书面沟通方式一般不受场地的限制，因此被我们广泛采用。

高速铁路客运服务人员书面沟通是指以文字为载体，以相关工作为内容，与旅客、领导（列车长等）和工作伙伴进行信息传递的形式。

2. 高速铁路客运服务人员书面沟通的重要性

铁路部门离不开书面沟通，不管是在内部沟通中，还是在外部沟通中，书面沟通都起着举足轻重的作用，其有利于实现组织的战略目标。在铁路企业内部，相关规章制度的制定，岗位工作职责的编写，以及年度计划、年度总结、工作要点、各类工作流程，各种单据等书面沟通形式在管理沟通中占了很大的比重，书面沟通成为铁路内部沟通的主要形式之一。书面沟通在公关宣传、公告旅行事项、发布列车晚点信息等外部沟通方面发挥着正式、权威的特殊作用。高速铁路客运服务人员应熟练掌握书面沟通能力，在客运服务工作中合理运用，这对树立良好的铁路形象，提高客运服务质量至关重要。

二、高速铁路客运服务人员书面沟通的特点

通常，书面沟通更能把你想表达的意思描述出来。书面沟通本质上讲是间接的，这使得其有许多优点。其可以是正式的或非正式的，可长可短，可以使写作人从容地表达自己的意思，词语可以经过仔细推敲，而且还可以不断修改。书面材料是准确而可信的证据，正所谓“白纸黑字”。书面文本可以复制，同时发送给许多人，传达相同的信息。书面材料传达信息的准确性高。

在铁路部门内部，书面沟通是一种重要的沟通方式，但采用书面沟通方式，应注意文字的可读性、规范性，要做到：文字简练；使用规范与熟悉的文字；使用比喻、实例、图表等必须清晰易懂，便于理解；应使用主动语态和陈述句；须逻辑性强，有条理性。

小提示

书面沟通的特点可以概括为以下几点。

（1）写作人可以从容地表达自己的意思。

（2）书面材料传达信息的准确性高。

（3）书面材料是准确而可信的证据。

（4）书面材料可以不受时空的限制，实现不同时空的沟通。

（5）书面沟通的能力主要表现在对词句的灵活运用、语法结构的贯彻、格式的准确把握等方面。

（6）在特定群体内部约定俗成的规则对书面沟通的影响、限制很大。

三、高速铁路客运服务人员书面沟通的种类

1. 按主体与客体分类

按主体与客体，书面沟通分为写作、阅读。写作是运用语言文字符号反映客观事物、表达思想感情、传递知识信息的创造性脑力劳动过程。在沟通过程中，只有读懂对方的文字，才能在获取信息的基础上利用想象、记忆力等功能正确接收信息发送者的信息，并予以反馈。

2. 按文体分类

按文体书面沟通分为以下几类。

（1）行政公文。中共中央办公厅、国务院办公厅 2012 年 4 月 16 日联合印发了《党政机关公文处理工作条例》（以下简称《条例》）。《条例》规定，党政机关公文有 15 种，包括决议、决定、命令（令）、公报、公告、通告、意见、通知、通报、报告、请示、批复、议案、函和纪要。

（2）计划类文书。计划类文书是经济活动中使用范围很广的重要文体形式，其主要包括工作计划、战略规划、工作方案、工作安排等。

（3）报告类文书。报告类文书如调查报告、经济活动分析报告、可行性研究报告、纳税查账报告、述职报告等。

（4）法律性文书。法律性文书包括合同书、协议书、诉讼书、招标书、投标书等。

（5）新闻性文书。新闻性文书包括新闻、消息等。

（6）日常事务类文书。日常事务类文书包括信函类文书和条据类文书。信函类文书包括感谢信、慰问信、求职信、介绍信、证明信、请柬、邀请函等，条据类文书包括请假条、留言条、收条、票据等。

小提示

书面沟通的准则。

（1）完整。

（2）准确。

（3）清晰。

（4）简洁。

（5）具体。

（6）礼貌。

小提示

书面沟通技巧

书面沟通能否实现好的效果，取决于以下几点。

（1）换位思考。

（2）强调积极面，合理处置负面信息。

（3）要在书面沟通中注意书写语气。

（4）突出重点内容。

（5）注重格式排版。

（6）学会插入图表。

四、高速铁路客运服务人员书面沟通的写作过程

高速铁路客运服务人员书面沟通的写作过程与普通写作、应用文写作基本一样，也包括三个环节，即“写前构思—执笔行文—修改完善”。

1. 写前构思

1）明确主旨

遵循国家大政方针，符合法律法规；揭示事物本质，反映客观规律；立足工作实际，体现时代精神。

2）精选材料

主旨明确之后，就要选择真实、典型、新颖的材料来表现它。

3）选择文种

书面沟通所用的文种种类较多，要根据主旨选择恰当的文种。

2. 执笔行文

安排好结构，选择好文种，接下来就是执笔写出初稿了。

3. 修改完善

修改是深化作者认识，提高文章质量的最后环节。通过修改，可使文章进一步完善。

五、铁路部门常用文书的写作

铁路部门常用文书的写作在铁路应用文写作、高速铁路客运组织等课程的教材中有具体介绍，本书不再叙述。

任务七 巧妙地使用非语言沟通手段

一、高速铁路客运服务人员非语言沟通的概念

非语言沟通指的是使用除语言符号以外的各种符号系统，包括形体语言、副语言、沟通环境等来进行沟通。在沟通中，信息的内容部分往往通过语言来表达，而非语言则作为解释内容的框架，来表达信息的其他相关部分。

非语言沟通是不用言辞表达的、为社会所共知的人的属性或行动，这些属性和行动由发出者有目的地发出，由接收者有意识地接收并可进行反馈。

高速铁路客运服务人员非语言沟通又称高速铁路客运服务人员肢体语言沟通，指的是高速铁路客运服务人员与旅客在沟通过程中，不采用语言作为表达意思的工具，而运用其他非语言的方式传递信息。

二、高速铁路客运服务人员非语言沟通的功能

高速铁路客运服务人员非言语沟通的功能就是传递信息、沟通思想、交流感情。

（1）高速铁路客运服务人员使用非言语沟通符号来重复言语所表达的意思起到加深旅客印象的作用。例如高速铁路客运服务人员使用语言沟通时，附带相应的表情和其他非语言符号。

（2）有时候某一方即使没有说话，也可以从其非语言符号上（比如面部表情上）看出他的意思，这时候，非语言符号起到代替语言符号表达意思的作用。

（3）高速铁路客运服务人员非语言沟通作为语言沟通的辅助工具，又作为“伴随语言”，使语言表达更准确、更有力、更生动、更具体。

（4）调整和控制语言，借助高速铁路客运服务人员非语言符号来表示交流沟通中不同阶段的意向，传递自己的意向发生变化的信息。

（5）表达超语言意义，在一些高速铁路客运服务活动场所，非语言要比语言更具有说服力。就像自然人在日常生活中高兴的时候开怀大笑，悲伤的时候失声痛哭一样，高速铁路客运服务人员立岗迎客时的点头微笑，有时比语言沟通更能表达对旅客的欢迎之情。

小提示

非语言沟通与语言沟通的区别

非语言沟通和语言沟通相互促进，但它们之间存在明显的区别。

语言沟通

语言沟通从词语发出时开始，它利用声音渠道传递信息，它能对词语进行控制，其是结构化的。

非语言沟通

非语言沟通是连续的，它通过声音、视觉、嗅觉、触觉等多种渠道传递信息，绝大多数是习惯性的和无意识的，其在很大程度上是无结构的，常通过模仿掌握。

三、高速铁路客运服务人员非语言沟通种类

高速铁路客运服务人员非语言沟通一般可以分为动态和静态两种。

（1）静态非语言沟通包括容貌、体态、衣着、服饰及仪表。

（2）动态非语言沟通可根据所使用的符号系统分为四类。

① 动作系统因素：手势、表情等。

② 超语言（额外语言）因素：音质、声波振幅、音调、停顿、流畅、语气、速度等。

③ 时空因素：时间、空间、朝向、距离等。

④ 视觉沟通因素：目光接触等。

四、高速铁路客运服务人员非语言沟通的主要特点

高速铁路客运服务人员只有掌握了非语言沟通的特点，才能提高服务工作质量。

1. 无意识性

例如，与自己不喜欢的人站在一起时，保持的距离比与自己喜欢的人要远些；有心事，不自觉地就给人忧心忡忡的感觉。

没有人可以隐藏秘密，假如他的嘴唇不说话，则他会用指尖说话。一个人的非言语行为是一种对外界刺激的直接反应，基本是下意识的反应。

2. 情境性

与语言沟通一样，非语言沟通也展开于特定的语境中，情境左右着非语言符号的含义。相同的非语言符号，在不同的情境中，会有不同的意义。同样是拍桌子，可能是“拍案而起”，表示怒不可遏；也可能是“拍案叫绝”，表示赞赏至极。

3. 可信性

当某人说他毫不畏惧的时候，他的手却在发抖，那么我们更应该认为他是在害怕。当语言信号与非语言信号所代表的意义不一样时，人们往往相信的是非语言信号所代表的意义。

由于语言信息受理性意识的控制，容易作假，人体语言则不同，人体语言大都发自内心深处，极难压抑和掩盖。

4. 个性化

一个人的肢体语言，同说话人的性格、气质是紧密相关的，爽朗敏捷的人同内向稳重的人的手势和表情肯定是有明显差异的。每个人都有自己独特的肢体语言，它体现了个性特征，人们时常从一个人的形体表现来解读他的个性。

小分享

微笑、宽容是与旅客沟通的润滑剂

一排排穿着红白相间制服的高速铁路列车乘务员，喊着嘹亮的口号，迈着整齐划一的步伐，她们时而文雅地鞠躬，时而灿烂地微笑，每一个动作都那么协调，每一个微笑都那么温暖。在武汉客运段机关大院内，乘务员们正在精神抖擞地进行培训演练，引得周围市民驻足围观。“微笑是具有多重意义的语言。”的确，微笑是一种世界共同的语言，它以自己独特的方式表达出许多美好的内涵——宽容、关切、热情、智慧。“一个人只有懂得用微笑作为语言，才能担当重任”。微笑的力量使人拥有了一种乐观从容的态度，一种宽广的胸怀，一种伟大的精神境界。随着社会的发展，人们的思想观念有了很大的变化，人们享受服务的意识越来越强，客运服务人员与旅客之间的良好互动，为共建和谐社会发挥了应有的作用。作为窗口服务行业，尤其是对于铁路部门来说，服务，首先就是微笑。如果每一位高速铁路客运服务人员，每天在上岗之前都可以有个愉悦的心情，面带微笑，那么微笑就可以感染每一位旅客，让旅客在旅途后留下美好的回忆。一个微笑可以打破僵局，一个微笑可以化解矛盾，一个微笑可以给人温暖，一个微笑可以拉近彼此之间的距离。希望越来越多的铁路职工能做到微笑服务，通过微笑把欢乐传递给众多的旅客，因为微笑是大爱，微笑是宽容，微笑是与旅客沟通的润滑剂，同样，微笑更是铁路部门的另一种贴心服务。

项目五

善于客运服务组织“内部沟通”

项目导语

高速铁路客运服务组织内部沟通涉及组织文化的氛围，对工作效率有重要影响，是决定高速铁路客运服务质量的关键因素。

知识点

- 组织内部沟通及高速铁路客运服务组织内部沟通的含义
- 高速铁路客运服务组织内部沟通的技巧
- 高速铁路客运服务组织内部沟通的目的、形式及改善方法

技能目标

- 能够熟练掌握高速铁路客运服务组织内部沟通的形式，提升沟通技巧
- 能够识别和掌握高速铁路客运服务组织内部沟通的角色定位

引导案例

沟通在乘务工作中的重要性

对于高速铁路客运系统的干部职工来说，沟通尤为重要，因为各级管理者带好队伍需要与职工进行沟通，列车服务也离不开与旅客的沟通。有许多实例充分证明了沟通在我们的日常工作和生活中的重要性。下面我就与大家一起分享发生在我身上的真实故事。

2008 年年初我国迎来了百年不遇的暴风雪。在一次值乘过程中，列车在暴风雪中艰难、缓慢地前行，列车车体发出摩擦声音，让人毛骨悚然，我们的列车就在这样的环境中

走走停停，有时一停几个小时，一个小班起床后列车还没开。此时此刻列车上的气氛变得异常焦灼和紧张，有些旅客按捺不住恐惧和焦急的情绪，开始不停地抱怨起来，不停地问：“什么时候开车？”有的旅客甚至已经开始骂骂咧咧了。此时的情况如果不加以控制和安抚，我们的工作会更加被动，见此情况，我立即启动应急预案，并动员、告诫大家：在关键时刻，我们一定要站在旅客的立场多理解旅客的心情，想旅客之所想，急旅客之所急，时刻注意自己的言行举止，一定要“制怒”，要正面回答旅客的问题，向旅客讲清我们面临的困难和遇到的恶劣天气。随后，我通过广播翔实地将列车晚点情况和列车遇到的困境解释给旅客。同时，乘务员迅速回到车厢，坚守岗位，做好服务以稳定旅客情绪。由于列车长时间的停留，列车上的水、食物供给已成问题，引起了部分旅客的恐慌和不满。就在这时，只见从硬座车厢熙熙攘攘走过来了30多名旅客向餐车聚集，情绪激动地呼喊：“开车门，我们要下车，我们要吃东西……”面对这一情况，我立即大步上前，迎面而上，向旅客庄重地敬了个礼，旅客被我突然的举动而打动，瞬间安静下来，我立即请大家到餐车就座，跟他们唠起家常，并把现在面对的困境逐一列举，让大家明白现在的困难不是一个人的困难，是我们所有人的困难。我说：“目前所有公路全部封闭，只有铁路在运行，铁路毕竟是在两根铁轨上运行的，所有列车只能一辆一辆通过，请大家不要着急，你们的心情我理解，我们已经派人出去买水和面包了，这里有我们自己带的食品，大家先‘垫’点，请大家放心，只要有我们在，一定会保证大家安全，请再耐心等待一会儿。”我一边解释一边让乘务员将吃的分给有需要的旅客。此时列车缓缓启动，车内又恢复往日的平静。通过与旅客的交流沟通，既分散了旅客的注意力，又赢得了旅客的理解和包容。就是在这样艰苦的条件下，我们全体乘务员始终在用微笑面对旅客，用语言和行动去缓和旅客焦急的心情。列车最终晚点24个小时到达了终点站，我们没有让任何一位旅客带着怨言和情绪下车。从中可见，良好的沟通架起了我们与旅客之间互相理解和包容的桥梁；而面对困难时，乘务组内部的有效沟通，使大家思想保持了一致，进而在行动上实现了协同，这也是乘务组与旅客良好沟通的前提。

再给大家举个例子。我是“70后”，在我之后上班的都是“80后”“90后”“00后”，他们被父母宠惯了，在家饭来张口，衣来伸手，是典型的独生子女。班组中有个新来的乘务员叫小李，上岗培训时经常迟到，上了车，眼高手低，什么也不会干，干活拖泥带水，丢三落四，服务旅客态度还很生硬，说他几句就不乐意。我没有板起脸训他，古人云：感人心者，莫先乎情。我对他说：“既然你选择这个岗位，你就要负责，对得起你父母。作为男人，就要有一种自强自立的精神，要能吃得苦，这个岗位是你立足社会的基础，吃饭之源，如果你连这个岗位都干不好，社会上其他岗位也不一定适合你，以后的路还很长，现在靠你父母，父母能陪你一辈子吗？以后有谁会愿意嫁给你呢？”后来恰好有一次小李在出乘中病倒了，同事们又是送药又是送饭，嘘寒问暖，一路照顾他。病好后的小李，工作积极主动。后来我问他为什么改变了，他说：“列车长您说得对，我今后一定要好好工作，不能再让父母操心了，不能再拖班组的后腿了。”通过沟通，我们在帮助职工解决工作、生活中困难的同时，也使职工感受到了家的温暖，进一步增强了班组的凝聚力和战斗力。

沟通不仅是企业管理的本质和核心，更是我们凝聚青春力量，助推企业发展的有效手段，无论是在服务旅客，还是在团结职工上都需要我们用心去沟通。

案例分析：

高速铁路客运服务组织的内部沟通与外部沟通发挥着不同的作用，内部沟通通常是外部沟通顺利开展的基础，内部的团结、协作对高速铁路客运服务组织开展工作至关重要。

➔ 本项目知识结构导图

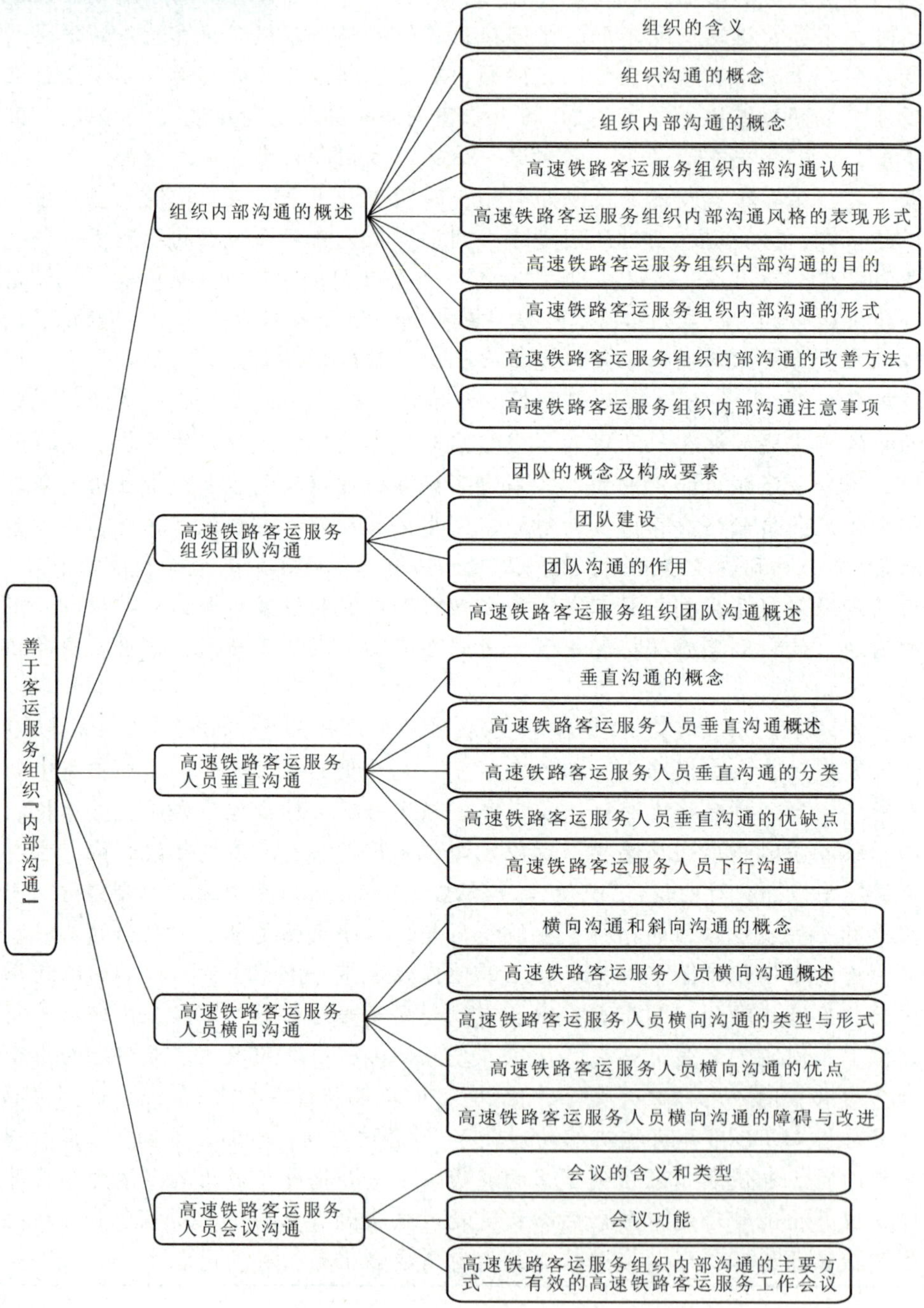

思政课堂

通过某客运段新冠疫情期间的举措看组织“内部沟通”的作用

项目三的思政课堂里，“老铁路”通过有效的“自我沟通”，增强了心理抗压能力，以积极的心态面对疫情。除了铁路职工个体的“自我沟通”，组织的“内部沟通”在职工心理转变中的作用也是至关重要的。

疫情暴发初期，针对工作中出现的一些情况和问题，上海铁路局集团有限公司某客运段党委非常重视。通过以下组织“内部沟通”方式，广泛收集职工的诉求和意见，传达上级的政策与关心。

（1）各党支部、党小组等基层党组织和基层干部与职工加强沟通与交流。

（2）对工作现场进行调研，实地了解现场情况。

（3）召开职工代表座谈会，听取职工意见。

（4）通过召开网络视频会议，设立微信群、QQ 群等方式，随时听取职工意见，传达上级精神。

客运段通过这些组织“内部沟通”手段，广泛听取一线职工的意见，了解他们的困难、想法，并采取了以下措施，将组织的关怀传递给每一名职工。

（1）针对疫情期间，部分公共交通线路停止运营或减少了运营密度的情况，客运段组织休班职工开车接送上下班交通不便的同事。

（2）上铁职工家园 App 推出关于新冠疫情话题的职工健康版块，由上海复旦大学附属华山医院的医生提供咨询服务。

（3）客运段通过各种形式组织乘务员学习防控知识，及时补充发放防护用品。

（4）列车终到车库预防性消毒和运行途中重点部位消毒工作按规定严格开展。

通过以上措施，让职工感到疫情虽然严峻，但并不可怕，只要落实好防护措施，注意休息和健康饮食，提高自身免疫力，一定能够战胜疫情，出色地完成运输任务。

铁路各级党组织依托组织“内部沟通”手段，对广大职工的心理疏导、人文关怀细致入微，面面俱到地解决职工实际困难，帮助职工们以积极的心态应对当前疫情，以理智、成熟的心理状态面对生活和工作。

交通强国，铁路先行，铁路职工作为先进性强、相对素质较高的群体，面对疫情考验，综合表现优异。

知识点击

任务一　组织内部沟通的概述

一、组织的含义

从广义上说，组织是指由诸多要素按照一定方式相互联系起来的系统。从狭义上说，组织是指人们为实现一定的目标，互相协作结合而成的集体或团体，如党团组织、工会组织、企业组织、军事组织、乘务组织，等等。狭义的组织是基于人群而言的。在现代社会生活中，组织是人们按照一定的目的、任务和形式组合起来的社会集团，组织不仅是社会的细胞、社会的基本单元，甚至可以说是社会的基础。

从管理学的角度来看，所谓组织，是指这样一个社会实体：具有明确的目标导向和精心设计的结构与有意识的活动系统，同时又同外部环境保持密切的联系。

二、组织沟通的概念

组织沟通是组织内信息的交流与传递。这些信息涉及范围很广，诸如消息、情报、资料、知识、经验、情感、观点、态度，等等。组织沟通一般由沟通来源、沟通传译、沟通信息、沟通渠道、沟通接收、沟通反馈 6 个要素连接而成。组织沟通还可以区分为正式沟通与非正式沟通两大类型。所谓正式沟通，是指通过正式的组织程序所进行的沟通，它是组织沟通的主要形式，一般与组织的结构网络和层次保持一致。正式沟通还可以分为自上而下的沟通、自下而上的沟通和横向沟通，它们同时又是组织内部纵向协调和横向协调的重要手段。非正式沟通指正式组织程序以外的各种沟通渠道，它带有某种感情色彩。良好的组织沟通是协调组织与其成员之间、成员与成员之间，以及组织与组织之间的相互关系、完成组织目标的最重要条件之一。领导者通过有效的组织沟通，可以使组织内部分工合作更加协调一致，使组织更好地适应外部环境，增强应变能力，也可以使组织成员之间、组织之间加深了解，融洽感情，增进友谊，激发斗志，使组织充满活力。

三、组织内部沟通的概念

1. 组织内部沟通的解读

一个组织的沟通效果决定了组织管理效率，在企业的经营管理过程中，如果能做好组织沟通，对促进企业绩效目标的实现将起到事半功倍的效果。畅通而有效的组织沟通，有利于信息在组织内部的充分流动和共享，有利于提高组织工作效率，有利于开展民主管理，实现组织决策的科学性与合理性。

2. 组织内部沟通的重要性

企业在经营管理和日常事务中，由于人与人之间、部门与部门之间缺乏沟通和交流，常常会遇到一些摩擦、矛盾、冲突、误解，这将影响到单位的气氛、员工的士气、组织的效率，使企业难以凝心聚力，人为内耗成本增大，甚至导致企业死亡，因此，企业文化建设的一个主要内容便是沟通。

“企业即人”，每一项经营管理事务都需要人去调研、决策、执行、反馈。人是企业最珍贵的资源，也是最不稳定的资源，人的关键在于开发和整合，因为人是有感情的，有思想的，任何行为无不受到观念和情感的支配。随着人本经济和企业文化管理模式的深入，内部沟通具有日益重要的战略意义，它有利于企业文化氛围的形成，有利于职能部门之间的协作配合；有利于员工共识的实现，形成统一的价值观和强大的凝聚力；有利于满足员工的心理需要，实现自主管理和人本管理；有利于增强员工的主人翁责任感，调动员工参与公司经营管理的积极性和创造性，使人力资源向人力资本转变；有利于保持企业文化网络的畅通和信息资源的共享；有利于建立沟通、学习、交流、协作的奋进平台，打造一支学习型员工队伍。

团队需要沟通，唯有沟通才能减轻摩擦、化解矛盾、消除误解、避免冲突，进而发挥团队管理的最佳效能。市场有起有落，当企业处于不利的市场环境威胁甚至面临危机时，会造成员工士气普遍低落和群体离心力，这时就需要大范围的交流沟通，鼓动员工的战斗精神，激励他们的信心，恢复士气。当企业有重大举措，如领导班子更替、经营战略重大调整、大项目上马、新规章制度出台等，除商业秘密外，事先要尽可能地让更多的员工知情、参与，听听他们的意见，增强员工的主人翁责任感；决策后，要迅速地做出详细的解释说明，排除员工的疑虑，统一认识，坚定信心。由于员工之间的思想观念、价值取向、知识结构、性格气质、思维能力、工作方法等方面的个性差异，必然导致相互不理解、不信任、不合作，造成各自为战的紧张关系。这时需要沟通、疏导，属于思想观念和工作态度的，要进行耐心、细致的说服教育和帮助引导；属于人际关系问题的，要巧妙地去协调、化解矛盾；属于能力问题的，要采取各种措施，尽量不小材大用或大材小用。

沟通无处不在，它是双向互动的，但如果一个组织内部缺乏沟通氛围，其领导者是有很大责任的。沟通能力是领导者应具备的基本素质之一，是管理工作的基本内容。沟通是文化的交流，是情感的共鸣，在价值取向多元化和性格气质个性化的今天，沟通更需要科学的技巧和正确的方法。企业要搞好内部沟通应从以下几点着手。

（1）要通过现代企业文化建设，打破等级制度，树立全员沟通理念，创造人人能沟通、时时能沟通、事事能沟通的良好氛围。

（2）要建立健全有效的沟通渠道。企业领导人、部门主管要带头沟通，有民主作风，定期开展接待日、开展座谈会、开展企业形势通报会、开展联欢活动。尽可能与下属员工多联系，多谈心，增进了解和信任，通过双向交流和信息互动反馈，使内部沟通渠道畅通无阻。也可以通过内部刊物、内部网络系统等形式上情下达、下情上传，做到信息收集制度化，信息内容系统化，信息传递规范化，信息处理网络化。

（3）用同理心进行沟通。遇到沟通障碍时，不管是个人与个人之间还是部门与部门之间，双方要进行批评与自我批评，换位思考，肯定对方的长处，善于倾听各方面的看法和意见，即使自己有理也要谦让三分，不要得理不饶人，要给他人一个改正错误、统一认识的机会，要帮助、辅导对方而不是打击报复对方。企业领导人、部门主管要放下架子、俯下身子；下属要直起脖子、壮起胆子，双方坦诚平等地交流各自的思想和看法。领导的心胸要开阔些，品德要大公无私，不要与下属斤斤计较，工作作风要正派，以自己的人格魅力去为下属带好头、服好务。

（4）公正地解决问题。首先要及时掌握事情的来龙去脉，分析原因，对症下药。当问题出现时，不要急于判定谁是谁非，不要让它扩散传播，应尽可能将其控制在一定范围内，否则只会进一步扩大问题。在解决问题时，要尊重事实，尊重人性和个性差异，要有理、有据、有节，争取双方都能接受，不计前嫌，握手言和。

（5）有效运用手中掌握的企业文化网络。企业文化网络是企业内部一种非正式的联系手段，网络中的人没有等级的界限，他们通过非正式渠道传递并解释企业的各种信息，有机而又无形地把企业的员工联系起来。网络中的人有其特殊的身份和作用，他们一头与企业高层关系密切，一头直接活动在员工之中，可以起到上情下传、下情上传、左右辐射的信息载体作用。

（6）对权力和制度的思考。在现代企业管理中，企业文化和价值理念等软约束力对员工的规范作用已经超越了权力、等级、制度等硬约束力。企业领导人、部门主管要与时俱进地树立以人为本、让员工自主管理的理念，对下属的管理主要体现在工作方向和团队目标上，管理手段体现在文化引导和人格魅力感染上，要合理运用手中的职权。一般情况下，不要过多地干涉员工的"内政"，要学会当教练而不是当家长，信任员工并放权给他们，让他们在企业统一价值理念和整体目标的前提下，放开手脚自主地开展工作，以激励他们的主动性、创造性，锻炼他们独立办事能力，充分发掘他们的潜能；同时要扩大员工的知情权和参与权，不要怕员工超越、取代自己，而在工作上疏远甚至压制他们。在用人上要有公开、公正、平等、择优的竞争机制，打破"论资排辈""平衡照顾"的陋习。分管领导不要搞小帮派、小团伙，不要讲亲疏好恶，安插亲信，排斥异己，要一切为了企业利益，不拘一格用真才，避免大材小用、小材大用，避免"一室二虎"的人才内耗，否则很难营造良好的沟通氛围。

四、高速铁路客运服务组织内部沟通认知

生活中的每一天我们都会与别人交流。沟通是我们工作、生活的润滑剂。沟通是消除隔膜，达成共同远景、朝着共同目标前进的桥梁和纽带。沟通更是学习、共享的过程，在交流中可以学习彼此的优点和技巧，提高个人修养，不断完善自我。

随着我国运输业的蓬勃发展，运输市场的竞争也日趋激烈，高速铁路客运企业面临的市场环境也日趋复杂，在这种新形势下，为了能够更好地生存和发展，高速铁路客运组织内部也开始借助组织内部沟通的相应手段，畅通组织内部、外部沟通渠道，以达到"内求团结、外求发展"的目的。良好的高速铁路客运服务组织内部沟通成为高速铁路企业内部沟通的重要组成部分，也为企业的生存和发展奠定了基础。

高速铁路客运服务组织内部沟通是指高速铁路客运服务组织内部信息的交流和传递。良好的高速铁路客运服务组织内部沟通是协调高速铁路客运服务组织与高速铁路客运服务人员之间、高速铁路客运服务人员与高速铁路客运服务人员之间，以及高速铁路客运服务组织与高速铁路客运服务组织之间的相互关系，完成组织目标的最重要条件之一。高速铁路客运服务组织通过有效的组织内部沟通，可以使组织内部的分工、合作更加协调一致，使组织更好地适应外部环境，增强应变能力，也可以使组织成员之间、组织之间加深了解，融洽感情，增进友谊，激发斗志，使组织更加充满活力。

五、高速铁路客运服务组织内部沟通风格的表现形式

高速铁路客运服务组织沟通风格受高速铁路客运服务组织文化的影响，大体有三种表现形式。

1. 强势沟通

如果高速铁路客运服务组织的最高领导者是个强势的、独断专行的人，则高速铁路客运服务组织的沟通风格表现为领导者集权力于一身，很少与组织成员进行交流，基本上采取自上而下命令式的沟通方式，不太顾及高速铁路客运服务组织成员的情感和精神需求。

2. 民主沟通

如果高速铁路客运服务组织的最高领导者是个民主的人，则高速铁路客运服务组织的沟通风格表现为上情下达、下情上传的民主式双向有序的沟通。民主型的领导者通过部分授权给高速铁路客运服务组织成员，鼓励高速铁路客运服务组织成员参与管理与决策，调动高速铁路客运服务组织成员的工作积极性。

3. 自由沟通

如果高速铁路客运服务组织的最高领导者是个缺少管理经验但注重沟通的人，则高速铁路客运服务组织的沟通风格表现为鼓励高速铁路客运服务组织成员自由发表言论，但高速铁路客运服务组织沟通缺少有序的管理，导致沟通效果不佳，组织效率低，影响高速铁路客运服务组织目标的实现。

六、高速铁路客运服务组织内部沟通的目的

（1）促进高速铁路客运服务组织目标的实现。

（2）促进高速铁路客运服务组织文化的建设。

（3）促进高速铁路客运服务组织中高速铁路客运服务人员之间的关系。

（4）增强高速铁路客运服务人员的参与度、归属感和荣誉感，以及责任心。

（5）有效的高速铁路客运服务组织文化沟通，利于全体高速铁路客运服务人员了解乘务组织目标、价值观、管理制度等，利于统一全员的思想和行动。

七、高速铁路客运服务组织内部沟通的形式

1. 正式沟通

1）会议

会议包括领导工作例会、中高层领导例会、旅客质询会、乘务组例会、站务班组例会、年会、跨部门或部门内部业务专项讨论会、定期的员工沟通会、演讲会或辩论会等。

2）报告

报告包括年、季、月、周的高速铁路客运服务工作计划与总结、各项高速铁路客运服务工作报表（年、季、月、周、天的工作报表）、各项高速铁路客运服务工作记录（用于工作分析或知识积累）等。

3）调查

调查包括旅客满意度调查、铁路客运市场调查、高速铁路客运服务人员满意度调查等。调查用于了解需求，分析不足。

4）培训

培训包括新入职高速铁路客运服务人员培训、领导者及管理者培训、专业培训、通用技能培训等，其多以体验式、课堂式、交流研讨会、读书会等形式开展。

5）面谈

面谈包括管理者与高速铁路客运服务人员进行的一对一、一对多、多对多的面谈沟通，有效征求高速铁路客运服务人员的意见，反馈绩效信息，激励高速铁路客运服务人员行为等。

6）书面交流

通过高速铁路客运服务工作流程制度文件，客运段、车务段、车站及相关部门文档管理，邮件系统，内部网络，刊物，展板，纸质文件批复，内部共享服务器，QQ 群，微信群等多种形式，促进信息在组织内部共享、提高管理制度的知悉度，促进知识积累，提升高速铁路客运服务组织管理效率。

2. 非正式

1）团建活动

通过组织高速铁路客运服务团队开展团建活动的方式，促进高速铁路客运服务人员和谐关系的建立，提高高速铁路客运服务团队的效率。

2）节日或相关庆祝活动

通过春节、中秋、国庆等节庆活动，宣传铁路企业文化、增进团队凝聚力；开展线路开通纪念庆典活动、高速铁路客运服务人员家庭日活动等，提高高速铁路客运服务人员对职业的自豪感和归属感。

八、高速铁路客运服务组织内部沟通的改善方法

1. 改变风格

高速铁路客运服务组织高层领导者如果是自上而下的强势沟通风格或是自由无序的沟通风格，则需要改变自己的沟通风格，使更多高速铁路客运服务人员参与组织沟通，并通过有效的沟通管理，促进好的沟通效果的实现。

2. 提高技巧

由人力资源部门组织全体高速铁路客运服务人员进行沟通技巧培训，促进高速铁路客运服务人员沟通能力的提高。

1）改变沟通心态

建立平等、尊重、欣赏、坦诚的沟通心态。

2）清晰和有策略地表达

不同的事情，要采取不同的表达方式。

口语沟通要做到简洁、清晰、对事不对人，注重对方感受；同时多利用身体语言及语音、语调等，以利于对方理解，并产生亲和感。

书面沟通要做到有层次、有条理、学会运用先“图”后“表”再“文字”的表达方式。

3）仔细倾听

专注、耐心、深入地倾听发言者所表达的全部信息，做到多听少说。

4）积极反馈

对信息发送者所表达的信息给予积极的反馈（书面或口语回复、身体语言反馈、概括、

重复等）。

3. 建立制度

有效的高速铁路客运服务组织沟通制度，能够规范高速铁路客运服务组织的沟通规则；同时，通过对沟通中不良行为的约束，促进高速铁路客运服务人员行为的一致性，提高组织沟通的效率与效果。

4. 鼓励优秀

对高速铁路客运服务组织中沟通工作做得好的部门及高速铁路客运服务人员，如对主动提建议者、沟通影响力佳者，给予物质和精神上的奖励，宣传他们的优秀事迹；同时，让他们分享沟通的经验和成果，以促进全体高速铁路客运服务人员提升沟通技巧。

良好的高速铁路客运服务组织沟通氛围，是全体高速铁路客运服务人员共同努力的方向，但关键因素是高速铁路客运服务组织的中、高层管理者，因为他们在高速铁路客运服务组织沟通中起着重要的影响作用。加强高速铁路客运服务组织中、高层管理者的沟通意识，提高其沟通技能，是提升高速铁路客运服务组织沟通效果的关键。

九、高速铁路客运服务组织内部沟通注意事项

（1）高速铁路客运服务人员与班组长（列车长）的沟通。高速铁路客运服务人员要熟悉班组长（列车长）的心理特征，进行正常的心理沟通。与班组长（列车长）交往与同其他人交往一样，都需要进行心理沟通；要服从班组长（列车长）的领导，不要对班组长（列车长）采取抵抗、排斥态度；要敢于指出班组长（列车长）的失误，但不要用逆耳之言；要设身处地地从班组长（列车长）的角度想问题，不要强班组长（列车长）所难；交往要有耐性。

（2）高速铁路客运服务人员与本班组其他服务人员的沟通。高速铁路客运服务人员要讲出自己的内心感受、想法和期望，沟通中出现分歧时，要控制好情绪；不批评、不责备、不攻击、不说教，批评、责备、抱怨、攻击这些都是沟通的大忌，会导致沟通失败；互相尊重，只有给予对方尊重，才能实现有效沟通；绝不要恶言伤人，不说不该说的话，要理性沟通；诚恳、幽默、低调、抚慰也是与本班组其他服务人员沟通的有效方法。

任务二　高速铁路客运服务组织团队沟通

一、团队的概念及构成要素

团队（team）是由基层人员和管理层人员组成的一个共同体，它合理利用每一个成员的知识和技能开展协同工作，解决问题，以实现共同的目标。

团队的构成要素分为目标、人、定位、权限、计划等。团队和群体有着根本性的区别，群体可以向团队过渡。一般根据团队存在的目的和拥有自主权的大小将团队分为五种类型：问题解决型团队、自我管理型团队、多功能型团队、共同目标型团队、正面默契型团队。

二、团队建设

团队建设是指为了实现团队目标及产出最大化而进行的一系列结构设计及人员激励等团队优化行为。

团队建设主要是通过自我管理的小组形式进行，每个小组由一组员工组成，负责一个完整工作过程或其中一部分工作。工作小组成员在一起工作以改进他们的操作水平。

团队建设应该是一个有效的沟通过程。在该过程中，参与者和推进者都应增强互信，坦诚相对。

小分享

团 队 精 神

团队精神是大局意识、协作精神和服务精神的集中体现。团队精神的基础是尊重个人的兴趣和成就。其核心是协同合作，最高境界是团队形成向心力、凝聚力，也就是实现个体利益和整体利益的统一，以推动团队的高效率运转。团队精神的形成并不要求团队成员牺牲自我；相反，挥洒个性、表现特长有利于团队成员共同完成团队目标。明确的协作意愿和协作方式产生了真正的内心动力。没有良好的从业心态和奉献精神，就不会有团队精神。

另外，团队成员还要很好地沟通和协调，用大家都能接受的方式去解决工作上的问题。当一人说与工作有关的词汇，其他团队成员会清晰地明白且理解为同一个意思。不要轻看语言及文化对人与人之间沟通能力的影响。

团队需要团队精神，这是一种文化及感情，其能产生信任和凝聚力。每个团队都期望寻找具有合作精神的成员，但不能保证可以找到。去唤醒人的精神和灵魂，关键是要教成员学会去进行自我评判和承诺，也就是促使成员学会自我管理。

三、团队沟通的作用

团队沟通即为工作小组内部发生的所有形式的沟通。其是随着团队这一组织结构的诞生而产生的。

在很早以前，人们就了解到有效群体沟通的巨大作用。

小提示

组织内部人与人的相处之道

（1）了解别人是沟通之道。

你越了解对方，你跟他的沟通就越顺畅。

（2）宽容别人是和睦之道。

如果你只记住别人对你的好，你会感谢全世界所有你认识的人；如果你只记住别人对你的不好，你会恨全世界所有你认识的人。仇恨就是用自己的痛苦来折磨自己，宽容别人就等于宽容自己。

（3）接纳别人是体谅之道。

接纳别人就是要接受别人与自己的不同。

（4）关心别人是友爱之道。

关心别人的人容易得到机会，也容易跟别人建立良好的关系。

四、高速铁路客运服务组织团队沟通概述

高速铁路客运服务组织团队沟通是指高速铁路客运服务班组内部发生的所有形式的沟通。其是随着高速铁路客运服务组织这一组织结构的诞生而产生的。

1. 高速铁路客运服务组织团队沟通影响因素

（1）高速铁路客运服务组织成员的角色分工。积极角色：领导者、创始者、信息搜寻者、协调员、评估者、追随者和旁观者。消极角色：绊脚石、自我标榜者、支配者、逃避者。

（2）高速铁路客运服务组织内成文或默认的规范、惯例。

（3）高速铁路客运服务组织领导者的个人风格。

2. 高速铁路客运服务组织团队沟通技巧

一个优秀的企业，强调的是团队的精诚团结，团队成员之间如何沟通是一门大学问。组织成员之间如果沟通不好，往往会产生矛盾，形成内耗，影响企业的正常运转。高速铁路客运服务组织作为铁路运输行业的一线工作团队，加强团队沟通，提升高速铁路客运服务组织团队沟通技巧尤为重要。为此，我们总结了高速铁路客运服务组织团队沟通技巧的几个方法，供高速铁路客运服务人员借鉴。

1）讲故事法

某公司在20世纪90年代遇到一些困难，新总裁上任后，经常邀请高级经理们到自己的家里共进晚餐，然后在屋外围着个大火炉，讲述有关该公司的故事。新总裁请这些经理们把不好的故事写下来扔到火里烧掉，用来埋葬该公司历史上的“阴暗”面，只保留那些振奋人心的故事，这极大地鼓舞了经理们的士气。

2）聊天法

罗田是某家族企业第一位家族成员之外的总裁，在长期的职业生涯中，罗田赢得了公司内部许多人士的爱戴。他有1/3的时间在公司里度过，常常和公司里的工程师聊天，聊最近的工作，聊生活上的困难；另外还有1/3的时间用来走访各地经销商，和他们聊业务，听取他们的意见。

3）制订计划法

某公司是一家“百年老店”。每年，员工都会有一次与人力资源经理或主管经理面谈的机会，员工在上级的帮助下制订个人的发展计划，以跟上公司的业务发展，甚至超越公司的发展步伐。

4）越级报告法

在某公司，总裁的办公室从来没有门，员工受到顶头上司的不公正待遇，或者看到公司的问题，都可以直接提出，还可以越级反映。这种企业文化使得人与人之间相处时，彼此之

间都能做到互相尊重，消除了对抗和内讧。

5）参与决策法

某汽车公司每年都要制订一个全年的“员工参与计划”，动员员工参与企业管理。这个举动引发了职工对企业“知遇之恩”的报答热情，使得员工的投入感和合作性不断提高，合理化建议也越来越多，生产成本大大减少。在某新车型投产前，该公司大胆打破了那种“工人只能按图施工”的常规，把设计方案摆出来，请工人们“评头论足”，提意见。工人们提出的各种合理化建议一共有 749 项，经过筛选，采纳了 542 项，其中有两项意见的效果非常显著。以前装配车架和车身，工人得站在一个槽沟里，手拿沉重的扳手，低着头把螺栓拧上螺母。由于工作十分吃力，因而往往干得马马虎虎，影响了汽车质量，有工人说：“为什么不能把螺母先装在车架上，让工人站在地上就能拧螺母呢？”这个建议被采纳以后，既减轻了劳动强度，又使质量和效率大为提高；另一位工人建议，在把车身放到底盘上去时，可让装配线先暂停片刻，这样既可以使车身和底盘两部分的工作做好，又能避免发生意外伤害。此建议被采纳后果然达到了预期效果。

6）培养自豪感法

某公司在创业时员工的工资并不高，但员工都很自豪。该公司经常购进一些小物品如帽子等，给参与某些项目的员工每人发一顶，使他们觉得工作有附加值。当外人问公司的员工，你在公司的工作怎么样时，员工都会自豪地说，工资很低，但经常会发些东西。

7）口头表扬法

表扬不但被认为是当今企业中最有效的激励办法，事实上也是企业团队中的一种有效的沟通方法。某公司素有“表扬人”的企业文化，创始人如果当面碰上进步快或表现好的员工，便会立即给予口头表扬；如果不在现场，他也会亲自打电话表扬下属。

任务三　高速铁路客运服务人员垂直沟通

一、垂直沟通的概念

垂直沟通是指组织内部高低各个结构层次之间进行的沟通，它有下行沟通和上行沟通两种形式。

二、高速铁路客运服务人员垂直沟通概述

高速铁路客运服务人员作为高速铁路运输行业的中坚力量，是企业重要的人力资源，他们工作在基层，时时处处都需要与各方面沟通。高速铁路客运服务人员垂直沟通是指高速铁路客运服务人员在高低不同的行政架构层次之间进行的沟通。

三、高速铁路客运服务人员垂直沟通的分类

高速铁路客运服务人员垂直沟通分为高速铁路客运服务人员上行沟通和高速铁路客运服

务人员下行沟通，两者均属于高速铁路客运服务人员上下级之间的沟通方式。

一般来说，高速铁路客运服务人员下行沟通的速度要快于高速铁路客运服务人员上行沟通的速度，因为高速铁路客运服务人员下行沟通多属于乘务组领导布置任务，而高速铁路客运服务人员上行沟通多属于下属向高速铁路客运服务组织领导反映问题、提出申请和汇报工作。

小提示

上行沟通的艺术

（1）沟通信息的准确。
（2）言简意赅。
（3）思考到位。
（4）预判准确。
（5）不拘谨，不放肆。
（6）了解领导的习惯，观察领导的心情。

四、高速铁路客运服务人员垂直沟通的优缺点

高速铁路客运服务人员垂直沟通的优点是沟通速度快，信息传递准确；高速铁路客运服务人员垂直沟通还是领导者传递其管理理念以影响高速铁路客运服务人员积极工作的主要方式，有时其比其他沟通形式的效果更好。

高速铁路客运服务人员垂直沟通的缺点是如果层次多的时候，信息传递变慢，可能会出现越级沟通和隐瞒事实的现象。

小提示

下行沟通的艺术

（1）倾听，给予关注，抓住沟通的要点。
（2）摆事实、讲道理。
（3）语气平缓，底气充足。
（4）点到为止。
（5）戒骄戒躁，有一颗宽容的心。
（6）坚持原则和底线。

五、高速铁路客运服务人员下行沟通

1. 高速铁路客运服务人员下行沟通的概念和作用

高速铁路客运服务人员下行沟通是指信息的流动是由高速铁路客运服务组织较高层次流向较低层次，高速铁路客运服务人员下行沟通的目的是控制、指示、激励及评估。其形式包

括管理政策宣讲、备忘录、任务指派、指示下达等。有效的高速铁路客运服务人员下行沟通并不只是传送命令而已，而应是能让高速铁路客运服务人员了解单位的政策、计划的内容，并获得高速铁路客运服务人员的信赖、支持，同时有助于高速铁路客运服务组织决策和计划的控制，实现高速铁路客运服务组织的目标。

当信息自一方传至另一方时，有些资料会被忽略掉。当信息传经许多人后，每一个传送过程都会造成更多信息的损失，甚至遭扭曲和误解。在高速铁路客运服务组织中，当下行沟通经过许多组织层级时，许多信息会遗失，最后接收者真正能收到的只是一小部分而已。精简组织，减少高速铁路客运服务组织层次，能促进下行沟通的有效开展。

高速铁路客运服务人员下行沟通的作用：让高速铁路客运服务人员知晓高速铁路组织内部重大活动；突出高速铁路客运服务组织对高速铁路客运服务人员的创造力、努力和忠诚度的重视态度；探讨高速铁路客运服务人员在高速铁路客运服务组织中的职责、成就和地位；考察高速铁路客运服务人员所享受的各种福利待遇，以及真正实力；了解有关的社会活动、政府活动和政治事件对高速铁路企业的影响；了解高速铁路企业对社会福利、社会文化发展和教育进步所做的贡献；让高速铁路客运服务人员的家属了解企业致力于营造凝聚力；让新来的高速铁路客运服务人员看到高速铁路企业发展的足迹；让高速铁路客运服务人员了解不同部门发生的各种活动；鼓励高速铁路客运服务人员将高速铁路企业出版物作为各抒己见的途径和外界了解高速铁路企业发展的窗口。

2. 下行沟通的三种主要形式

（1）面谈形式，如口头指示、谈话、电话指示、广播、评估会、咨询会、批评会、小组演示乃至口头相传的小道消息等。

（2）书面形式，如指南、声明、企业政策、公告、报告、信函、备忘录等。

（3）电子形式，如新闻广播、电话会议、传真、电子邮件、微信群通知等。

高速铁路客运服务人员下行沟通是高速铁路客运服务组织沟通中最重要的沟通方式之一，也是高速铁路客运服务组织沟通中最主要、最能有效提升工作效率，却也是最容易产生无效沟通的环节。

（1）高速铁路客运服务人员下行沟通通常存在的障碍。例如，高速铁路企业发展带来的高速铁路客运服务组织结构的复杂化；高速铁路客运服务组织领导者对沟通的不重视；高速铁路客运服务人员和管理层的隔离和不信任；高速铁路客运服务组织的领导者很少检查自己的沟通技巧；领导者把高速铁路客运服务沟通当作权力的工具；传递中的高速铁路客运服务信息的遗漏和曲解。

（2）高速铁路客运服务人员下行沟通的改进策略。应从高速铁路客运服务组织高层管理者做起，利用多种渠道、使用多种方式进行沟通，具体策略如下。

① 制订高速铁路客运服务人员沟通计划，建立高速铁路客运服务人员沟通制度。

②“精兵简政”，减少组织沟通环节。

③ 坚持例外原则，实现有效授权。

④ 建立有效的高速铁路客运服务沟通反馈机制。

⑤ 采取正确方法，减少抵触和怨恨情绪。

⑥ 利用多种渠道和方式进行沟通。

任务四　高速铁路客运服务人员横向沟通

小案例

到底哪里出错了

公司产品质量经理吴江让质检员刘小瑛通知下午召开月度质量例会，刘小瑛通知了生产和技术部门。下午销售部门、人事行政部门和财务部门得知要召开月度质量例会，但自己没接到通知，纷纷打电话给吴江兴师问罪，吴江感觉很委屈，他以为是销售、人事和财务部门不愿意参加所以没来，而刘小瑛认为销售、人事和财务没必要参加，而且以前月度质量例会销售、人事和财务的负责人经常因为有事情中途离开，所以就没有通知他们。会上，吴江的报告才做到一半，采购部门对产品质量部门统计的原材料合格率提出疑问，很快会场热闹起来，车间主任对组装不合格的原因进行了解释，销售部门借机抱怨质量问题引起客户不满给销售带来的压力，财务部门强调产品报废损失严重……中间时不时有人接打电话，还有人离开会议室。2 个小时很快过去了，会议室只剩下不到 1/3 的人，吴江唉声叹气地说：“都说质量重要，但真正有几个人重视质量呢？”车间主任接着说：“要不我们今天先这样。”吴江缓缓地点了下头。

一、横向沟通和斜向沟通的概念

1. 横向沟通

横向沟通是指发生在同一工作群体的成员之间、同一等级的工作群体之间，以及任何不存在直线权力关系的人员之间的沟通。

管理者每天都要进行大量的横向沟通（或称水平沟通）。横向沟通对与其他部门的工作协调是必需的。横向沟通常常是管理层中的主要沟通形式。

因为横向沟通是平级关系的沟通，所以沟通者相互之间的威胁性就小，不会像上下级沟通那样与惩罚发生联系。由于横向沟通大多发生在工作的求助上，所以相互推诿的情况就特别多，以致沟通困难。横向沟通的作用是：保证公司总目标的实现；弥补重复沟通造成的不足；实现各部门信息共享。

2. 斜向沟通

斜向沟通又称越级沟通、交叉沟通，是指组织内不同层级部门间或个人的沟通，它时常发生在职能部门和直线部门之间。

斜向沟通是一种特殊形式的沟通，包括群体内部非同一组织层次上的单位或个人之间的信息沟通和不同群体的非同一组织层次之间的沟通。斜向沟通对上行沟通、下行沟通和横向沟通有促进作用。斜向沟通的目的是加快信息的传递。

二、高速铁路客运服务人员横向沟通概述

高速铁路客运服务人员横向沟通是指在高速铁路客运服务组织内部各服务人员之间，同样岗位、同样乘务组之间，以及任何不存在直线权力关系的高速铁路客运服务人员之间的沟通。

三、高速铁路客运服务人员横向沟通的类型与形式

高速铁路客运服务人员横向沟通的主要形式有班组会议、工作协调会议、高速铁路客运服务人员面谈、备忘录、主题报告、业务培训等。

高速铁路客运服务人员横向沟通的类型与形式如表 5–1 所示。

表 5–1　高速铁路客运服务人员横向沟通的类型与形式

类型	形式
同一高速铁路客运服务组织内的沟通	• 高速铁路客运服务人员面谈 • 工作信函 • 工作备忘录
不同高速铁路客运服务组织间的沟通 • 不同高速铁路客运服务组织同级管理者之间的沟通 • 高速铁路客运服务组织管理者和其他乘务组乘务员之间的沟通 • 不同高速铁路客运服务组织服务人员之间的沟通	• 班组会议：常用的沟通形式，包括决策性的会议、咨询性的会议、通知性的会议等 • 工作备忘录 • 工作报告

四、高速铁路客运服务人员横向沟通的优点

1. 优点

横向沟通可以采取正式沟通的形式，也可以采取非正式沟通的形式。通常以后一种形式居多，尤其是在正式的或事先拟定的信息沟通计划难以实现时，非正式沟通往往是一种极为有效的补救方式。横向沟通具有很多优点。

（1）它可以使办事程序、手续简化，节省时间，提高工作效率。

（2）它可以使企业各个部门之间相互了解，有助于培养整体观念和合作精神，克服本位主义倾向。

（3）它可以促进员工之间互谅互让，培养员工之间的友谊，满足员工的社会需要，提高员工的工作兴趣，改善员工的工作态度。

2. 缺点

横向沟通的缺点表现在：头绪过多，信息量大，易造成混乱；此外，水平沟通尤其是个体之间的沟通也可能成为职工发牢骚、传播小道消息的一个途径，造成团体士气涣散的消极影响。

3. 横向沟通和其他沟通方式

与上行沟通和下行沟通相比，越级沟通和横向沟通信息传递环节少、质量高、成本低，

具有快速、便捷和高效的优点。越级沟通和横向沟通还为企业减少管理层次，减轻中层管理人员工作负担，提高管理效率起到了积极作用。

五、高速铁路客运服务人员横向沟通的障碍与改进

1. 障碍

高速铁路客运服务组织本位主义是高速铁路客运服务人员横向沟通最大的障碍。例如，认为自己的价值最大，在组织结构认识上存在贵贱或等级偏见；高速铁路客运服务组织之间职责交叉；高速铁路客运服务人员性格差异或知识水平差异；对某些政策的认识存在猜忌、恐惧，感到威胁的存在；对有限资源的争夺，高速铁路客运服务人员之间、高速铁路客运服务组织部门之间针对工作资源、职位的竞争与冲突；空间距离也是障碍之一。

2. 改进

在高速铁路客运服务人员横向沟通中起重要作用的高速铁路客运服务人员被称为边界人员，这类高速铁路客运服务人员与其他部门及外界的人有较多的沟通联系。边界人员获得大量的信息，过滤后再传递给他人。这使他们具有特殊的地位和潜在的权力，所以要很好地发挥他们的作用，以提高高速铁路客运服务人员横向沟通的效果。高速铁路客运服务组织内外都有关系网。关系网是指一群人建立的对共同的兴趣非正式地进行信息交流，其一般是围绕外部利益建立的，如娱乐团体、专业团体等。关系网有助于扩大高速铁路客运服务人员的利益，使他们了解新技术的发展，使他们更易被他人所了解。

改善沟通的另一种方法是安排一名咨询员，设立这一职位是要征询各种质疑、投诉，对高速铁路客运服务组织的政策予以解释，或者听取那些犯了错误但对正常沟通渠道感到不适的高速铁路客运服务人员的辩解，并给予相应的回答。所有的接触都是保密的，以此鼓励坦率直言。咨询员要进行深入全面的调查，必要时要采取干预措施以纠正错误、调整制度，以防止错误再现。

高速铁路客运服务人员改进横向沟通的具体策略如下：倾听而不是叙述；换位思考；选择准确的高速铁路客运服务组织内部沟通形式；建立高速铁路客运服务组织内部沟通管理咨询员等。

任务五　高速铁路客运服务人员会议沟通

小案例

会议礼仪

小刘应邀参加一个研讨会。研讨会邀请了很多商界知名人士及新闻界人士。老总特别安排小刘和他一道去参加，同时也让小刘见识一下“大场面”。小刘早上睡过了头，等他赶到，会议已经进行了20分钟。他急急忙忙地推开了会议室的门，“吱”的一声脆响，他

一下子成了会场上的焦点。刚坐下不到五分钟，肃静的会场上又响起了音乐，原来是小刘的手机响了。这下子，小刘可成了全会场的"明星"……没过多久，就听说小刘"另谋高就"了。

一、会议的含义和类型

在高速铁路客运服务工作过程中，召开各种工作会议可以说是一项频繁的工作。高速铁路客运服务人员会议沟通是一种成本较高的沟通方式，沟通的时间一般比较长，常用于解决较重大、较复杂的问题。虽然高速铁路客运工作会议带来了资源、人力、物力的巨大耗费，但也不得不承认，会议是一种很有效的沟通手段，因为面对面的交流可以传递更多的信息，尤其是很多需要各部门协作的工作，就更需要以会议为纽带来协作。

1. 会议的含义

会议是人们为了解决某个共同的问题而聚集在一起进行讨论、交流的活动。会议的主体主要有主办者、承办者和与会者（许多时候还有演讲人），其主要内容是与会者之间进行思想或信息的交流。

2. 会议的类型

会议按目的分为：谈判型会议、解决问题型会议、信息传达型会议、决策型会议、信息交流型会议、利益调整型会议。

会议按参加人数的规模分为：大型会议、中型会议、小型会议。

会议按时间规律分为：例行会议、非例行会议。

会议按形式分为：室内会议、室外会议，正式会议、非正式会议。

会议按参与者的身份分为：高速铁路客运服务人员会议、高速铁路客运服务组织中层会议、高速铁路客运服务组织高层领导会议。

会议按内容分为：生产或业务会议、乘务工作会议、站务工作会议、专业分享会议、咨询会议、座谈会、讨论会。

二、会议功能

1. 传达企业经营理念并使企业目标协调一致

召开高速铁路客运服务工作会议最主要的目的是传达高速铁路企业的经营理念，统一高速铁路客运服务人员的步调；同时通过会议，集思广益，把大家的意见统一起来使之成为高速铁路企业努力的方向，这样才能众志成城，又快又好地将目标变为现实。

2. 传达决策者的信念

高速铁路客运服务组织决策者的信念也要通过会议来传达。例如，高速铁路客运服务组织决定从今年开始要发些奖金给所有的员工，而且要根据每位高速铁路客运服务人员完成各项指标的情况而有所不同，这是高速铁路客运服务组织领导者的一种激励策略，这样的信息就需要利用会议来隆重推出，以吸引高速铁路客运服务人员的兴趣，激发高速铁路客运服务人员的工作热情。

3. 集思广益共同解决问题与危机

集思广益、共同解决问题与危机是会议的又一个重要功能。当遇到问题，普通员工没有对策，领导者一时也拿不出合理的方案时，就需要大家坐在一起召开会议，提出自己的想法，设法解决问题。

4. 集思广益

集思广益，激发富有创意的工作理念是会议的另一项功能。会议是产生创意的一个良好场所，通过有效的会议，可以进行头脑风暴，不断激发出良好的创意。

5. 检讨、改进不足之处

例如，乘务组收到旅客的投诉越来越多，就要马上召开会议，大家讨论一下投诉增多的原因。通过会议，可以将所有可能的原因列举出来，然后再一一做出分析，通过分析结果来检讨和改进服务。

6. 达成告知功能

会议传达信息要比在布告栏上公布的效果好得多，而且也显得更为郑重。例如，今年的安全目标是要无任何重大安全事故，通过会议，可以将这个目标准确地传达给各相关人员，号召大家共同努力。

三、高速铁路客运服务组织内部沟通的主要方式——有效的高速铁路客运服务工作会议

1. 会议的准备工作

1）选定参加者

对要参加会议的人一一考察，召集确有必要参会的人，不要让不相关的人参加会议。

2）明确会议的目的

（1）解决问题型会议的目的是解决遇到的一个或几个问题。

（2）制定计划型会议的目的是确定由谁去制定计划。

（3）信息传达型会议的目的是把详细信息传达下去。

（4）利益调整型会议的目的是重新分配利益。

3）合理分配会议时间

（1）一定要准时开会。

准时开会不是一件容易的事情；若有一次不准时开会，后面再开会就很难准时。

（2）会议从最重要的事项开始讨论、解决。

为了提高效率，解决主要问题，会议应从最重要的事项开始讨论、解决。

2. 召开会议的注意事项

1）做好前期工作

（1）会议提纲。

（2）会议参加人员。

（3）确定召开会议的目的。

（4）确定会议的主要内容。

（5）确定会议的议程及时间安排。

2）做好会议召开期间的组织工作

（1）给予参会者均等的发言机会。

（2）创造使所有参会者能够自由发言的气氛。

（3）为参会者平等地相互交流创造条件。

（4）对部分参会者的长时间发言、争论或者题外话采取相应措施。

（5）切实遵守会议议程并进行时间控制。

3）做好会议收尾工作

（1）会议结论经全体参会者协商得出。

（2）对会议结论进行概括、说明。

（3）对会议中决定的事项进行明确分工。

（4）结尾时由参会者对会议结果进行评价。

4）做好会议后续工作

客运服务工作会议结束后要不断跟进会议决议的落实情况。

3. 有效客运服务工作会议的注意事项

（1）使会议气氛活跃。如果会议比较乏味、参会者的参与度较低的话，主持者就应当审视一下自己。首先，有必要思考一下“为什么会这样”。可以通过提问来引导大家参与会议。会场不是战场，鼓励思想冲突，禁止感情冲突。

（2）不要有含糊不清的表达。尽量少用或不用以下表述：基本上结束了，基本上行；大致有希望；几乎没有问题，几乎是按计划完成；或许能行，或许能成功；我觉得能行，我觉得能成功；在一定程度上完成了；似乎合适；等等。

（3）认同并尊重对方。许多人在会议中所犯的错误之一就是固执己见。如果总是抓住别人话里的漏洞不放，导致谁也没有兴趣发表意见，造成小心谨慎、保持沉默的气氛。对方有发表自己意见的权利。即使对方发表的意见有欠缺，也要尊重其意见；要鼓励大家发言。

（4）在会议中不时做出反应。听者最好是恰当地对理解了什么、没能理解什么做出相应的表示。要注意听对方谈话的真正用意，体会对方顾忌说的话、对方真正想要说的话等。

（5）用肯定性的语言称赞。

（6）别人说话的时候要看着别人点头。

（7）自己说话时要有自信。

（8）尽量避免冲突，比如语言冲突、动作冲突等。

小提示

召开客运服务工作会议的一些技巧

① 从重要的议题开始讨论。

② 从肯定性的方面先说。

③ 有逻辑地、简单地表达。

④ 一句话表达一种想法。

⑤ 思考发言提纲。

⑥ 使用参会客运服务人员能够理解的方式表达中心思想。

⑦ 使用切合客运服务业务的表达方式。

项目六

做好客运服务组织“外部沟通”

项目导语

高速铁路客运服务组织外部沟通，在社会交流网络化的大环境下日趋重要，其直接影响高速铁路客运服务组织的健康运行。

知识点

- 高速铁路客运服务组织外部沟通的含义
- 高速铁路客运服务组织外部沟通的技巧
- 高速铁路客运服务组织外部沟通中与同行沟通、与投诉人员沟通、营销沟通、应急沟通等理论知识

技能目标

- 能够识别高速铁路客运服务组织外部沟通的注意事项
- 了解高速铁路客运服务组织外部沟通的对象
- 熟练运用高速铁路客运服务组织外部沟通的相关技巧

引导案例

当铁老大撞上微博时代

事件主角：铁道部

事件介绍：2011 年 7 月 23 日 20 时 34 分，在温州方向双屿路段下岙路，D3115 次动车遭到雷击后失去动力停车，造成 D301 次列车追尾。此次事故已确认共有六节车厢脱轨，

即D301次列车第1至4位，D3115次列车第15、16位。事故导致39人死亡192人受伤。

事故原因：经初步调查显示，由于温州南站信号灯设备存在缺陷，应该显示绿灯的时候显示红灯，没有给后车提供应有的信号，相关调度人员也没有发出预警，引发追尾事故。

相关处理措施：

（1）搜救工作结束过快，没有完成便开始清理现场，掩埋车头，可能造成旅客物品遗失，甚至可能掩盖了事故发生的真正原因。

（2）在事故发生的第二天铁道部即宣布上海铁路局局长龙京，党委书记李嘉和，分管工务、电务的副局长何胜利负有监督责任而解职，重新启用曾在2008年胶济铁路事故后被免职的总调度长安路生接任上海铁路局局长。

（3）铁道部于2011年7月24日晚22点43分在浙江温州召开特大事故新闻发布会。铁道部发言人王勇平在答记者问环节回应了掩埋车头一事，他表示主要是当时现场抢险情况复杂，“施救人员把车头埋在土里，主要是为了便于抢险。”当被问：“为何救援宣告结束后仍然发现一名生还儿童”时，他称：“这只能说是生命的奇迹。”之后又被问到为何掩埋车头时，王勇平又说：“至于你信不信，我反正信了。”

（4）在事故原因尚未调查清楚、事故发生仅35小时后即恢复线路运行。

（5）铁道部在最短时间里提出对遇难者的赔偿方案，对每个遇难者给予50万元的赔付，同时还提出“在短时间内签订协议的可视情况酌情予以数万元奖励费”的方案。

请分析此事件中暴露出来的“外部沟通”问题。

本项目知识结构导图

- 做好客运服务组织『外部沟通』
  - 高速铁路客运服务组织外部沟通概述
    - 组织外部沟通的概念
    - 高速铁路客运服务组织外部沟通的含义
    - 高速铁路客运服务组织外部沟通的对象、内容及目的
    - 高速铁路客运服务组织外部沟通中应注意的事项
    - 高速铁路客运服务组织外部沟通的技巧
  - 高速铁路客运服务人员与同行的沟通
    - 高速铁路客运服务人员与同行沟通的解读
    - 高速铁路客运服务人员与同行沟通的注意事项
  - 高速铁路客运服务人员应急沟通与危机公关
    - 应急
    - 提高高速铁路客运服务人员应急处置沟通能力
    - 高速铁路危机公关
  - 新闻发布会
    - 新闻发布会的概念
    - 高速铁路新闻发布会的时机与主题
    - 新闻发布会发言人

思政课堂

从铁路精准扶贫看组织“外部沟通”的价值

中国国家铁路集团有限公司与栾川县结对帮扶以来，累计投入帮扶资金 7 353 万元，利用铁路行业优势，推行“高铁＋扶贫”的精准帮扶模式，实施基础设施建设、特色产业发展、教育、医疗、党建等 97 个扶贫项目，受益群众达 10 万余人。

通过前期细致的组织“外部沟通”工作，中国国家铁路集团有限公司深入调研、了解栾川县的实际情况，与当地政府充分沟通、有效对接，推出的“高铁＋扶贫”的精准帮扶模式让栾川县脱贫工作能够更加贴近百姓生活，有利于打造深山区县特色经济。利用高铁，把生态旅游融入扶贫产业，既能保护好自然，也能够增加收入。同时，高铁的通达还可以改善当地百姓的出行条件，让当地特色果蔬、农产品等可以走出山村。高铁带动沿线经济发展让山区人民享受到了实惠，也让扶贫攻坚有了更多选择。

通过沟通，扶贫双方均认为贫困地区之所以发展受阻，道路不畅占比较重，只有打通道路壁垒，拓宽交易物流渠道，才能更有力地促进地区经济发展。因此，铁路部门不断创新发展扶贫理念，制定了更好的铁路扶贫工作发展策略，为贫困地区的经济发展奠定了坚固的交通基础，让栾川县搭上了经济发展的“快车”。

坚决打赢脱贫攻坚战，让贫困人口和贫困地区同全国一道迈入全面小康社会，是我们党的庄严承诺。中国国家铁路集团有限公司高度重视精准扶贫工作，充分发挥铁路行业优势，聚焦“两不愁三保障”，结合交通强国、铁路先行目标任务，持续助力定点扶贫地区脱贫攻坚。铁路部门始终秉承着“人民铁路为人民”的服务宗旨，以高铁为纽带，让农村经济走进铁路，也让铁路发展带动农村发展。

小康不小康，关键看老乡。铁路扶贫的触角遍地延伸，为老百姓带来了实实在在的幸福。这是铁路人的历史使命，也是诠释“人民铁路为人民”的生动案例，相信“有作为、有担当”的铁路人还将继续为人民生活更加美好贡献自己的力量。

（改编自中国青年网 2020 年 11 月 18 日文章《“高铁+扶贫”为乡村振兴驶入“快车道”》）

任务一　高速铁路客运服务组织外部沟通概述

一、组织外部沟通的概念

组织外部沟通是指组织为了适应大环境的变化而与周围环境进行的信息传递与交流。企业管理中必须进行外部沟通是由两个基本原因决定的：（1）企业要及时满足公众的要求；（2）企业自身管理的需要。

二、高速铁路客运服务组织外部沟通的含义

高速铁路客运服务组织外部沟通是指高速铁路客运服务组织为了适应社会大环境的变化与周围环境进行的信息传递和交流。广义的高速铁路客运服务组织外部沟通是高速铁路客运服务人员等与高速铁路客运服务组织外部的人和部门打交道。狭义的高速铁路客运服务组织外部沟通就是高速铁路客运服务人员与高速铁路客运服务组织以外的合作对象及职能部门的协调和沟通，以及经办事项的处理。

三、高速铁路客运服务组织外部沟通的对象、内容及目的

高速铁路客运服务组织外部沟通的对象、内容及目的如表 6-1 所示。

表 6-1　高速铁路客运服务组织外部沟通的对象、内容及目的

主体	类别	对象	内容	目的
高速铁路客运服务组织（高速铁路客运服务人员）	高速铁路客运服务组织外部沟通	政府机构	法律法规、危机	获取最新政策，配合相关工作
		行业组织	行业规范、咨询、危机	获取行业信息，配合相关工作
		相关机构	相关要求	获取相关信息，配合相关工作
		媒体	与运输业务和高速铁路客运服务组织相关信息	获取相关信息，协调宣传立场
		旅客	对运输产品和服务的要求、投诉和建议	满足旅客要求，增进旅客信任
		其他相关机构和人员	对运输产品和企业有意义的信息	了解发展变化，确保履行义务

四、高速铁路客运服务组织外部沟通中应注意的事项

（1）相关人员一定要注意自己代表的是高速铁路客运服务组织，穿着要得体，言谈举止要有涵养。

（2）如果是和政府部门进行沟通，要注意把握政策，不可越界，不能出格。

（3）和旅客沟通要注意和谐，即使有旅客不对的地方，也要忍小而求大。

（4）沟通活动的组织逻辑性要强，要有顺序，层次分明，参加沟通活动的人才会觉得舒服，不至于无的放矢。

（5）事前要计划，事中要控制，事后要总结。

（6）必须制订突发情况预案。

小分享

外部沟通注意的四个方面

对于高速铁路企业来说，闷头做好企业自身内部工作远远不够，还需要不断加大外部沟通的力度，尤其是有序开展各种公关活动，才能使高速铁路企业在社会上不断取得应有的声誉。以下四个方面应引起高速铁路企业的高度重视。

1. 高速铁路在发展中应密切联系社会，关注民生

高速铁路除不断开发、推出优质的运输产品和服务之外，还要尽量多与社会各个方面进行交流，把企业的营销活动搞活、搞好。比如除固定节假日之外，要寻找各种机会，不断推出各种宣传、营销活动。对各种有意义的公益活动应积极参加，采用不同的方式介入各种活动，发出企业的声音，其目的就是抓住一切机会多与社会深入接触，融入其中，在活动中倾听外部单位对企业的意见和建议，将有效沟通融化在与社会的广泛交流中，促进社会公众与企业之间的相互了解和认识，于无形中提升企业自身的形象和高速铁路品牌影响。

另外，企业要积极参与有意义的捐赠活动。比如国家遇到自然灾害时捐款、帮助贫困群体、拜访养老院，等等，高速铁路企业作为国家大型企业要有计划地实施捐赠救助行动，履行企业作为社会公民的责任和义务。目前，公众对企业的社会责任都比较看重。企业对社会的贡献的形式是多种多样的。

对于公众来讲，也应全面客观地看待高速铁路企业，把高速铁路企业放到一个相对较长的时间内就其社会责任和义务做综合性的分析，以判别企业对社会的贡献大小。

2. 高速铁路企业应加大与政府部门的公关力度

高速铁路企业要加大与工商、税务、法院、公安、交通等政府部门的联系，经常与其互动，达成一种默契，通过电子邮件、短信等形式传达企业的有关信息，扩大企业在政府层面的美誉度、知名度。这就要求高速铁路企业平时应多走动、多联系，建立走访制度，加深了解，寻求有效沟通，让政府部门知道企业在守法做事、依法经营、依法纳税等，努力争做好的企业公民，以获得政府部门的有力支持，与其保持良好的关系，这一点在今天看来尤为重要。通过各种公关活动的开展，可以进一步打消有关政府部门对企业

认识上的一些偏见或看法，营造有利于企业发展的环境。

3. 高速铁路企业应重视与媒体的交流

要重视媒体的力量。高速铁路企业宣传部门应定期向各类媒体发布多种信息，包括运输产品和服务信息、管理创新信息、企业文化活动信息、企业重大纪念日信息、企业发展中的疑难问题等。这些信息要让媒体了解，不断引起媒体的关注，并配合媒体采访，做好企业的对外舆论宣传工作。同时，高速铁路企业宣传部门要对媒体资源做到妥善管理，及时跟踪。要采用多种形式经常性地和媒体进行交流，寻求媒体对企业的关注、支持和理解，与媒体成为朋友。例如高速铁路企业宣传部门可以安排企业高级管理者与媒体见面，发布信息、做报告，双方互动交流。还可以邀请媒体到企业参观访问，与员工代表座谈交流、畅谈心声。这些都是有效的企业与媒体的互动方式，与媒体良好关系的建立对企业是非常有意义的，媒体的持续关注更有利于企业良性的发展。

4. 有能力的企业要重视展馆建设

高速铁路企业有固定场所或渠道与社会接触是再好不过的事了，企业相关场馆（展览馆、博物馆）的建设，就是一种很好的方式，其可以系统展示企业发展的历史，及时将企业新技术、新业务亮相与演示，观众可以随时来这里参观，了解企业，通过这些新技术、新业务再看企业发展的艰辛历程就会更包容企业，理解企业。这些企业场馆是固定的，带有一定的企业财富色彩，是企业文化拓展的领地，更容易被社会大众所接受。

目前，有的企业已在重视文化场馆的建设。高速铁路企业对文博场馆建设的热情还是比较高的，许多高速铁路企业都已行动起来，用不同的展示方式展现企业的发展，这都是非常好的现象。事实证明，利用博物馆等场馆来对外宣传、实施沟通、展示企业、融入社会，是可取的，更是有效的做法。

五、高速铁路客运服务组织外部沟通的技巧

（1）高速铁路客运服务组织与政府部门的沟通，是为更快获取最新、最准确的政策信息，各种与客运工作相关的法律法规信息。高速铁路客运服务组织需要与政府部门保持沟通顺畅，除了合法运行、照章纳税，还应依法接受和服从管理。高速铁路客运服务组织应积极参与政府所开展的社会公益活动；还可利用汇报、共商等方式沟通；也可通过行业协会沟通各方利益；当然还可以利用各种新闻媒体沟通。

（2）高速铁路客运服务组织与新闻媒体沟通的总的原则就是积极主动，实事求是。遇重大事件可以召开新闻发布会；在新闻媒体上开设专栏；适时发布新闻稿；召开记者招待会。

（3）与旅客沟通时，要给旅客以良好的印象，让旅客有优越感，善用赞美及询问迅速打开旅客心扉。

（4）与社会公众组织沟通时，要积极参与和赞助社会公众组织的相关事务；开放高速铁路客运服务组织（高铁企业）的文体福利设施；搞好环保和安全工作；妥善处理和社会公众组织的纠纷。

小分享

有效的外部沟通将给高速铁路企业带来巨大利益

企业经营本身就是在做外部沟通。

（1）做好与政府的沟通，可以及时了解行业的相关政策，及时改变战略，趋利避害，避免损失。如果能得到政府扶持将更利于企业的发展。

（2）做好与其他企事业单位和社会团体的沟通，可以扩大企业的社会影响力，增加企业的知名度和美誉度。

（3）做好与旅行社、代售点、宾馆酒店之间的沟通，可以及时把握市场动向。

（4）做好与竞争对手的沟通，避免恶性竞争，形成产业联盟。

（5）做好与消费者的沟通，在消费者心中树立了良好的企业形象，就不用担心产品和服务销不出去。

（6）做好与员工家属的沟通，员工会更有向心力。

任务二　高速铁路客运服务人员与同行的沟通

一、高速铁路客运服务人员与同行沟通的解读

沟通是人与人之间、人与群体之间思想与感情的传递和反馈的过程，以求思想达成一致和感情的共鸣。高速铁路客运服务人员作为铁路（高铁）行业基层工作人员，时时处处离不开各种沟通，其中与同行的沟通尤为重要。

同行这个概念比较大，从字面上理解为相同行业。本书认为同行即相同行业相同岗位的人。

高速铁路客运服务人员与同行沟通要诚信、热情、开朗，要用心去交流，只有将心比心，才能顺畅沟通。

二、高速铁路客运服务人员与同行沟通的注意事项

高速铁路客运服务人员与其他班组人员的沟通，要承担“灰色地带”的责任，不论班组之间的权限怎样清晰地划分，都可能存在一些被遗漏或是难以界定的地带，各班组可管可不管，这便是所谓的“灰色地带”，这样的情况常常关乎各班组的利益，因此，主动去处理这些事情，一定会利人利己；跟踪到底，在班组配合工作中，当对方接受了你提出的要求后，必须时刻跟踪进展，不要等到最后才发现他们做的不是你想要的，或者是做得太慢。换位思考，这条人际交往的基本做法在与同行的沟通中也同样适用。要真诚合作、互相配合，关心体贴、互相理解，互相监督、建立友谊。

要丰富高速铁路客运服务专业的知识及相关专业的知识，这样才有和同行交流的基础，

不然的话，与同行找共同话题都很难。我们经常讲一句话：人脉就是资源！当今社会，是个沟通型的社会。尤其是高速铁路客运服务人员必须学会沟通才能不断地积累自己的人脉资源，在工作中实现有效的沟通。在高速铁路客运服务工作中，沟通的对象不同，他们的学识、修养、经历、地位也不同。每个人都有同行，交往对象不同，我们的位置会随之变化。生活中，我们发现有些人交往是有层次的，他们只愿意结交和自己社会地位相当的人或是感兴趣的人；有些人交往是没有层次的，三教九流各色人等都交往。我们经常讲一句话：与谁同行，将决定你能走多远，走多快！所以，结交比自己优秀的人，我们能力会更快地提升，发展的机会也会更多，平台也会更大！

小分享

结识同行中的优秀人物

一、尊重对方，严谨有致

与同行发展友情，首先要准确把握双方关系，给其以相应位置，充分表现出对同行的尊重。这是对双方关系的确认和定位，也是对对方被尊重愿望的满足。细节决定成败！很多细小的事情可以看出一个人的品行和能力，所以我们要学会在细节上做到规范。

二、切忌奉承，不卑不亢

与同行沟通要有原则。如果不顾原则，另有目的，人格沦丧，不知廉耻，对同行尤其是前辈就会表现出阿谀奉承来。这表面上看似尊重对方，其实它与尊重是有本质区别的。阿谀奉承，虚情假意，夸大其词，别有用心，只能让尊贵者反感、嫌恶、痛恨。本来可以建立友情，但因双方失去真情而无法发展下去。当然，个别人好大喜功，乐于听奉承话，对于这样的同行来说，我们要张弛有度，把握分寸，不卑不亢，既尊重对方又尊重自己。

三、态度自然，不必拘谨

分量重的人无论地位，还是阅历、学识，都高我们一筹。与他们交往，常令我们肃然起敬。作为平常人，尤其是未见过世面的青年人，在这种情况下往往显得动作走形，语无伦次。其实尊贵者也是我们平等的交际对象，我们一方面要尊重对方，另一方面也要立足于自己，守住方寸，保持本色，进行自然而正常的交往，不必拘谨。平等交往能显示自己的交际魅力，会赢得对方的认可和尊重，尊贵者也会乐意与我们发展友情。有些有才华求上进的青年人，遇到一些德高望重的前辈总是显得太拘谨，甚至是一副窝窝囊囊、畏畏缩缩的样子，这样很难获得对方的欣赏。

四、学会配合，不可狂妄

我们要积极支持别人，热情配合同行，这不仅不会损害自己的“身价”，相反会取得同行的信任。如果不能摆正这层关系，常不恰当地显示自己的能耐，抖弄自己的才华，以至背弃、排挤同行，则往往会适得其反。

五、主动真诚，做出姿态

同行前辈一般不会主动与我们交往，而作为平常人，身份在下，地位比其低，自然要主动积极，充满真诚，先迈出一步，做出友好的姿态，这是尊长敬上的美德，也是交际的惯例。

六、求助求教，接受呵护

同行团结是力量的象征，所以要接受并求得同行呵护。寻求呵护，一要尊重同行，二要适度，不可仰仗、依附。

七、有意识地展示自己独特的才华

在社交场合中，有些分量重的人虽然身份比较高，但是他们也喜欢有才华、有闯劲的人。所以在社交场合，偶尔显示一下自己某方面的特殊才能，也能让别人对你刮目相看，能够记住你的名字，下次再交往时对方往往对你印象特别深刻，交流就更流畅了。当然，展示自己的独特才华一定要注意时机和氛围，要顺势展示，不可张扬。

八、培养和对方一样的兴趣

如果想结交同行，比较好的方法是培养和其一样的兴趣爱好，这样能够找到共同的话题，而且可以聊得更深入些，让对方有“知音”的感觉，这样深入沟通就非常容易了。

九、把自己也想象成成功者

交际是平等的沟通，但是由于紧张恐惧，或是心态没有端正，或是急于表现自己、急于求成，反而造成了不平等的沟通，让自己甘拜下风，结果沟通达不到理想的效果。所以，我们要“假戏真做”，要学会把自己想象成成功者，用成功者的方法和思维指导自己的行为模式，用平常的心态对待分量重的人，从容、自然地沟通，不卑不亢，有理有度，这样沟通才能成功。因为沟通有时会有隔阂，所以我们要有意识地培养成功者的沟通习惯，目光、声音、肢体语言、用词、思路等都要有成功者的感觉；不要在乎现在的位置，要敢于看到未来的自己。

任务三　高速铁路客运服务人员应急沟通与危机公关

一、应急

“应急”：应对突然发生的需要紧急处理的事件。其中包含了两层含义：客观上，事件是突然发生的；主观上，需要紧急处理这种事件。

突然发生的需要紧急处置的事件通常被人们简称为“紧急事件”，或者“突发事件”。

应急实施过程如图 6–1 所示。

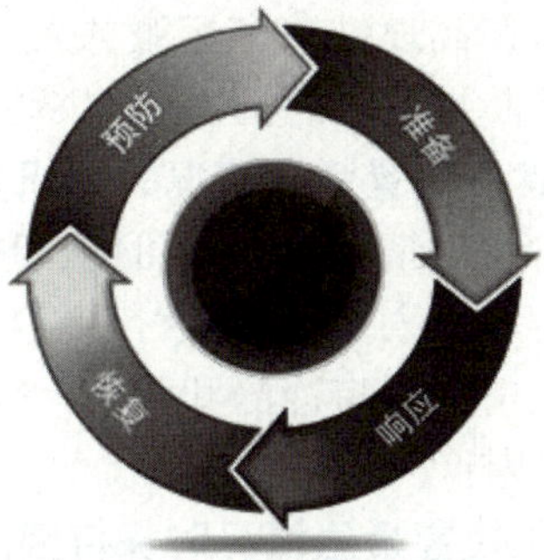

图 6–1　应急实施过程

“应急”应回答以下几个问题。

（1）由哪些人来应对？

（2）可能出现哪些种类的突发事件？

（3）突发事件严重程度如何划分？

（4）突发事件过程如何划分？

（5）在突发事件各个过程应如何应对？

二、提高高速铁路客运服务人员应急处置沟通能力

无论是在每年春运期间还是在日常铁路旅客运输过程中，安全都是人们最为关心的永恒主题，这就要求我们对列车突发的应急事件有充分的思想准备和心理准备，并有充分的认识和有效的应对措施，因为对列车应急事件的处置，直接关系到旅客的生命安全和国家财产安全。及时上报，认真反馈是应急处置沟通应遵循的原则。

1. 高速铁路客运服务人员要具备处置紧急情况的业务素质

面对突发的紧急情况和应急事件，高速铁路客运服务人员必须具备处置应急事件的业务素质。这就要求每一名高速铁路客运服务人员熟悉列车车厢内的安全设施，以及安全结构设计，尤其是有关应急设备，必须做到熟练掌握灭火器的使用方法，熟悉各种应急和突发事件的处置预案，一旦列车上发生紧急情况，唯有熟练的操作才会给旅客的安全撤离争取宝贵的时间。此外，高速铁路客运服务人员还要有较强的沟通能力和组织能力，通过口语表述、肢体语言、表情语言等，积极主动地向旅客宣传乘坐高速铁路列车的安全常识和应急处置逃生措施，使旅客明确和了解紧急情况发生后的处置程序。

2. 高速铁路客运服务人员要具备处置紧急情况的心理素质

作为一名高速铁路客运服务人员，首先要具备在紧急情况下保持清醒、镇定、沉着、冷静的心理素质，这是高速铁路客运服务人员能否对紧急情况做出准确判断，以及能否迅速采取果断行动的重要前提。这种心理素质外化出来的沉着冷静的表情和有条不紊的处置手段、口令等，不仅能够让旅客得到安抚，还能够使旅客更好地配合高速铁路客运服务人员做好紧急疏导工作，这一点也是确保在紧急情况下做好人员安全转移的重要前提。

3. 高速铁路客运服务人员要具备处置紧急情况的决断能力

列车上一旦发生紧急情况，高速铁路客运服务人员除要保持沉着冷静的心态之外，还应当很好地结合自身所掌握的常识和业务知识，迅速对突发事件做出判断，并在此基础上确定应当采取的处置措施。因为在最危险的时刻，高速铁路客运服务人员就是事件现场的总指挥，旅客此时的希望很大程度上都寄托在高速铁路客运服务人员身上。高速铁路客运服务人员要为旅客做出表率，这需要其具备果断处置紧急情况的决断能力。

4. 高速铁路客运服务人员要具备处置紧急情况的组织能力

一旦在列车上发生意想不到的紧急情况，很有可能出现车厢内旅客的躁动、混乱、惊恐和不知所措。此时，高速铁路客运服务人员就要及时转换自己的角色，改温和的微笑为镇定的指挥，不但要组织好旅客，使其情绪保持冷静和稳定，还要保持车厢内的秩序井然有序，在紧急情况发生后确保旅客的生命财产安全。

5. 高速铁路客运服务人员要在处置紧急情况时保持团队精神

高速铁路客运服务人员能否在紧急情况发生时，与其他工作人员步调一致、协同作战、

有效处置，对应急事件的处置起着至关重要的作用。紧急情况发生后，每一名高速铁路客运服务人员都应清楚自己所处的位置，以及应当履行怎样的职责，大家只有相互配合，相互帮助、相互协作，才能保证应急处置的高效率；否则，各自为战，互不通气，最终将有可能造成更大的损失。

三、高速铁路危机公关

1. 高速铁路企业危机

高速铁路企业危机是指意想不到的、危及高速铁路企业财产和名誉的重大事件。高速铁路企业运用公关手段，处理高速铁路企业危机的过程被称为高速铁路企业危机公关。高速铁路企业危机的原因与类型很多，常见的有服务瑕疵型危机、事故赔偿纠纷型危机、管理不良型危机、反宣传事件型危机、责任事故（重大伤亡）型危机，等等。

2. 高速铁路企业危机的特点

高速铁路企业危机一般有以下特点。

1）突发性

高速铁路企业危机常常在高速铁路企业毫无准备的情况下瞬间发生，它会带来极大的混乱和恐慌。如 2011 年的甬温线动车追尾事故，对高速铁路企业、高速铁路客运服务人员和旅客都是完全出乎意料的。

2）严重危害性

危机不仅给高速铁路企业带来巨大损失，而且很可能给公众带来恐慌，造成旅客伤亡，给社会造成直接经济损失。

3）扩散性

危机常常成为社会舆论关注的“热点”和“焦点”，它更是新闻媒体报道的最佳“新闻素材”，有时甚至牵动公众的“神经”。

“好事不出门，坏事传千里”，一个负面消息的传播足以抵消千百篇正面的报道。

正是由于高速铁路企业危机易扩散的特征及受舆论关注的特性，作为企业的新闻官员在整个危机处理的过程中扮演着重要的危机传播控制者的角色。

3. 高速铁路企业危机公关方法

高速铁路企业危机公关，最重要的环节就是新闻发布。

在进行危机公关时，召开新闻发布会或记者招待会是一个很好的方式。第一，它以面对面的方式和公众和传媒进行双向的沟通，是真诚面对公众的形式。第二，在一个集中的时间内向媒体说明情况，可以缓解新闻媒体、公众询问的压力。第三，它有助于媒体将企业真正地视为信息来源的主要渠道，从而以企业可以控制的信息填补信息“真空”，防止失实信息的产生与扩散，使企业掌握传播的主动权。

当然，在危机的处理中，召开新闻发布会或记者招待会，比起企业在平时召开新闻发布会会有所不同，也要难得多。企业要面对媒体和公众的质询，有时甚至是恶意的刁难。

4. 危机期间高速铁路客运服务人员的媒体沟通技巧

危机出现后，借助新闻媒体，高速铁路企业通过发布和危机有关的信息，尽量减少损失，及早防止事件向不利方向发展，稳定受害人员及家属的情绪。

应对新闻媒体是指高速铁路企业接受媒体采访、提问等。应对媒体的目的是统一信息口径，善待新闻界代表，防止不利于高速铁路企业危机处理的报道。与没有危机情况的新闻发布会比较，危机公关新闻发布会侧重于媒体关系的协调沟通及信息的主动控制。

1）危机期间进行媒体沟通的必要性

（1）记者可能已经聚集在事故现场或者高速铁路企业办公地点外，要求获得更多的信息或要求进行采访。

（2）与媒体沟通会为高速铁路企业提供一个很好的机会，可对所发生的事故做出评述，并使媒体真正了解事故的情况及高速铁路企业正在采取何种弥补损失的措施。

（3）高速铁路企业与媒体沟通，向社会传达道歉和遗憾态度。

（4）举行新闻发布会最重要的是可以帮助高速铁路企业把握主动权并直接控制与事故有关的信息的发布。

2）高速铁路企业与媒体沟通的准备工作

危机发生后，一旦确定与媒体沟通的时间，就要尽早通知，同时要迅速做好有关的准备工作。相关的准备工作如下。

（1）确定沟通时长。在危机期间，与媒体沟通的时间应在 20 分钟以上，45 分钟以内。如果时间过短，会令会议的价值受损并使媒体不满。

（2）准备好真实、准确的新闻稿。

（3）准备好与危机事件有关的背景资料。如果来不及准备危机事件的背景资料，可以将高速铁路企业的介绍、历史发展等资料提供给参会记者。

（4）准备好会议中需要展示并介绍的图片、模型、表格等。

（5）准备好记者有可能提出的问题的答案。

（6）准备好会议需要的设备和记者发送信息使用的设备，如扩音设备、传真机、电话、电子计算机、复印机、电源等。

（7）为记者提供相关生活保障。

（8）做好其他准备工作，如熟悉媒体日常工作时间等。

3）对与媒体沟通人员的要求

危机期间，沟通人员是高速铁路企业的信息发布员，是高铁企业的正式代表。由于要面对镜头，应该衣着整洁，精神焕发，冷静沉着，表达得当，稳重端正。危机期间对沟通人员的要求如下。

（1）必须接受过专业培训。

（2）尽可能向媒体提供充分信息。即使不是很了解重大事件的始末，沟通人员也可以向媒体人员提供有用的背景资料，这有助于获得记者好感。

（3）应尽早确定和媒体相处的策略，并通知所有高速铁路企业高层领导。

（4）面对媒体，高速铁路企业应当尽量争取各种可能的帮助，以处理好各种问题和多方面的关系。

（5）掌握整体情况，这样才能答复媒体人员的提问。

（6）充分运用事先准备的资料。面对媒体人员时，应灵活利用地图、照片、表格等辅助资料说明事件发生的始末。

（7）应遵守对媒体做出的承诺。

（8）获得信息后应尽早告知媒体，即使是片段的信息。

4）危机期间与媒体沟通的“八不要”

（1）不要推测危机的结果，特别是伤亡人员的数量。

（2）不要使用行话，以免媒体人员听不懂，而花费很多时间去解释。

（3）不要刻意推卸责任。

（4）不要发布不准确的消息。

（5）不要要求媒体人员一定要刊登什么，一定不要刊登什么。

（6）不要抱怨高速铁路企业领导及同事如何。

（7）不要指责临阵退缩的同事。

（8）如果高速铁路企业没有什么可以隐瞒的，不要轻易采取低姿态。

5）高速铁路与媒体沟通后的善后工作

（1）报道与事实不一致时，应及时指出并要求更正。

（2）利用危机处理过程中的一些积极因素或结果，创造新闻由头，再次吸引新闻媒体来报道。

（3）危机基本结束之后的新闻报道，主要是给公众形成一个良好的形象，同时高速铁路企业可以采取一系列对社会负责的行为，以增强公众对高速铁路企业的信任。

任务四　新闻发布会

一、新闻发布会的概念

1. 新闻发布会

新闻发布会是现代新闻发布活动的典型形式，新闻发布会是政府或某个社会组织定期、不定期或临时举办的信息和新闻发布活动，直接向新闻界发布政府政策或组织信息，解释政府或组织的重大政策和事件。高速铁路新闻发布会是指高速铁路企业进行信息传播，对外发布重大事件，解释说明相关事件而举行的重大新闻发布活动。高速铁路新闻发布会是高速铁路企业树立企业形象的重要载体。

2. 高速铁路新闻发布会

高速铁路新闻发布会有正规的形式，须符合一定的规程，根据发布会所发布的内容精心选择召开的时间和地点；邀请记者、新闻界（媒体）负责人、行业部门主管、各协作单位代表及政府官员参加；实现了时间集中、人员集中、媒体集中，通过报刊、电视、广播、网站等大众传播手段的集中发布，迅速将信息扩散给公众。高速铁路新闻发布会通常由高速铁路企业确定的新闻发言人自己主持，即新闻发言人承担发布会活动中的新闻发布、邀请记者提问、回答问题等所有环节的工作。高铁新闻发布会的基本程序是先由发言人发布新闻，然后再回答记者提问。

二、高速铁路新闻发布会的时机与主题

（1）恰当的时机：事件前一个月或两个月左右，如春运工作 12 月 5 日召开，10 月中旬

召开新闻发布会。

（2）合适的主题：主题应集中、单一，不能同时发布几个不相关的信息。

小分享

新闻发布会与记者招待会的区别

新闻发布会，也有人把它叫记者招待会，其实这两者是有区别的。新闻发布会侧重于发布新闻，如企业作出了某项重要的决策、研制生产了某种新产品或推出了某项对社会有重要影响的革新项目。企业若想通过大众媒介把这些信息广泛地传播出去，就可以举办新闻发布会。

记者招待会则有所不同，它不一定是有新闻要发布，它的主要目的是和新闻媒介、公众进行沟通。任何企业在与社会各界的交往中，都会遇到很多错综复杂的问题，如本单位与外单位发生了法律纠纷，企业受到了公众的批评、受到了社会舆论的谴责、受到了新闻媒介的公开指责、受到了某一其他社会组织的指责等。当这些问题发生之后，企业为了挽回影响并争取舆论界的支持，就有必要召开记者招待会。

三、新闻发布会发言人

代表高速铁路企业形象的高速铁路企业新闻发言人对公众的认知会产生重大影响。如其表现不佳，高速铁路企业的形象无疑也会令人不悦。

高速铁路企业新闻发言人一般应具备以下条件。

（1）高速铁路企业新闻发言人应该在高速铁路企业身居要职，有权代表企业讲话。

（2）高速铁路企业新闻发言人应具有良好的外形和表达能力。高速铁路企业新闻发言人的知识面要丰富，要有优秀的语言表达能力。

（3）高速铁路企业新闻发言人要有执行原定新闻发布计划并加以灵活调整的能力。

（4）高速铁路企业新闻发言人要有现场调控能力，可以充分控制和调动新闻发布会现场的气氛。

小分享

新闻发布会中的注意事项

（1）新闻发布会在进行过程中，应始终围绕着会议主题进行。例如，当记者的提问离主题太远时，发言人要通过回答问题将话题引到会议的主题上来。

（2）对于不愿发表和透露的内容，应委婉地向记者作出解释，记者一般会尊重，不可以“我不清楚”或“这是保密的问题”来简单处理。

（3）遇到回答不了的问题时，应告诉记者获得圆满答案的途径，不可不计后果地随意说“无可奉告”或“没什么好解释的”，这会引起记者的不满和反感。

（4）不要随便打断或阻止记者的发言和提问。即使记者带有很强的偏见或进行挑衅性发言，也不要激动和失态，说话应有涵养，切不可拍案而起，针锋相对地进行反驳。

高速铁路企业新闻发布会工作人员必须注意对待记者的态度，接待质量将直接关系到发布消息的成败。与新闻界合作应以“真诚、主动”为方针，切不可因为高速铁路企业在社会上有了一定的声誉就趾高气扬，认为记者有求于己。对记者的接待，不论以何种方式，相关工作人员都必须时刻牢记记者的双重性。首先，作为人，记者希望接待人员对他尊重、热情，并了解他的姓名，供职的单位甚至他的作品；其次，作为专业人士，记者希望给他提供工作的便利，应尽量满足他们的合理要求。

项目七
熟练运用客运服务“沟通技巧”

项目导语

旅客出行选择的多元化对铁路客运服务水平提出了更高的要求，铁路旅客运输的服务内容有了质的飞跃。列车有终点，服务无止境，只有根据旅客的需求提供更加精细化、人性化的服务，才能大幅度提升铁路旅客运输的竞争力。

在高速铁路客运服务工作中，语言与沟通技巧会直接影响客运服务工作的质量。熟练运用语言与沟通技巧，既是开展高速铁路客运服务工作的需要，也体现出一个人的思想、道德和修养水平。高速铁路客运服务人员对旅客说话必须注意语言的规范性、礼节性、完整性、准确性、逻辑性、策略性，说话的声调要温和、亲切、谦逊。

对高速铁路客运服务人员来说，掌握良好的语言礼仪是实现优质服务的必备条件之一。“良言一句三冬暖，恶语伤人六月寒”，高速铁路客运服务人员更应该准确掌握规范的语言与沟通礼仪。随着大数据时代的来临，自媒体的蓬勃发展，语言与沟通的失误可能会成为负面信息的源头，进而影响铁路的声誉。优雅的举止、文明的语言、和蔼的态度能使旅客心情舒畅，即使出现分歧，通过温和、文雅、彬彬有礼的语言，也可以避免冲突的发生，从而树立铁路部门良好的企业形象。

知识点

- 客运服务工作中语言与沟通技巧的运用原则
- 客运服务工作中语言表达方式和技巧
- 客运服务工作一般规范用语
- 客运服务接触点语言与沟通规范

技能目标

- 了解客运服务工作中语言与沟通技巧的运用原则
- 掌握客运服务工作中语言的表达方式和技巧

- 熟练运用客运服务工作一般规范用语
- 熟练运用客运服务接触点语言与沟通规范

引导案例

因暴雨列车晚点十小时 乘务人员及时沟通抚平旅客情绪

鲁网淄博6月20日讯（记者 齐征 通讯员 杨实生）2016年6月17日由昆明开往烟台的K875次列车，由于列车经过贵州境内时，遭遇了强降雨，致使山体滑坡，列车在玉屏站停留了8个多小时。

面对突如其来的情况，列车长诚恳地向旅客道歉，平息了旅客的不安心理和不满情绪。列车长及时地向旅客讲清楚了晚点的原因，有一说一，有二说二，不遮遮掩掩，不推脱责任。

列车工作人员与有关部门保持沟通和联系，当得知列车恢复运行的消息后，在第一时间通知旅客。妥善解决好因晚点给旅客旅行生活带来的不便，千方百计为旅客解决困难，保证每一名旅客能喝上水，吃上饭，让旅客切身感受到了人民铁路的温暖。正因为工作人员深入细致的工作，才得到了旅客的支持和理解，使列车安全地到达了目的地烟台站，在这里为辛勤工作的列车工作人员点赞。

案例分析：

语言与沟通技巧是客运服务工作岗位的必备技能，其有特殊的运用原则与规范，只有遵循运用原则，符合相关规范，才能实现良好的沟通效果。

本项目知识结构导图

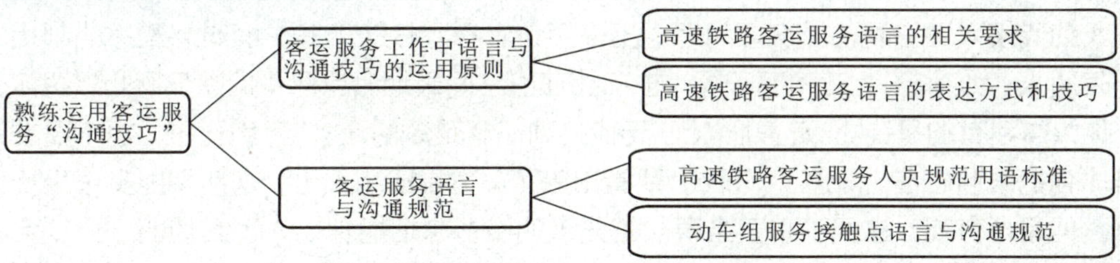

思政课堂

通过列车长的“沟通之心”体会“沟通技巧”的真谛

我国当代作家麦家说：“人生是个圆，有的人走了一辈子，也没走出命运画出的圆圈，他就是不知道，圆上的每一个切点都有一条腾飞的切线。”

一位俊俏的姑娘也曾在这个圆圈走了很久，但是在她 32 岁的时候，很快找到了那个属于她的切点，于是飞出一条靓丽的切线。她叫赵雅冰，1995 年，她成为郑州客运段一名列车员，在 2012 年 7 月，她担任列车长后，终于找到了自己人生的切点，她被旅客称为“最美丽高姐”，被媒体称为京广线上最有内涵的高铁列车长。

赵雅冰，一米六八的身高，美丽的容貌，高雅的气质，但是熟悉她的人都知道她不是以美貌来取悦，而是以真诚的服务、良好的沟通技巧来感动每一名旅客。赵雅冰深知做好一名高铁乘务员，并不是件轻松的事，不仅需要热心、细心、耐心，还需要有“沟通之心”。

某年春运，她值乘的高铁因大雪影响晚点一个多小时，旅客纷纷抱怨：“这是高铁速度吗？对得起这么贵的票价吗？”面对情绪激动的旅客，她心里的委屈不言而喻，眼泪在眼眶里直打转。她退后一步，深深地给旅客鞠躬，就在她弯下腰的那一瞬间，她咽下委屈的泪水，诚恳地说：“各位旅客，对不起。车晚点这么久，你们的心情我能理解，换我也会急，但这是天灾，都没有办法，我们也想安全正点把大家送到目的地呀。”刹那间，车厢立刻安静了，旅客的怨气化解了。

一次，她在调整行李时，被旅客抱怨。她满面笑容：“先生，把您的箱子拿下来是因为有安全隐患，将您的背包包底翻过来，是因为背包开口在里面比较安全，您睡得也才能安心啊。消消气，都怪我宣传工作没做到位，让您误会了。”

一次，赵雅冰在值乘中，司机通知她 7 车烟雾报警器报警了，她立刻赶到 7 车厢空间比较大的残疾人卫生间，3 次敲门后，出来两位满身酒气的男子，面对赵雅冰的制止，男子盛气凌人：“你们不让在车厢吸烟，也不让在卫生间吸烟，想把我们憋死呀！想罚你就罚吧，你大哥我有的是钱。”说着把 100 元钱扔到了赵雅冰脸上：“不用找了，也不要发票。”赵雅冰强把眼泪忍住，说道：“先生，我看出来了，你是成功人士，欢迎您能多乘坐我们的高铁，但是再有钱，也买不来安全呀。越先进的设备越怕烟雾，为了我们的人身安全，为了自己家庭的幸福美满，请配合我们的工作好吗？”两名男子一听安全和家庭几个柔软的字眼，立刻低下了头。

（改编自新华网 2015 年 9 月 6 日文章《“最美铁路人”系列报道之列车长赵雅冰：一条靓丽腾飞的切线》）

知识点击

任务一 客运服务工作中语言与沟通技巧的运用原则

一、高速铁路客运服务语言的相关要求

在高速铁路列车运行过程中，高速铁路客运服务人员遵循“无干扰”的服务理念。标准化服务是铁路的特色，“无干扰”服务是旅客的需要。为了保证旅客运输的服务质量，铁路部门长期执行的是标准化作业，“无干扰”服务理念在做到“无需求无打扰”的同时，更要注意做到在旅客有需求时能及时提供相应的服务。高速铁路列车推行“四轻、三动”的无干扰服务法，“四轻”为说话轻、走路轻、动作轻、开关门轻；“三动”为旅客坐我勤动、旅客静我少动、旅客睡我轻动。

中国是一个地域辽阔面积巨大的国家，“十里不同音，百里不同语”，乘车的旅客来自天南海北，为此，在为旅客服务时必须使用标准普通话与旅客进行沟通和交流。在工作中，应遵循以下基本要求。

1. 服务用语要文明规范

高速铁路客运服务人员在讲好标准普通话的基础上，要讲究语言礼仪，重视语言艺术的学习和应用，做到口齿伶俐、吐字清晰、语言简练、自然大方、声音柔和、语调平稳、谈吐文雅，从而为旅客提供优质的服务。熟练运用热情洋溢的迎宾语、提示旅客注意的关切语、调节车厢气氛的幽默语、要求旅客配合的敬请语，才能凸显一名合格高速铁路客运服务人员的服务才能。

（1）对旅客要做到勤为主、话当先，服务中要有“五声”（见到旅客有“迎声”；旅客询问有“答声”；旅客协助有“谢声”；服务不周有“歉声”；旅客离开有“送声”）。

（2）遇到旅客要面带微笑，主动向旅客问好、打招呼。切忌用“喂”来招呼旅客。

（3）接待旅客时要用礼貌的语言向旅客表示问候和关心，应当“请”字当头，“谢”字不离口，表现出对旅客的尊重。

（4）与旅客对话时应该保持 1m 左右的距离，讲话时应态度和蔼，语言亲切、自然，表达得体准确，音量适中，以对方听得清楚为宜。回答旅客问题要迅速、准确。

（5）对于旅客的无理要求，要能沉住气，耐心解释，婉言谢绝。当旅客表示感谢时，应微笑、谦逊地回答：“不用谢，您太客气了！”，在行走过程中遇有旅客问话时，应停下脚步，认真回答。

（6）要恰当地使用礼貌用语，常用礼貌用语如下。

① 十字文明敬语：“请”“您好”“对不起”“谢谢”“再见”。

② 称呼语：“先生”“女士”“夫人”“同志”“叔叔”“阿姨”“小朋友”“那位先生”“这位女士”等。

③ 欢迎语："欢迎您乘坐本次列车""祝您旅途愉快"等。

④ 问候语："您好""早上好""中午好""晚上好""晚安"等。

⑤ 告别语："再见""祝您一路顺风""欢迎您再次乘坐本次列车"等。

⑥ 道歉语："抱歉""请原谅""失礼了""让您久等了""谢谢您的提醒""真是对不起"等。

⑦ 道谢语："谢谢""非常感谢"等。

⑧ 应答语："是的""好的""我明白了""这是我应该做的""不必客气，照顾不周的地方请多多包涵"等。

⑨ 征询语："请问您有什么需要帮忙的吗？""需要我帮您做些什么吗？""您还有其他需要吗？"等。

⑩ 满足旅客需要时的礼貌用语："当然可以""我马上送来"，等等。

⑪ 不能满足旅客需求时的抱歉语："很抱歉，没能帮到您""很遗憾，您提出的要求是可以理解的，请让我们考虑一下，我们尽力而为""对不起，我们的××已经用完，请您选用××可以吗？""非常抱歉，我们这里没有××"，等等。

⑫ 处理错误、过失时的礼貌用语："很抱歉，可能出了点问题，实在对不起，我马上去查明情况，给您一个满意的答复"，等等。

2. 言语要有礼有节

高速铁路客运服务人员与旅客说话时应做到"十要十不要"。

（1）要生动亲切，不要干涩死板。

（2）要谦虚诚恳，不要傲慢矜持。

（3）要注意对象，不要不讲分寸。

（4）要注意场合，不要随意乱说。

（5）要委婉灵活，不要简单生硬。

（6）要吐字清晰，不要含糊吞吐。

（7）要沉着大方，不要过分拘谨。

（8）要音调柔和，不要过高过低。

（9）要语速平稳，不要过快过慢。

（10）要自信有礼，不要卑躬屈膝。

3. 热情、周到要适度

热情、周到的服务必须把握好尺度。例如：迎接旅客上车时，应该适当帮助旅客提行李或者照顾小孩上车，做到轻拿轻放，力量适度，以免损坏行李、撞伤旅客，引起旅客的不满或投诉。另外在扶老携幼和整理行李时一定要事先征询旅客的意见，不能自作主张，随意挪动，以免引起旅客的不满。

4. 面对旅客投诉要冷静

在客运服务工作中被旅客投诉是难免的。在接待旅客投诉时，高速铁路客运服务人员最需要做的是冷静、耐心，认真倾听，不和旅客争辩，即便是旅客的不对，也要控制自己的情绪，做到"礼让三分"，用心倾听旅客所讲的话，在旅客把话说完之前，不要随意打断旅客。也不要有任何心不在焉、不耐烦的表情。对于没听清楚的地方要礼貌地请旅客重复一遍，以便了解事实真相，恰当处理。

二、高速铁路客运服务语言的表达方式和技巧

有声语言是指服务人员的口头服务用语，在为旅客服务的过程中，高速铁路客运服务人员使用服务语言要恰当，过于生硬的语言会引起旅客的反感或者逆反情绪。所以在进行语言表达时，应当注意表达方式和技巧。

1. 征求式语气

征求式语气是高速铁路客运服务人员在服务工作中最常用到的，常用于需要旅客配合工作等情况。例如“您好，我能帮您把行李安置到行李架上吗？”在向旅客提出要求时，高速铁路客运服务人员用征求旅客意见的口气去询问，询问时要灵活机动，语气温柔和蔼，让旅客感觉自己得到了应有的尊重，旅客自然会配合高速铁路客运服务人员开展工作。

2. 商讨式语气

商讨式语气是高速铁路客运服务人员在进行沟通协调时经常用到的一种交谈方式。如“如果您方便的话，能不能与后排的一位旅客换一下座位？”。商量的语气让旅客得到了充分的尊重，并乐于配合或协助完成一项工作。在使用商讨式语气交谈时，一定要注意意思的表达，避免让旅客理解为“他重要，我就不重要”，应先肯定商讨的对象，然后再提出需要商讨的问题，并要让旅客受到尊重的同时觉得自己也做了件助人为乐的好事。

3. 委婉式语气

高速铁路客运服务人员在服务过程中，常会遇见一些不能直面解答的问题，对于此类问题，可用委婉式语气与旅客交谈。如“请您原谅，安全锤是在紧急情况下才能使用的，所以请您不要随意玩耍”。对于无理取闹的旅客，高速铁路客运服务人员要有足够的耐心，用委婉的语气对其进行劝导。

4. 恳求式语气

恳求式语气一般用于高速铁路客运服务人员处于弱势时，通过恳求的语言“以情动人”，瓦解对方攻势，缓和对方的情绪。

作为一名高速铁路客运服务人员，要有会正确处理人际关系的能力和讲究语言艺术的能力，除了注意表达方式之外，还必须讲究语言服务技巧。

旅客经常会问许多问题，有时高速铁路客运服务人员也需要向旅客进行说服工作，例如铁路规章的解释、铁路旅行常识的介绍、旅客不文明行为的纠正，等等。说服，是以求得对方的理解和行动转化为目的的对话活动。首先要有真诚、尊重的态度，表明自己所述是真实可信的，并引出话题，让对方多发表意见，自己少讲，随时利用语调和手势表示赞同，配合对方所流露出的情绪，做出符合对方的适当反应，使谈话能顺利展开。针对听者的基本素质状况、所处的地位、当时的心态，接受能力来进行沟通，这样就能做到说话得体，容易产生共鸣，令人接受，使人理解。在工作当中，向旅客发问要注意发问的目的和内容，要考虑对方是否能够回答你提出的问题和愿意回答你提出的问题，因此要观察旅客的表情、反应、确定发问的内容和方式。

旅客由于不熟悉铁路规章或者不小心，或者缺乏自觉性，产生某些过失行为，是难免的，如果当着大家的面批评他，很容易伤害旅客的自尊心使其难堪，产生不愉快进而发生纠纷。所以，不论是回答旅客的提问还是纠正旅客的不雅行为，都要有礼貌，讲道理，巧用婉转、含蓄的语言进行回答，避免因直言快语引起失敬和失和。解释铁路规章的出发点还是要为旅

客服务，而不是用铁路规章来束缚旅客。反驳不用粗话，自卫不带谩骂，要出言机智，有礼有节，使旅客心悦诚服。

小案例

一次特殊的乘车体验

4月2日，重庆开往广州的列车由于待避其他列车，在中途停车等待。由于天气闷热，列车上的气氛立即变得非常憋闷，有些旅客按捺不住着急的心情，开始抱怨起来，甚至有的旅客骂骂咧咧。如果遇到这种情况，应该怎样处理？

经验丰富的列车长小王预计等待的时间不会很短，如果让旅客单调无聊地等下去可能会引发矛盾。这时她灵机一动，立即召集所有列车员开会，希望通过和旅客良好的沟通化解矛盾，列车员们积极响应号召，开始出谋划策。随后，小王带领组员们尝试着用更人性化、更互动的方式与旅客们进行沟通，真诚主动地关注旅客的感受和需求。首先，列车组真诚面对旅客，如实地告知旅客列车临时停车的原因及等待时间，回答每位旅客的问题。小王特意打破常规，没有用严谨格式的语言广播信息，而是用平实、通俗的语言如拉家常一样地向旅客及时地通报最新的信息，解释延误原因，此举立刻拉近了乘务组和旅客之间的距离，赢得了旅客的理解。而后乘务组即兴在列车上开展了一个小活动，请旅客品尝列车员调制的“自助饮料”，并猜出是由哪几种果汁混合而成的。旅客表现出极大的兴趣和参与的热情，枯燥无聊的等待立刻变得精彩纷呈，有单独品尝的，也有和朋友、家人一起喝一起猜的，获得奖品的旅客还兴致勃勃地表演了小节目。漫长的等待时间就在一片欢声笑语中悄悄溜走了。列车长通知还有5分钟列车就要重新开动时，旅客才意识到他们在列车上等了近3个小时了。当乘务组向旅客们表达真诚的谢意时，列车里早已是掌声一片！

任务二　客运服务语言与沟通规范

一、高速铁路客运服务人员规范用语标准

1. 查验车票用语

需要查验车票时可以对旅客说：“您好，请出示您的车票。”

对持有效票证的旅客，查验后应说：“谢谢！请收好。”

2. 温馨提示用语

开、关车门时说：“列车就要开车了，站在车门附近的旅客，请到车厢里边按席位就座，车门即将关闭，请不要倚靠车门，注意安全。”

向旅客进行防盗提示时说：“各位旅客，请看管好随身携带的贵重物品，防止丢失。”

3. 车门立岗时标准用语

在车门立岗迎接旅客上车时说：“您好，欢迎乘车。”

遇雨、雪天气时说：“您好，欢迎乘车，请注意脚下。”

旅客携带行李较大时说：“您好，为了方便您下车，大件行李请放置在车厢两端大件行李存放处，谢谢配合。”

在车门立岗送别旅客时说：“再见，欢迎您再次乘坐本次列车（感谢您选乘动车组列车旅行，期待与您再次相逢）。”

4. 途中作业时标准用语

制止旅客吸烟时说：“您好，请不要在动车组列车任何区域吸烟，感谢您的合作！”

整理行李架时说：“您好，为了确保安全，避免行李掉落，砸伤周围旅客，我帮您调整一下行李。”

制止衣帽钩挂包（小茶桌放重物）时说：“您好，衣帽钩（小茶桌）承重有限，为了避免发生意外，请您将物品放在行李架上。”

制止儿童在车厢内跑动时说：“请您照顾好您的孩子，不要让孩子在车厢内跑动，以免发生意外。”

为旅客更换清洁袋时说：“您好，为您更换一下清洁袋。”

收取杂物时说：“您好，请问这个您还需要吗？我帮您清理一下吧。”

提示旅客正确使用电茶炉时说：“您好，如果您要取用开水，请等待绿灯亮起。”“您好，取用开水时请不要接太满，以免烫伤。”

为商务座、一等座旅客送食品时说：“您好，这是为您准备的餐点（食品），请慢用！”

5. 列车广播用语

1）始发前通告

动车组列车始发前通告用语如下。

（1）女士们、先生们：欢迎选乘动车组列车。本次列车由××开往××方向。请不要携带危险物品乘车。大件行李请放置在车厢两端的大件行李存放处，动车组列车全程对号入座。

（2）女士们、先生们：严禁在动车组列车任何区域吸烟，根据《铁路安全管理条例》等法律法规，在动车组列车上吸烟需承担法律责任。

（3）女士们、先生们：列车就要开车了，站在车门附近的旅客请到车厢里边按席位就座。

（4）女士们、先生们：车门即将关闭，请不要倚靠车门。

2）始发介绍

（1）女士们、先生们：欢迎乘坐动车组列车旅行，祝愿各位旅客旅行愉快，一路平安！

（2）女士们、先生们：列车工作人员将进行席位核对，请您出示车票及有效身份证件，感谢您的配合。

（3）女士们、先生们：请您爱护列车设备设施，列车上带有红色标记的开关、电器按钮、灭火器、紧急破窗锤、紧急制动阀等设备设施，请不要随意触碰，感谢配合！

3）途中及终到报站通告

（1）女士们、先生们：列车下一站到达××站。请下车的旅客提前做好准备，动车组列车全程任何区域均禁止吸烟。

（2）女士们、先生们：××站就要到了，下车的旅客请整理好行李物品做好下车准备。下车时要注意列车与站台间隙。

（3）女士们、先生们：列车已经到达××站，下车的旅客请您在列车运行方向的左边车门处按顺序下车。由于停车时间短，继续旅行的旅客，请不要下车散步和吸烟。

（4）女士们、先生们：下一站是终点站××站，请提前做好下车准备，动车组列车全程任何区域均禁止吸烟。

（5）女士们、先生们：列车已经到达终点站××站，请按顺序依次下车。下车时，请注意列车与站台间隙。

4）终到通告

女士们、先生们：列车即将到达终点站，请您提前整理好携带的物品。请收起小桌板，调整座椅靠背和脚踏板。下车时请注意列车与站台间隙，防止踏空摔伤。感谢您选乘动车组列车旅行，期待与您再次相逢！

二、动车组服务接触点语言与沟通规范

1. 高速铁路客运服务人员通用语言与沟通规范

高速铁路客运服务人员通用语言与沟通规范如表 7-1 所示。

表 7-1　高速铁路客运服务人员通用语言与沟通规范

顺号	服务接触点	服务内容	服务标准	沟通规范用语
1	立岗	迎送旅客	在规定位置立岗，迎接旅客上车，保持微笑，使用手势以引导方向	您好，欢迎乘车，请注意脚下安全，小心站台空隙（落差）。××号车厢在左（右）手边
2			两列车同站台，立岗时提示车次，防止旅客上错车	您好，欢迎您乘坐××次动车组列车，本次列车由××站开往××站，请注意车票车次，不要上错列车
3			在规定位置立岗，送别旅客，微笑、鞠躬	请慢走，注意脚下安全，小心站台空隙，欢迎您下次乘车
4	引导旅客	引导就座	察觉旅客寻找席位困难时，主动帮助，指引位置，并帮助其安置行李	（1）您好，（看票）您的座位在这边，请跟我来。 （2）您好，您的位置在××排××号，我带您过去吧
5		席位错误调整	发现旅客乘坐位置错误，须立即妥善解决，指出正确位置，必要时帮助其拿行李	先生（女士）您好，我能看一下您的车票吗？抱歉，这里是××车××排××座，您的座位是××车××排××座，您的座位在那边，需要我帮忙吗？

续表

顺号	服务接触点	服务内容	服务标准	沟通规范用语
6	车厢整容	摆放行李	发现旅客摆放行李位置不当，或存在安全隐患时，主动上前帮助安置。确保行李架摆放整齐，平稳牢固，大不压小、重不压轻，较重的大件物品和铁器等放入大件行李存放处	（1）您好，为了避免行李掉落下来，砸伤周围旅客，我帮您调整一下行李吧。 （2）女士/先生，您好，这里是行李架的接缝处，中间有两根支架，请不要在支架上摆放行李，以免行李滑落，谢谢您的配合。 （3）女士/先生，您好，请稳妥摆放行李，不要放在行李架连接处凸起的地方，以免物品掉落砸伤您或周围旅客，感谢您的配合
7		摆放行李	发现旅客行李过大，阻碍通道时，主动劝说旅客将行李放置在大件行李存放处，并指引方向，帮助安置，同时提示旅客妥善看管	（1）女士/先生，您好，行李放在这里影响通行，请将行李放入大件行李存放处。 （2）女士/先生，您好，请问这个行李是您的吗？这个行李超出行李架太多，为了您和其他旅客的安全，请您将行李放在车厢最后一排座席后面或者车门口的大件行李存放处，途中到站时请留意，以防其他旅客错拿行李，下车时不要将行李遗忘在列车上，感谢您的配合。 （3）请问，这是哪位旅客的婴儿车？……您好，女士，婴儿车是不可以放到行李架上的，很容易掉落，砸伤旅客，车厢两端设有大件行李存放处，您可以把车放到那里，感谢您的配合
8		提示安全使用小桌板	发现旅客将较重的行李或将儿童（婴儿）放置在小桌板上时，要主动劝阻、提示，并说明原因	（1）女士/先生，您好，小桌板（茶桌）承重有限，为了避免发生意外，请您将物品放在行李架上，好吗？ （2）女士/先生，您好，打扰了，请您爱惜车上的设施设备，感谢您的配合。 （3）女士/先生，您好，小桌板的承受能力有限，请不要让小朋友坐在小桌板上，以免发生意外。如需对婴儿进行护理，请到××号车厢的无障碍卫生间，那里设有婴儿护理台
9		提示安全使用衣帽钩	发现旅客将重物挂放在衣帽钩上，要主动劝阻、提示，并说明原因	您好，衣帽钩承重有限，仅限于挂衣服和帽子，请将您的包放在行李架上，感谢您的配合

续表

顺号	服务接触点	服务内容	服务标准	沟通规范用语
10	巡回服务	给旅客让路	服务中与旅客相遇应主动侧身面向旅客礼让，并附带礼让手势	（1）您先请。 （2）请您先过。 （3）您好，这边请
11		越行旅客	停步，等旅客示意或配合后越行	对不起（劳驾），借过一下，谢谢
12		干扰声明	巡回服务不得已干扰到旅客时，要主动致歉，态度和蔼	（1）您好，不好意思，打扰到您了。 （2）抱歉，打扰一下
13		征询用语	察觉旅客有困难，主动询问	（1）女士/先生，您好，我能为您做些什么吗？ （2）女士/先生，需要我帮忙吗？
14		安全提示	发现旅客有倚靠车门、手扶门框等不安全行为或卫生间地面积水（存在摔伤隐患），要主动提示，态度和蔼，音量适中	（1）女士/先生，您好，为了您的安全，请不要倚靠车门。 （2）女士/先生 /小朋友，您好，为了避免挤伤手指，请不要手扶门框。 （3）女士/先生，您好，请照看好您的孩子，防止滑倒摔伤
15		危险品检查	发现旅客携带品可疑时，引导旅客到乘务室（独立空间）开包检查，保护旅客隐私，注意语气	您好，为了列车安全，请配合我们到乘务室开包安检，谢谢您的配合
16		防盗提示	发现旅客贵重物品外露，或没有安置好随身物品时，及时提醒，防止物品丢失被盗	您好，请您妥善保管随身携带的贵重物品，防止丢失被盗，谢谢配合
17		超员提示	发生列车超员时，均衡疏导旅客，帮助旅客提拿行李，说明请旅客配合的原因，防止动车组受重集中，影响列车运行	（1）对不起，本车厢已处于超员状态，请大家配合一下，前往××号车厢，以免当前车厢超员过多，列车无法正常运行，耽误您的旅行，感谢您的合作！ （2）列车现在已经超员，请大家往车厢里面走，保持车门通道畅通，感谢您的配合
18		重点服务	（1）加强对重点旅客的关注，委托同行人和周围旅客帮忙照看，语言要简练、清晰。 （2）重点旅客如厕前，主动帮助，进行安全提示，告知紧急呼叫按钮的位置，确保安全。 （3）为行动不便的重点旅客送开水。倒水不宜过满，主动帮助旅客打开小桌板，防止烫伤	（1）您好，您现在是不是感觉比刚才好多了？还需要我为您做点什么吗？如果有需要，请随时通知我们！（对旁边旅客）您好，如果这位旅客身体不适，麻烦您立即通知我们，谢谢！ （2）请您抓好扶手，注意安全。遇有特殊情况，请按下紧急呼叫按钮（SOS），我们将及时给予帮助。 （3）您好，请用开水，小心烫。 （4）您好，需要续杯吗？

续表

顺号	服务接触点	服务内容	服务标准	沟通规范用语
19	巡回服务	到站提醒	遇广播机故障或超员时，向大多数旅客进行集中通告，吐字清晰。 终到站前，做好宣传，为快速恢复车容创造条件	各位旅客，××站快要到了，请下车旅客提前做好准备，到车厢两端车门口等候下车。 您好，列车就要到达终点站了，请您调直座椅靠背、收起小桌板、脚踏板，感谢您的配合
20	巡回服务	设备故障提醒	卫生间、电茶炉故障不能修复时，及时悬挂故障提示牌，引导旅客到邻近车厢使用相关设备并致歉	女士/先生，抱歉，这个卫生间（电茶炉）发生故障，暂时无法使用，请您到××车使用卫生间（电茶炉），给您带来的不便，请谅解
21	查验车票	验票通告	在广播宣传后，进行口头通告，声音不宜过高，以两格座椅旅客能听见为准。按列车长指示同步相对（相背）方向进行查验车票工作	各位旅客，列车现在开始验票，请您出示车票及身份证件，感谢您的配合。（验票完毕）请收好
22	查验车票	验票应答、禁烟提示	验票前先使用交互系统，根据车内客流情况确认就座旅客或座席剩余情况。查验车票时需双手接票，并及时解答旅客问询，告知前方站下车旅客到站时间。同时，对旅客进行禁烟安全宣传	请收好您的车票。到达××站的时间是××时××分。请不要在车内任何区域吸烟，包括卫生间，感谢您的配合，祝您旅途愉快
23	查验车票	补票（费）提示	对票证、减价不符、携带品超重及旅客有补票、延长乘坐区间等业务办理需求的，要解释清楚，及时通知列车长处理。遇到不理睬、不配合的旅客，不能计较，可略微提高音量，态度应和蔼	（1）女士/先生，抱歉，根据铁路规章，您需要补交票款/差价/携带品运费，感谢您的配合。 （2）女士/先生，请出示您的车票，如果您还没有来得及买票，可以办理补票手续
24	查验车票	儿童超高	发现并确认儿童超高时，告知监护人补票，必要时到身高测量处进行测量，态度和蔼。如儿童鞋底较厚，应减去鞋底厚度	（1）女士/先生，恭喜您，您的孩子又长高了，根据规定，身高1.2～1.5米的儿童需要购买儿童票。 （2）女士/先生，您的孩子身高已经超过1.5米了，请您为孩子补票
25	查验车票	应对旅客对验票的不良反应	妥善处理旅客对验票的不良反应，安抚旅客情绪，坚守原则，耐心解答	（1）旅客：为什么总查票？ 乘务人员：女士/先生，您好，实名制查验车票主要是核对您的车次和到站，避免您误乘列车或坐错席位，请您支持并配合我们的工作，谢谢！ （2）旅客：为什么不查别人的票，查我的？ 乘务人员：为了减少对旅客的干扰，我们仅核验交互系统显示空余座位上的旅客的车票，您现在坐的座位显示无人，所以我们需要核对一下您的车票，谢谢您的配合

续表

顺号	服务接触点	服务内容	服务标准	沟通规范用语
26	设备使用提示	供水服务	遇旅客取用开水时，告知电茶炉的操作方法和安全注意事项，必要时帮助旅客接水，做好演示	（1）女士/先生！您好，列车连接处有电茶炉，按红色按钮取水，请注意安全，不要接得过满，请盖好杯盖，避免烫伤。 （2）女士/先生！您好，接开水的时候不要接太满以免烫伤自己或他人，注意不要让小孩触碰开水。 （3）您好！如果您要泡面（茶），请多等待一会儿，水温就会升高
27			发现旅客不会使用感应水龙头时，告知方法并手动演示	女士/先生，您好，洗手池采用的是感应水龙头，您将手接近水龙头，就会自动出水
28		充电提醒	旅客用电、充电时，主动介绍电源插座位置（结合实际车型），告知旅客不要使用大功率电器，并看管好物品，防止物品丢失和被盗	（1）女士/先生，您好！车厢两端的墙壁和洗脸间壁板上设有插座，充电时请您看管好物品，以免丢失。 （2）女士/先生，非常抱歉，我们每节车厢有×个充电插座，分别设置在车厢两端和洗脸间壁板上，离开座位使用插座时，请您随身携带贵重物品，以免丢失。 （3）女士/先生，车厢电源载荷有限，请您不要使用大功率电器，感谢您的配合。 （4）女士/先生，您好！充电插座在座席下方，充电时请您看管好贵重物品，充电完成后不要遗忘个人物品，感谢您的配合
29		调节座椅	旅客准备调节座椅靠背时，主动告知并演示使用方法，提醒旅客调节座椅靠背前应事先提醒身后旅客，避免发生纠纷	女士/先生，您好！您的座椅靠背可以调节，调节时请按座椅扶手上的按钮，向后倚靠。操作时，请事先提醒后排旅客。在您前方座椅靠背口袋里设有清洁袋，供您放置杂物使用
30		座椅转向	列车到达图定转向站后，乘务人员配合广播进行口头宣传，并为有旋转座椅意向的旅客做好演示和提示工作，防止旅客物品丢失或损坏	女士们、先生们，列车运行前方即将到达××站（转向站），列车到站后将转换方向运行。届时，您可踩下座椅外侧下部的旋转脚踏，轻轻推动座椅靠背旋转180°。旋转座椅前，请注意将自己的行李物品安放稳妥，防止损坏
31		集便器提示	主动提示如厕或倒垃圾旅客不要向集便器丢弃杂物，防止真空集便器堵塞，影响厕所使用	女士/先生，您好！动车组列车卫生间采用的是真空集便器，您在使用时，请不要将废弃物扔进便器内，以免造成堵塞，影响使用

续表

顺号	服务接触点	服务内容	服务标准	沟通规范用语
32	解答问询	接受问询	旅客询问时或询问前，态度应诚恳、热心	您好，请问需要帮助吗？有什么可以帮您的？
33		首问首诉	本岗位无法解答时，要先致歉，指引旅客至相应胜任岗位解答，并做好问题交接	抱歉，女士/先生，这个问题我不太清楚，您稍等，我去问一下列车长或×××，再给您答复可以吗？
34		换乘疑问	旅客询问不出站便捷换乘事宜时，使用规范用语，耐心解答，确保旅客快速、准确换乘	女士/先生，您好！如果您已购买了换乘车票，可以从换乘通道直接换乘，离××站换乘通道最近的车厢是×号车厢，您可以先在×号车厢门口等候下车，按照便捷换乘标识和车站工作人员的引导在站内换乘
35		处理旅客意见	旅客提出车内温度（广播音量）不合适时，要积极响应，迅速解决问题	请稍等，我马上通知机械师或×××处理，把温度（音量）调节一下
36		满足需求	态度诚恳	好的，我们马上帮您解决
37		接受提议或建议	虚心接受，认真倾听或记录	（1）感谢您为我们提出的宝贵意见，我会如实反馈的。 （2）非常感谢您对我们工作的关注，我会立即将这些宝贵意见向列车长反映，谢谢您！ （3）您好，感谢您的建议，我们会积极跟上级部门反馈，解决问题
38		面对表扬	虚心致谢，可鞠躬致意	（1）感谢您对我们工作的认可。 （2）这是我们应该做的，谢谢您！
39		不能满足需求	诚恳致歉，耐心解释，态度积极	女士/先生，您好！很抱歉列车条件有限不能满足您的需求，我们会将您反映的问题及时向上级部门反馈，感谢您的理解！
40	接受投诉	服务中遇有旅客投诉、质疑时	服务中遇旅客投诉（因设备故障、突发事件、服务质量等原因），要诚恳致歉，先解决问题，再解释	（1）您好！对于发生的问题我们感到非常抱歉，我们现在正在积极处理，尽快给您一个满意的答复 （2）抱歉，我们的工作还存在不足之处，我们一定努力完善，感谢您提出的建议。 （3）女士/先生，抱歉，给您添麻烦了，请您谅解。 （4）女士/先生，对于刚刚发生的事情，我们感到非常抱歉，我们会尽力帮助您解决，给您带来不便希望您能谅解，感谢您对我们工作的支持！

续表

顺号	服务接触点	服务内容	服务标准	沟通规范用语
41	劝阻旅客的不当行为	禁烟宣传	重点对饮酒旅客、如厕旅客、停站时准备到站台吸烟旅客进行提示。告知旅客不要使用自喷式压力容器（香水喷雾等），以免卫生间烟感报警器报警	（1）您好！请不要在卫生间内使用喷雾香水或防晒喷雾，否则可能会造成烟感报警。 （2）您好！动车组列车全列禁烟，为了您和他人的安全，请不要在列车上任何区域内吸烟，感谢您的配合！ （3）您好！动车组列车禁止吸烟，吸烟会导致列车减速、停车，请您不要在动车组列车上吸烟，谢谢您的配合。 （4）您好！××站停车×分，时间很短，请您抓紧时间熄灭香烟，尽快上车
42		劝阻越席行为	不卑不亢，提示旅客乘坐一等座（特等座、商务座）需要补差价或返回原席位	您好！请出示您的车票。……女士/先生，您持的票是二等座的车票，乘坐一等座（特等座、商务座）需要补收差价，我们可以联网帮您看一下还有没有空余席位！抱歉，女士/先生，联网帮您看过了，一等座（特等座、商务座）已经全部售完了，请您回到二等座就座。这边请，感谢您的配合！
43		劝阻公免越席	劝导持通勤、公免票旅客返回原席位	您好！请您到二等座就座，感谢您的配合
44			持票人仍坚持越席乘车时，表明态度，说清楚下一步的处理方案	您好！如您真想在本席位就座，我们将按规定补收票价并对您的票证进行登记，同时向上级部门反馈，感谢您的配合
45		提示旅客打电话或说话时注意控制音量	单独提示旅客音量不宜过高	女士/先生，打扰一下，请您说话声音稍微小一点好吗，以免打扰其他旅客休息，感谢您的配合！
46		劝阻摆弄车辆设备的旅客	对摆弄安全锤、紧急制动阀（按钮）等车辆设备的旅客要立即用手势制止，必要时将旅客请到僻静处所	先生（女士，小朋友），请不要触碰车上的安全设备，发生意外是要追究相关责任的，谢谢
47		劝阻旅客浪费用水的行为	发现旅客洗手时用水过多，应委婉地劝阻，及时引导旅客使用擦手纸，当发现洗脸间地面水迹较多时，应及时使用卫生间专用抹布擦净	女士/先生，您好！列车存水有限，请您节约用水，感谢您的配合
48		劝阻儿童在车厢内跑动	对乘车儿童应重点关注，主动提示家长或同行成年人有关儿童乘车的注意事项。发现儿童在车厢过道单独行走、打水、上厕所等时，应主动询问并提供必要的帮助	女士/先生，请照顾好您的孩子，不要让孩子在车厢内单独跑动，攀爬座椅，手扶门缝，触碰电茶炉等，以免发生意外，感谢您的配合

续表

顺号	服务接触点	服务内容	服务标准	沟通规范用语
49	劝阻旅客的不当行为	劝阻儿童哭闹	儿童哭闹时，提醒监护人处理	女士/先生，请您将孩子带到车厢连接处抚慰，感谢您的配合，祝您旅途愉快！
50		劝阻儿童干扰司机行为	加强邻近值乘司机室车厢和区域的巡视，及时要求家长或同行成年人劝阻儿童吵闹、奔跑嬉耍等行为	女士/先生，您好！这里邻近司机室，为了不影响司机驾驶，让我们保持安静好吗？（遇有小孩哭闹不止的，可提示：麻烦您将孩子带到车厢连接处抚慰），以免干扰司机工作。谢谢您的配合！
51		对于违反铁路乘车管理规定的严重不当行为，要对旅客进行正式交涉，告知后果	对于以下行为，应告知后果，严肃处理：遇强占他人座位；无票乘车、越站（席）乘车且拒不补票或下车；因不文明行为不听劝阻或其他原因与其他旅客发生冲突；故意用身体或者物品阻挡列车车门关闭；在非紧急情况下，故意损毁列车设施设备或擅自开启列车车门和操纵列车紧急制动设备；殴打、辱骂列车工作人员；依据相关法律法规应予以行政处罚的；在动车组列车上吸烟或在其他列车的禁烟区域吸烟	女士/先生，您现在的行为可能会（或已经）造成列车晚点（影响列车安全运行、影响其他旅客乘车、给国家财产带来损失等，可根据具体事件说明），请配合我们的工作，停止××行为，如果继续侵害铁路或其他旅客的合法权益，我们将报警处理，由公安部门依据相关法律法规对您采取必要的措施，并纳入征信系统，请您考虑一下可能产生的后果，停止现在这种行为
52	征信管理	将失信旅客纳入征信系统前告知旅客	语言表述准确，面对面告知旅客，全程留有影像记录	××旅客，您的××行为违反了国家发改委等八部门联合发布的《关于在一定期限内适当限制特定严重失信人乘坐火车 推动社会信用体系建设的意见》的规定，我们将记录您的身份信息，在一定期限内限制您购票，并按规定向国家、地方政府相关部门和有关征信机构提供铁路旅客信用信息。 为避免对您个人信用造成影响，请您自觉遵守国家法律规定和铁路有关规定，自觉维护铁路旅客运输秩序。谢谢配合
53	应急处置	处置误乘旅客	应保持耐心，语气缓和。安抚误乘旅客情绪，告知解决方案	您好，我们很理解您的心情，请不要着急，我们会安排您在前方站下车。请您带好行李。到站后，车站客运工作人员会给您安排后续行程，请出示您的车票和证件，方便我们开具交接凭证
54		晚点解释	列车晚点时，应安抚旅客并致歉（与列车长统一口径）。旅客询问列车晚点情况时，铁路工作人员要耐心细致回答，维护旅客知情权，不得使用“不知道”“没点”等不负责任用语或有不耐烦表现	（1）很抱歉，由于天气或××原因，我们的列车晚点了，我们会及时为您提供最新消息。 （2）列车由于设备故障晚点运行（开车），预计晚点××分，工作人员正在积极抢修，请耐心等候，由此给您带来的不便，我们深表歉意，敬请谅解，谢谢

续表

顺号	服务接触点	服务内容	服务标准	沟通规范用语
55	应急处置	晚点处置	列车晚点时，应掌握中转旅客信息，做好记录，积极协调，为中转旅客联系换乘，提供最优化的旅行变更方案	请问您需要在哪里中转下车？……好的，我们会积极为你联系换乘列车，请放心
56		晚点送餐	因列车晚点，接收到调配食品后，应按照“先重点、后普通”的原则，由客运、餐服人员向旅客有序发放	旅客们，由于列车晚点延误了您的旅行，我们深表歉意！现在列车为大家准备了应急食品，我们将按顺序送餐，老人、儿童优先，请您稍候
57		停电提示	列车运行中停电，逐车做好宣传工作，告知旅客不要使用明火照明，以确保列车安全	为保证大家的安全，请在原位就座，不要使用明火照明，请照顾好身边的老人和儿童，看管好您的随身物品
58		应急指挥	列车出现险情，需要疏散时，面向大多数旅客进行指挥工作，声音洪亮，并指引方向	（1）旅客们，请不要惊慌，不要拥挤，请在列车工作人员引导下有序撤离。请大家协助老人、儿童和行动不便的旅客。（火情疏散时增加：请用湿毛巾或衣物捂住口鼻，低头行走。） （2）为了大家的安全，请听从我的指挥，从这边走，到×号车厢下车
59		灭火器使用	遇火情紧急，需要旅客帮助灭火时，边示范边口述灭火器的使用方法	请您取出灭火器，拔出保险销，将喷嘴对准火源根部，按下压把灭火
60		紧急逃生	列车停稳后，需要从车窗疏散时，快速指导旅客使用安全锤破窗逃生	请使用紧急破窗锤击打车窗上方红心部位，破窗逃生
61		换乘列车	因动车组故障组织旅客换乘列车时，通过手势指引下车方向，确保换乘有序、无旅客携带品遗落。使用临时渡板换乘时，旅客前往具体车门	旅客们，本次列车因故障无法运行，需要换乘其他列车，请整理好随身携带的物品，按先后顺序下车后换乘（或从××号车厢车门换乘）
62			因动车组故障组织旅客换乘列车后，提示旅客按座席号对号入座，主动引导，妥善安置携带品，迅速恢复车内秩序	请换乘旅客按照车票上的座席号对号入座。如果您车票上的座席号与原有车厢发生变化时，请通知列车工作人员处理
63			通过渡板在区间换乘时，组织旅客快速通过，一次一人，注意安全	旅客们，通过渡板换乘时，要注意脚下安全，因渡板承重有限，一次只限一人通过，谢谢配合
64		车门故障	车门故障无法开启，导致旅客无法下车时，须组织旅客到可开启车门处下车，以免造成晚点	抱歉，车门发生故障，请大家到邻近车门下车

续表

顺号	服务接触点	服务内容	服务标准	沟通规范用语
65	应急处置	空调故障	空调故障需要开门运行时，做好防护，提醒旅客不要靠近车门，确保安全	请不要靠近车门及防护网，以免发生意外，感谢您的配合
66		列车未全部进入站台	列车进站过程中，立岗乘务员发现列车没有全部进入站台，立岗车门已经开启且不“搭”站台时，应立即阻拦旅客下车	各位旅客，请不要下车，车门没有停靠站台，请退后等待列车再次启动
67		救援连挂	使用动车组或内燃机车救援动车组实施连挂前，做好宣传，防止碰撞过程造成旅客摔伤	旅客们，本次列车将实施救援连挂，可能会产生车体震动，为了您的安全，请回到原座位，收起小桌板。检查随身物品是否放置平稳、牢固，感谢您的配合

2. 动车组商务座服务人员语言与沟通规范

动车组商务座服务人员语言与沟通规范如表 7–2 所示。

表 7–2　动车组商务座服务人员语言与沟通规范

顺号	服务接触点	服务内容	服务标准	沟通规范用语
1	立岗	迎送旅客	在规定位置立岗，迎接旅客上车，面带微笑，并使用手势引导方向	您好，欢迎乘车，请注意脚下安全。商务座在您的右（左）手边
2			两趟列车同站台时，语言提示，防止旅客上错车	您好，欢迎乘坐××次动车组列车，商务座旅客这边请！
3			终到立岗，面带微笑鞠躬送别	请慢走，注意脚下安全（注意站台空隙），欢迎您再次乘车！
4	始发问候	见面致意	列车始发开车后，进入商务座，面向旅客方向，15° 鞠躬问候，面带微笑，目视旅客	各位旅客，欢迎您乘坐本次列车，旅途中有需要可以随时按下呼叫按钮，我会及时为您提供服务，祝您旅途愉快
5	始发、途中验票	核票登记	查验车票时，要逐人进行提示，声音以一人听到为宜。双手接递车票	请您出示车票、身份证件……谢谢您的配合
6			核对上车旅客座席号、乘车区间并告知旅客到站时间	您好，到达××站的时间是××时××分

续表

顺号	服务接触点	服务内容	服务标准	沟通规范用语
7	提供赠品	掌握需求	征求旅客意见，得到答复后，做好登记，告知旅客稍等	您好，我们为您准备了××（饮品、小食品、旅行用品），请问您需要哪种？
8		发放赠品	热饮拆袋并用沸水冲开，倒入杯子 7 分满位置。袋装食品发放顺序从推车运行前方开始依次为旅客发放	这是您的××（饮品、小食品、旅行用品）。（热饮提示）小心烫，请您慢用
9	供餐	点餐	开餐前 40 分钟，通过专项服务项目单请旅客点餐。得到答复后，复述一遍，做好记录，告知旅客约需 30 分钟送餐	列车为您准备了配餐，有……，请问您需要哪一种？ 好的，××一份，请稍候，我们将在 30 分钟内为您送餐
10		送餐	从运行前方开始使用托盘依次将加热好的配餐发放给旅客	您好，这是您的点的配餐，请慢用
11		回收餐具	回收餐具，须征得旅客同意，遇旅客协助时，要致谢	打扰了，您还需要吗？（得到答复后）回答：好的，谢谢
12	送水	送水续杯	商务座全程为旅客送开水，要主动接杯，倒水时不能过满。提示旅客妥善安置水杯，盖好杯盖，防止烫伤	您好！您还需要续杯吗？ 请您拧紧杯盖，防止烫伤，谢谢
13	途中提示	到站前提示	途中各站到站前 5 分钟，按照记录对商务座旅客逐人进行提示。帮助重点旅客拿行李	女士/先生，您好，××站快要到了，请您带好随身物品，提前做好下车准备
14		使用手机提示	对使用手机的旅客进行安全提示，以免手机掉入座位缝隙造成手机或座椅设备损坏	请您妥善保管手机，不要放在座椅边缘，以免掉落在座椅夹缝内；如手机掉落到座椅夹缝，请不要擅自调节座椅，请立即通知工作人员处理
15	解答问询	呼叫应答	旅客使用呼唤应答器呼叫时，及时将设备复位，根据提示的位置，询问相关旅客，及时解决旅客需求，对无法解决的问题，及时通知列车长到场处理	您好，请问您需要什么帮助？

3. 动车组餐饮服务人员语言与沟通规范

动车组餐饮服务人员语言与沟通规范如表 7–3 所示。

表 7-3　动车组餐饮服务人员语言与沟通规范

顺号	服务接触点	服务内容	服务标准	沟通规范用语
1	供餐服务	点餐服务	询问旅客用餐需求，记录席位号和用餐时间	女士/先生，您好，本次列车供应××套餐和××套餐，请问您需要哪一种？……好的，我马上为您加热
2		送餐提醒（有送餐条件时）	协助旅客打开小桌板，放置餐食。安置妥当后，微笑示意，并退步离开	（1）您好，这是您的××套餐和例汤，请小心，汤有点烫，祝您用餐愉快。 （2）女士/先生，您好，这是您刚刚点的一份××套餐，请您慢用，祝您用餐愉快
3			套餐中有带刺鱼肉时，提醒旅客，防止意外	女士/先生：请慢用，小心鱼骨。祝您用餐愉快
4			为旅客提供热饮时进行适当提示	（1）请小心饮用。 （2）小心烫
5	餐吧车服务	用餐高峰提示	劝阻用餐完毕旅客离开，并让出餐位，供他人使用，维护用餐秩序	女士/先生，您好！现在是用餐高峰，如您已经用餐完毕，请让出餐位给其他需要用餐的旅客，感谢您的配合
6	售货服务	提供发票	旅客索要发票，须按照消费额度提供，并提示旅客清点	女士/先生，您好，这是您的购物发票，面额×××。请您确认
7		推车提醒	遇有旅客或其携带品在售货车必经路线时，提示旅客让行，得到允许后通过	（1）您好，借过一下，谢谢。 （2）您好，方便挪动一下行李吗？
8	解答问询	首问首诉	服务中回答旅客相关询问、提议、疑惑时，表明身份和业务范围，指引至胜任岗位处理，并做好问题交接	抱歉（对不起），女士/先生，我是餐饮服务人员，对您的问题不太清楚，请您稍等，我问一下相关人员，再给您答复可以吗？
9	网络订餐（特产）配送	配送作业（有席位号）	餐饮服务人员根据车站递交的派送单的顺序逐一向旅客分发商品，以免遗漏，需通过车票或手机号核验旅客身份	您好，请问您是××先生么，这是您在网络上订购的餐食/特产，请您慢用/请您查收
10		配送作业（无席位号）	餐饮服务人员要求旅客凭手机号码后 5 位领取特产	您好，为了确认您的订单，我们需要核对您手机号的后 5 位，请您配合
11		异常处理	旅客没有收到订餐或特产的原因是商家没有配货时，须向旅客说明原因	女士/先生，您好，经查询，您没有收到订餐或特产的原因是商家未配货，请您直接与商家联系

续表

顺号	服务接触点	服务内容	服务标准	沟通规范用语
12	网络订餐（特产）配送	异常处理	旅客收到了订餐或预订的特产，但与订单不符（为商家原因导致）	您好，经查询，订单不符问题为商家责任，请您直接跟商家取得联系
13			旅客未收到订餐或预订的特产的原因不明时，做好安抚工作，查明原因	请稍等，我们马上查明原因，然后为您处理
14			订餐或特产包装破损、缺失，告知旅客后续处理方案	您好，我们将拍照上传，稍后系统会自动退款到您的账户

附录 A

普通话水平测试介绍

一、普通话水平测试的目的、性质、对象

1994 年 10 月 31 日国家语言文字工作委员会、国家教育委员会和广播电影电视部联合发出《关于开展普通话水平测试工作的决定》，文件明确规定：从 1995 年起，对播音员、节目主持人、教师等岗位的人员，逐步实行持普通话等级证书上岗制度。

1. 普通话水平测试的目的

普通话水平测试是推广普通话工作的重要组成部分，是使推广普通话工作逐步走上科学化、规范化、制度化的重要举措。

我国社会主义现代化事业的不断发展，对语言文字工作提出了更高的要求。为了适应新的形势和任务，国家语言文字工作委员会把推广普通话的方针调整为“大力推行，积极普及，逐步提高”。根据这个新方针，推广普通话的工作重心转移到普及、提高上来，只有使群众普遍能听、会说普通话，才能满足一般社会交往的需要。要做好普通话普及工作，就必须有一批会说标准的或比较标准的普通话、能够带动和指导群众学习普通话的业务骨干，同时，只有重视提高的问题，在提高的指导下进行普及，才能事半功倍，减轻学习者的负担，激发起学习的热情和信心，较快地学好普通话，使普及得以尽快实现。

掌握并使用一定水平的普通话，是进行现代化建设的各行各业人员，特别是教师、播音员、节目主持人、演员、客运员等专业人员必备的职业素质，因此有必要在一定范围内对某些岗位的人员进行普通话水平测试，并逐步实行持普通话等级证书上岗制度。开展科学的普通话水平测试，制定合理的评定普通话水平的等级标准，非常必要。根据 1986 年全国语言文字工作会议提出的将普通话分为三级的设想，国家语言文字工作委员会组织了《普通话水平测试等级标准》课题组，研究制定了三级六等的等级标准，并规定了与该等级标准相适应的量化评分办法，于 1994 年 10 月 30 日正式公布实施。

2. 普通话水平测试的性质

普通话水平测试不是普通话系统知识的考试，不是文化水平的考核，也不是口才的评估，是应试人运用普通话所达到的规范程度、熟练程度的检测和评定。应试人在运用普通话口语进行表达过程中所表现的语音、词汇、语法规范程度，是评定其所达到的水平等级的重要依据。

3. 普通话水平的等级

普通话水平分为三个级别——一级、二级、三级（一级可称为标准的普通话，二级可称为比较标准的普通话，三级可称为一般水平的普通话），每个级别内划分甲、乙两个等次。三级六等是普通话水平测试中评定应试人普通话水平等级的依据。

4. 普通话水平测试的对象

1994 年 10 月 30 日起开始实施的，由国家语言文字工作委员会普通话培训测试中心根据国家语言文字工作委员会、国家教育委员会、广播电影电视部《关于开展普通话水平测试工作的决定》制定的《普通话水平测试实施办法（试行）》对普通话测试对象的规定如下。1946 年 1 月 1 日以后出生至现年满 18 岁（个别可放宽到 16 岁）之间的下列人员应接受普通话水平测试：

（1）中小学教师；

（2）中等师范学校教师和高等院校文科教师；

（3）师范院校毕业生（高等师范类，首先是文科类毕业生）；

（4）广播、电视、电影、戏剧，以及外语、旅游等高等院校和中等职业学校相关专业的教师和毕业生；

（5）各级广播电台、电视台的播音员、节目主持人；

（6）从事电影、电视剧、话剧表演和影视配音的专业人员；

（7）其他应当接受普通话水平测试的人员和自愿接受普通话水平测试的人员。

公共服务行业的特定岗位人员（如广播员、解说员、话务员等），普通话水平不低于二级甲等。就高速铁路客运岗位工作人员来说，动车组广播员、高速铁路车站广播员应具有普通话水平测试二级甲等以上证书，其他客运岗位工作人员应具有普通话水平测试二级乙等以上证书。

二、普通话水平测试的内容及评分办法

2023 年 8 月，国家语委普通话与文字应用培训测试中心印发通知，公开发布《普通话水平测试实施纲要（2021 年版）》，该纲要自 2024 年 1 月 1 日起正式实施。

普通话水平测试的内容包括普通话语音、词汇和语法。

普通话水平测试的范围是国家相关测试机构编制的《普通话水平测试用普通话词语表》《普通话水平测试用普通话与方言词语对照表》《普通话水平测试用普通话与方言常见语法差异对照表》《普通话水平测试用朗读作品》《普通话水平测试用话题》。

普通话水平测试的试卷构成和分数：试卷包括 5 个组成部分，满分为 100 分。

1. 读单音节字词

读 100 个音节，不含轻声、儿化音节，限时 3.5 分钟，共 10 分。

1）目的

测查应试人声母、韵母、声调读音的标准程度。

2）要求

（1）100 个音节中，70%选自《普通话水平测试用普通话词语表》“表一”，30%选自“表二”。

（2）100 个音节中，每个声母出现次数一般不少于 3 次，每个韵母出现次数一般不少于 2 次，4 个声调出现次数大致均衡。

（3）音节的排列要避免同一测试要素连续出现。

3）评分

（1）语音错误，每个音节扣 0.1 分。

（2）语音缺陷，每个音节扣 0.05 分。

（3）超时 1 分钟以内，扣 0.5 分；超时 1 分钟以上（含 1 分钟），扣 1 分。

例：读单音节字词 100 个。（共 10 分，限时 3 分钟）

（注意：后跟括号的单音节字，必须读出该字在括号里规定的语境读音，括号里的词语不必念出）

穷　恼　辆　吵　鹰　灯　邹　凶　晚　差（差劲）
住　沈　夏　高　孔　箭　刻　桩　被　颈（颈项）
纫　籽　若　存　舔　孙　棉　拌　丢　干（能干）
邪　虐　蛆　据　落　攮　裂　秧　榨　陆（陆地）
垂　蛰　郓　料　份　秦　鳃　膜　挖　掐
非　而　屉　买　质　邵　旬　底　图　假（假期）
梗　憋　帅　股　货　晌　夸　佘　伐　拗（执拗）
胆　黑　愿　瞟　从　润　翁　矮　灾　揣（揣摩）
各　忘　喊　悬　湿　姚　想　爷　你　横（蛮横）
起　斤　却　口　澎　放　隋　播　此　膀（膀胱）

2. 读多音节词语

读 100 个音节，限时 2.5 分钟，共 20 分。

1）目的

测查应试人声母、韵母、声调和变调、轻声、儿化读音的标准程度。

2）要求

（1）词语的 70%选自《普通话水平测试用普通话词语表》“表一”，30%选自“表二”。

（2）声母、韵母、声调出现的次数与读单音节字词的要求相同。

（3）上声与上声相连的词语不少于 3 个，上声与非上声相连的词语不少于 4 个，轻声不少于 3 个，儿化不少于 4 个（应为不同的儿化韵母）。

（4）词语的排列要避免同一测试要素连续出现。

3）评分

（1）语音错误，每个音节扣 0.2 分。

（2）语音缺陷，每个音节扣 0.1 分。

（3）超时 1 分钟以内，扣 0.5 分；超时 1 分钟以上（含 1 分钟），扣 1 分。

例：读双音节词语 50 个。（共 20 分，限时 3 分钟）

军阀　或者　拼命　话剧　提高　病号儿
脱离　垮台　用功　而且　困难　面条儿
蒜泥　推广　近来　得罪　爱情　平日
灯笼　完全　侵略　组长　留念　称赞
饱满　时下　怀恨　脑汁　侧泳　凶狂
财运　四外　叉子　乳牛　猿人　安装

马虎　　赔款　　小曲儿　顺手　　血防　　感谢
扉页　　凉快　　拐带　　降价　　筹备　　打盹儿
搜索　　葱翠

3. 选择判断

限时 3 分钟，共 10 分。

1）词语判断（10 组）

（1）目的：测查应试人掌握普通话词语的规范程度。

（2）要求：根据《普通话水平测试用普通话与方言词语对照表》，列举 10 组普通话与方言意义相对应但说法不同的词语，由应试人判断并读出普通话的词语。

（3）评分：判断错误，每组扣 0.25 分。

2）量词、名词搭配（10 组）

（1）目的：测查应试人掌握普通话量词和名词搭配的规范程度。

（2）要求：根据《普通话水平测试用普通话与方言常见语法差异对照表》，列举 10 个名词和若干量词，由应试人搭配并读出符合普通话规范的 10 组短语。

（3）评分：搭配错误，每组扣 0.5 分。

3）语序或表达形式判断（5 组）

（1）目的：测查应试人掌握普通话语法的规范程度。

（2）要求：根据《普通话水平测试用普通话与方言常见语法差异对照表》，列举 5 组普通话和方言意义相对应，但语序或表达习惯不同的短语或短句，由应试人判断并读出符合普通话语法规范的表达形式。

（3）评分：判断错误，每组扣 0.5 分。

选择判断合计超时 1 分钟以内，扣 0.5 分；超时 1 分钟以上（含 1 分钟），扣 1 分。答题时语音错误，每个音节扣 0.1 分，如判断错误已经扣分，不重复扣分。

4. 朗读短文

朗读 1 篇短文（400 个音节），限时 4 分钟，共 30 分。

1）目的

测查应试人使用普通话朗读书面作品的水平。在测查声母、韵母、声调读音标准程度的同时，重点测查连读音变、停连、语调及流畅程度。

2）要求

（1）短文从《普通话水平测试用朗读作品》中选取。

（2）评分以朗读作品的前 400 个音节（不含标点符号和括注的音节）为限。

3）评分

（1）每错 1 个音节，扣 0.1 分；漏读或增读 1 个音节，扣 0.1 分。

（2）声母或韵母的系统性语音缺陷，视程度扣 0.5 分、1 分。

（3）语调偏误，视程度扣 0.5 分、1 分、2 分。

（4）停连不当，视程度扣 0.5 分、1 分、2 分。

（5）朗读不流畅（包括回读），视程度扣 0.5 分、1 分、2 分。

（6）超时扣 1 分。

例：朗读（限时 4 分钟）（30 分）

作品 5 号

盼望着，盼望着，东风来了，春天的脚步近了。

一切都像刚睡醒的样子，欣欣然张开了眼，山朗润起来了，水涨起来了，太阳的脸红起来了。

小草偷偷地从土里钻出来，嫩嫩的，绿绿的，园子里，田野里，瞧去，一大片一大片满是的，坐着，躺着，打两个滚，踢几脚球，赛几趟跑，捉几回迷藏。风轻悄悄的，草软绵绵的。

…………

"吹面不寒杨柳风"，不错的，像母亲的手抚摸着你。风里带来些新翻的泥土的气息，混着青草味儿，还有各种花的香，都在微微湿润的空气里酝酿。鸟儿将巢安在繁花绿叶当中，高兴起来了，呼朋引伴地卖弄清脆的喉咙，唱出婉转的曲子，跟轻风流水应和着。牛背上牧童的短笛，这时候也成天嘹亮地响着。

雨是最寻常的，一下就是三两天，可别恼，看，像牛毛，像花针，像细丝，密密地斜织着，人家屋顶上全笼着一层薄烟。树叶儿却绿得发亮，小草儿也青得逼你的眼。傍晚时候，上灯了，一点点黄晕的光，烘托出一片安静而和平的夜。在乡下，小路上，石桥边，有撑起伞慢慢走着的人，地里还有工作的农民，披着蓑戴着笠。他们的房屋，稀稀疏疏的，在雨里静默着。

天上风筝渐渐多了，地上的孩子也多了。城里乡下，家家户户，老老小小，也赶趟儿似的，一个个都出来了。舒活舒活筋骨，抖擞抖擞精神，各做各的一份儿事去，"一年之计在于春"，刚起头儿，有的是工夫，有的是希望。

春天像刚落地的娃娃，从头到脚都是新的，它生长着。

春天像小姑娘，花枝招展的，笑着，走着。

春天像健壮的青年，有铁一般的胳膊和腰脚，领着我们上前去。

5. 命题说话

限时 3 分钟，共 30 分。

1）目的。

测查应试人在无文字凭借的情况下说普通话的水平，重点测查语音标准程度、词汇语法规范程度和自然流畅程度。

2）要求

（1）说话话题从《普通话水平测试用话题》中选取，由应试人从给定的两个话题中选定 1 个话题，连续说一段话。

（2）应试人单向说话。如发现应试人有明显背稿、离题、说话难以继续等表现时，主试人应及时提示或引导。

3）评分

（1）语音标准程度，共 20 分，分六档。

① 一档：语音标准，或极少有失误。扣 0 分、0.5 分、1 分。

② 二档：语音错误在 10 次以下，有方言音但不明显。扣 1.5 分、2 分。

③ 三档：语音错误在 10 次以下，但方言音比较明显；或语音错误在 10～15 次之间，有方言音但不明显。扣 3 分、4 分。

④ 四档：语音错误在10～15次之间，方言音比较明显。扣5分、6分。

⑤ 五档：语音错误超过15次，方言音明显。扣7分、8分、9分。

⑥ 六档：语音错误多，方言音重。扣10分、11分、12分。

（2）词汇语法规范程度，共5分，分三档。

① 一档：词汇、语法规范。扣0分。

② 二档：词汇、语法偶有不规范的情况。扣0.5分、1分。

③ 三档：词汇、语法屡有不规范的情况。扣2分、3分。

（3）自然流畅程度，共5分，分三档。

① 一档：语言自然流畅。扣0分。

② 二档：语言基本流畅，口语化较差，有背稿子的表现。扣0.5分、1分。

③ 三档：语言不连贯，语调生硬。扣2分、3分。

说话不足3分钟，酌情扣分：缺时1分钟以内（含1分钟），扣1分、2分、3分；缺时1分钟以上，扣4分、5分、6分；说话不满30秒（含30秒），本测试项成绩计为0分。

例：命题说话。（任选1题，限时3分钟，40分）

（1）我的父亲。

（2）我喜爱的一种小动物。

三、普通话水平测试的等级标准

为适应新时期推广普通话工作的需要，1986年全国语言文字工作会议提出制定“普通话水平测试等级标准”的设想。根据会议精神，国家语言文字工作委员会于1988年成立由国家社会科学基金会资助的“普通话水平测试等级标准”课题组，该课题组历时三年深入调查研究，广泛征求意见，并在若干省市对学校师生和“窗口”行业职工进行测试，在此基础上拟订了《普通话水平测试等级标准》（以下简称《标准》），于1991年通过专家论证。1992年由国家语委原普通话推广司印发给各省、自治区、直辖市试行该《标准》，把普通话水平划为三个级别（一级可称为标准的普通话，二级可称为比较标准的普通话，三级可称为一般水平的普通话），每个级别内划分甲、乙两个等次。1994 年，国家语言文字委员会普通话水平测试课题组对该《标准》做了文字修订。国家语委、国家教委、广播电影电视部联合发出的《关于开展普通话水平测试工作的决定》将修订后的《标准》作为附件印发给各省市继续试行。实践说明，该《标准》已为广大群众所熟悉，各地测试实施机构也积累了一定经验。实践证明，该《标准》具有科学性和可行性。为使该《标准》在推广普通话工作中发挥更大的作用，该《标准》经国家语言文字工作委员会再次审订，作为部级标准于1997年12月予以正式颁布。

小分享

普通话水平测试等级标准

1. 一级

① 甲等：朗读和自由交谈时，语音标准，词语、语法正确无误，语调自然，表达流畅。测试总失分率在3%以内。

② 乙等：朗读和自由交谈时，语音标准，词语、语法正确无误，语调自然，表达流畅。偶尔有字音、字调失误。测试总失分率在8%以内。

2. 二级

① 甲等：朗读和自由交谈时，声韵调发音基本标准，语调自然，表达流畅。少数难点音（平翘舌音、前后鼻尾音、边鼻音等）有时出现失误。词语、语法极少有误。测试总失分率在13%以内。

② 乙等：朗读和自由交谈时，个别调值不准，声韵母发音有不到位现象。难点音（平翘舌音、前后鼻尾音、边鼻音、fu–hu、z–zh–j、送气不送气、i–和–i不分、保留浊塞音和浊塞擦音、丢介音、复韵母单音化等）失误较多。方言语调不明显。有使用方言词、方言语法的情况。测试总失分率在20%以内。

3. 三级

① 甲等：朗读和自由交谈时，声韵母发音失误较多，难点音超出常见范围，声调调值多不准。方言语调较明显。词语、语法有失误。测试总失分率在30%以内。

② 乙等：朗读和自由交谈时，声韵调发音失误多，方言音特征突出。方言语调明显。词语、语法失误较多。外地人听其谈话有听不懂的情况。测试总失分率在40%以内。

四、普通话水平测试等级评定及等级证书的管理

1. 普通话水平测试成绩的认定

应试人的测试成绩由执行测试的测试机构认定。

普通话水平测试工作必须按统一的测试标准和要求独立进行。等级测试必须有2～3名测试员协同工作（分别测试，综合评议）方可有效。评定意见不一致时，以多数人的意见为准。人员不足时，可用加强上级复审的办法过渡。如同组测试员对同一应试人的评定成绩出现等差时由该测试组复议，出现级差时由考场负责人主持再议。

任何测试员均需在测试实施机构的组织下进行测试工作，非测试机构组织的测试结果一概无效。

应试人违反测试规定的，取消其测试成绩，情节严重的提请其所在单位给予行政处分。

应试人对测试程序和测试结果有异议，可向执行测试的测试机构或上级测试机构提出申诉。

2. 普通话水平测试等级的确定

国家语言文字工作部门发布的《普通话水平测试等级标准》是确定应试人普通话水平等级的依据。普通话水平划分为三个级别，每个级别内划分两个等次。其中：

（1）97分及其以上，为一级甲等；

（2）92分及其以上但不足97分，为一级乙等；

（3）87分及其以上但不足92分，为二级甲等；

（4）80分及其以上但不足87分，为二级乙等；

（5）70分及其以上但不足80分，为三级甲等；

（6）60分及其以上但不足70分，为三级乙等。

测试机构根据应试人的测试成绩确定其普通话水平等级，由省（自治区、直辖市）培训

测试中心或部委直属单位普通话水平测试委员会颁发相应的普通话水平测试等级证书。

3. 普通话水平测试等级证书的管理

普通话等级证书由国家语言文字工作部门统一印制，全国统一格式，由各省（自治区、直辖市）分别编号并加盖印章后颁发。证书内将记录应试者的测试成绩和相应的等级。

普通话水平测试等级证书全国通用，从 2003 年起，取消了普通话水平等级证书的有效限制，证书长期有效。

等级证书遗失，可向原发证单位申请补发。伪造或变造的普通话水平测试等级证书无效。

五、普通话水平测试报名与应试指导

1. 报名

申请接受普通话水平测试（以下简称测试）的人员，持有效身份证件在指定测试机构报名（亦可由所在单位集体报名）。接受报名的测试机构负责安排测试的时间和地点。

测试人员对测试机构的选择可咨询所在省（自治区、直辖市）或部委直属单位的普通话水平测试中心。通常情况下，报名要求如下。

（1）报名时须出示身份证或社保卡（18 岁以下出示学生证）。

（2）报名时须携带 1 寸报名照 2 张。报名照将贴在《普通话水平等级证书》上，要求为近期正面免冠证件照，不能有污损或有印章痕迹。

（3）报名时应阅读《普通话水平测试个人报名须知》，并按要求填写报名单上的各项内容，不得有遗漏。因内容填写不正确而造成的后果由报名者负责。

（4）报名时，应按物价部门的规定交纳测试费、证书工本费，同时可自愿选购测试相关资料。

（5）应试者领取准考证后，应重点核对以下内容：姓名（与身份证保持一致）、身份证编号、测试日期、应试报到时间。若有差错，应试人须及时与发证单位联系，申请更正，否则，因准考证信息有误而引起的后果，由应试者本人承担。

（6）报名一经确认（开具发票），不得更改应试时间。在规定的应试时间未参加测试的，视作自动放弃，测试费不予退还。因特殊原因不能在规定的应试时间接受测试的，需凭医院或单位证明提前与报名点联系。

（7）应试者不能在省（自治区、直辖市）普通话测试中心和省（自治区、直辖市）普通话测试中心指定的市（区、县）、高校等测试站（点）重复报名。发现重复报名的，则取消一处报名份额，测试费不予退还。

2. 测试流程及要求

普通话水平测试流程及要求如下。

（1）应试者应试时，应携带相关指定证件。未带准考证和身份证或社保卡（18 岁以下凭学生证），或准考证上照片不符合近期免冠证件照要求的，不予测试。

（2）应试者应按照准考证上指定的报到时间报到。一般情况下迟到 30 分钟以上者，将被取消测试资格，测试费不予退还。

（3）测试员对应试者身份核对无误后，引导应试者进入测试程序，按照测试要求完成测试，整个过程约需要 15 分钟。

（4）执行测试时，测试室内只允许1名应试者在场。

（5）测试全程录音。完整的测试录音包括：姓名、考号、单位及全部测试内容。

（6）应试者测试完毕，应及时离开考区。

（7）测试成绩等审定无误后，可领取普通话水平测试等级证书。应试者凭身份证件并在《证书签收单》上签名后，方可领取证书。

（8）应试者不得请他人代考，也不得替代他人应试，一经发现，即取消本次测试成绩及一年内的应试资格。同时，各地测试中心将把情况向应试者所在单位进行通报。

3. 应试指导

（1）平时注意普通话的学习与训练，避免考试前“临阵磨枪”。

应试者要想在普通话水平测试中取得好成绩，平时的学习与训练是必不可少的。除了特殊情况不得不用方言与其他人进行沟通外，平时要坚持说普通话。在训练的过程中，要对常用字表上出现的字词都能认得对、念得清、咬得准。注意语音知识，比方轻声、儿化音的发音技巧。注意朗读技巧，比方说文章中长句的断句，哪些词语需重读等。轻声字、儿化音的准备除了发音方面，还要注意大纲对试卷覆盖面与数量的要求。一般来说，测试试卷里读多音节词语一题中轻声词语不少于3 个，儿化音词语不少于4个。

（2）具备良好的测试状态，考前做好准备。

应试者考试前要积极调整自己的心态，要对测试时可能出现的困难和挫折做充分的物质准备与心理准备。准备充分，不仅能减少不必要的烦恼，也能营造一种良好的考试心境。测试前还应认真阅读测试须知，并做好相应准备，不要因为某个环节与预想的情况不一致而导致自己手忙脚乱无所适从。如提前到达考场，这样可提前熟悉考试环境，缓解心理压力。考前头一天晚上，准备好身份证、准考证、笔、饮用水等，避免第二天考试因迟到或证件遗漏带来的惊慌失措。考试前要预防感冒，切忌暴饮暴食。最后，考生要保证足够的睡眠时间。

（3）了解普通话水平测试程序流程，利用规则减少失误。

普通话水平测试的一般程序是：应试者出示准考证，然后抽取试卷，准备10分钟。进入考场后，报自己所在单位名称、姓名、试题编号，按试卷内容逐一进行测试。在这10分钟准备过程中，应试者应确定试卷中的重点和难点，对于大多数应试者来说，从分值的分布来看，朗读短文和命题说话尤为重要，分别占全卷30%与40%分值，要想取得高分，要对这两部分予以重视。考试准备阶段须把抽到的作品从头至尾放声朗读一遍，把握作品的整体基调，处理好停连、语速、语调等朗读技巧即可。抽到的两个说话题要加以选择，要果断选一个构思过且准备充分的话题，快速列出提纲。另外，在字词的准备阶段不可长时间纠结在不认识或生僻的字词上，实在没把握就猜测一个读音，个别字词的发音不会对普通话等级产生质的影响。在整个测试中，每一项测试内容都有相应的测试规则，应试者在测试前应该充分掌握这些规则，避免不必要的失误。读字词时，如发现错读误读，不要轻易放弃，按规则是可以更正的。读双音词时，如果其中有一个字不认识，不要整个词都不读。双音词的每个音节独立计分，读对哪个字都能得到一半分。读文章时，发现某字错读或漏读，按规则，不能回读整个句子。说话要说自己熟悉的事情，不必刻意追求句子是否优美，故事是否生动有趣；不要时时看手表，担心三分钟到了没有；不要询问考官到时间没有，等到考官要求自己停止才停。

（4）应试过程中，调控好自我心态。

与其他笔试考试相比，普通话水平测试采取口试形式，应试者有一定的心理压力，会出现紧张、焦虑、怯场等临场反应，这就是人们通常说的考试焦虑。在心理学中，理论上焦虑可分为两种，特质焦虑与状态焦虑。大多数应试者的考试焦虑属于状态性的，即人们在特定情境下所产生的专门反应状态，是指一个人在何种场合会产生焦虑。从焦虑的程度上划分，考试焦虑有适度焦虑和过度焦虑。适度焦虑有利于应试者集中精力、提高效率、顺利完成考试；而过度焦虑就会影响应试人的考试水平，使人情绪不稳定，出现血压上升、手心出汗、呼吸急促、声音颤抖、心跳加速、口干舌燥、语速过快、调值不够准确、说话时语无伦次等现象，应试者无法集中精力准备考试和完成考试，考试成绩比实际水平相差很多。解除过度焦虑的方法，在上述三点的基础上，在考试的过程中，可通过自我暗示，产生自信，相信自己一定能够顺利通过考试。另外，可以通过深呼吸，放松自己的身体，缓解紧张状态，稳定自己的情绪。

六、计算机辅助普通话水平测试简介与应试指导

计算机辅助普通话水平测试（简称“机测”）是指利用计算机作为测试工具辅助开展国家普通话的测试和管理工作。2006 年国家教育部语用司批准在 13 个省市开展计算机辅助测试普通话的试点工作。2009 年在全国范围内推广计算机辅助测试普通话。机测使用的是国家普通话水平智能测试系统。与传统人工测试不同，应试中“朗读单音节字词”“朗读多音节词语”“朗读文章”这三个项目，由普通话水平智能测试系统自动评分；第四项“命题说话”部分则由省普通话测试中心统一调配测试员，通过网络进行在线评分。

计算机测试系统实现了评、测分离，测试员和受试者不见面，因此测试结果无疑更公平，也更客观。国家普通话水平智能测试系统，除了可以准确地对考生命题说话之外的所有测试题型进行自动评测外，还可以自动检测发音者存在的语音错误和缺陷，对使用者提升普通话口语水平具有积极的指导意义。另外，传统人工测试时，每位测试员完成一位受试者的测试需要 10 分钟，“机测”后，测试员每 3 分钟就可完成一个受试者“说话”部分的打分，测试工作的效率大大提高。

对于受试者来说，普通话水平机考的最大好处是不需要面对考官，比较放松，有利于发挥出最佳水平。很多人对机测比较陌生，担心操作出现失误，担心考试时出了问题没人提醒。其实，机测同人工测试一样，都会有考务人员负责处理问题。普通话隔音测试室内，设有监控摄像头，能够实时监控，及时为测试者提供帮助，解决问题。只要了解普通话水平测试机考的特点、基本的操作过程和一些常见的问题，加以注意，就能够顺利地完成机测。

1. 计算机辅助普通话测试上机考试流程介绍

计算机辅助测试普通话使用的是国家普通话水平智能测试系统，其考试流程如下。

1）登录机测页面

机测页面是由考试主机直接分发给应试考生的。考生只要戴好耳机，等待考试主机分发试题。智能测试软件启动之后，系统弹出佩戴耳机的提示（见图 A-1），单击“下一步”按钮继续，便会进入考生的登录页面。

图 A-1　佩戴耳机的提示

2）输入并核对考生信息

进入考生登录页面（见图 A-2）：在屏幕上的登录页面中，输入准考证号。然后，单击“进入”按钮。如图 A-3 所示，屏幕上会弹出考生的个人信息，考生应认真核对！确认无误后，单击“确认”按钮。如果弹出的不是考生的个人信息，单击“返回”按钮，重新登录。

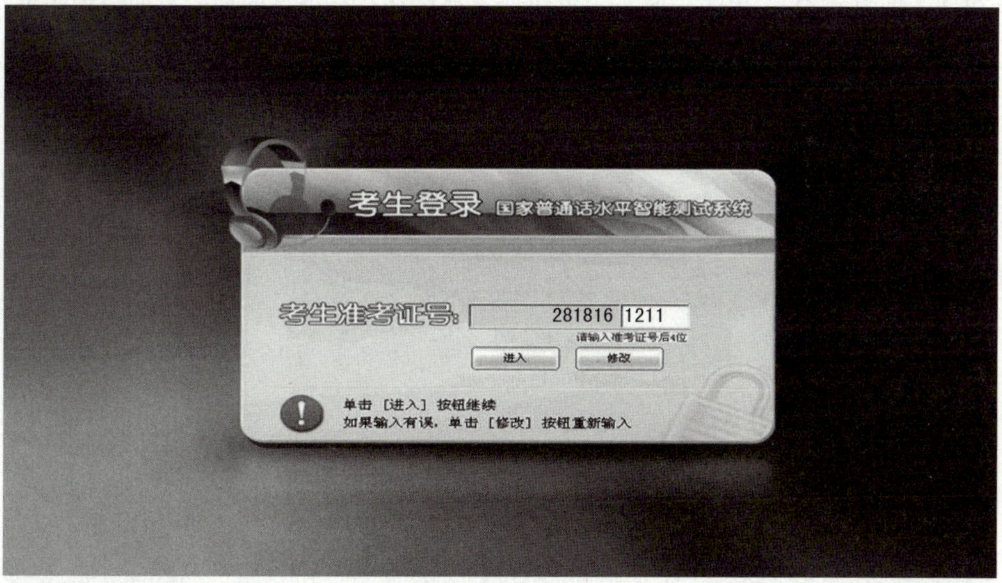

图 A-2　考生登录页面

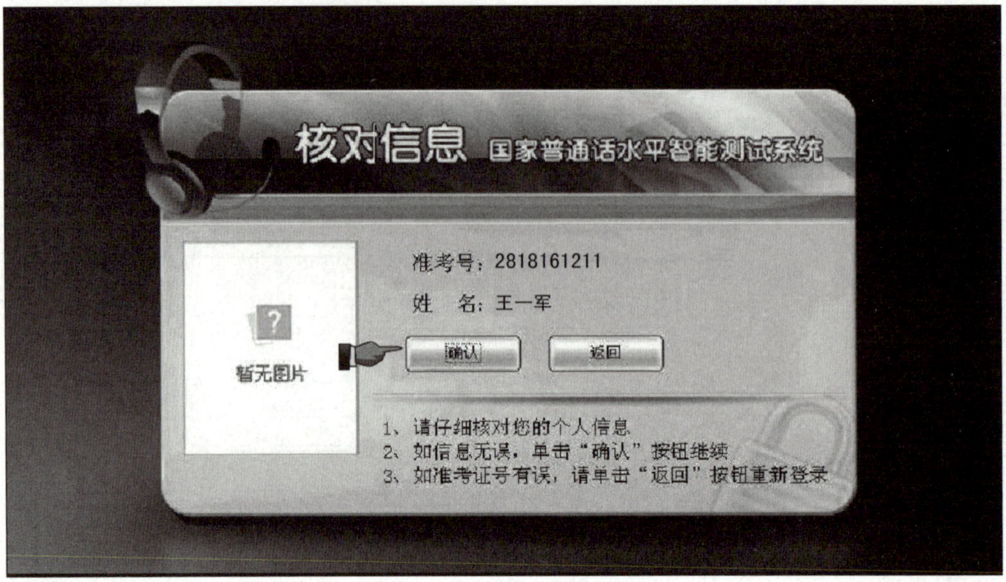

图 A-3　个人信息确认

3）系统试音

进行测试之前，须等待考试指令（见图 A-4），系统会提示考生进入试音环节。当进入试音页面（见图 A-5）后，考生会听到系统的提示语。提示语结束后，请以适中的音量和语速朗读文本框中的试音文字。试音结束后，系统会提示试音成功与否。若试音失败，页面会弹出提示框 1（见图 A-6），单击"确定"按钮，重新试音。若试音成功，页面会弹出提示框 2（见图 A-7），考生等待考试指令，准备考试。

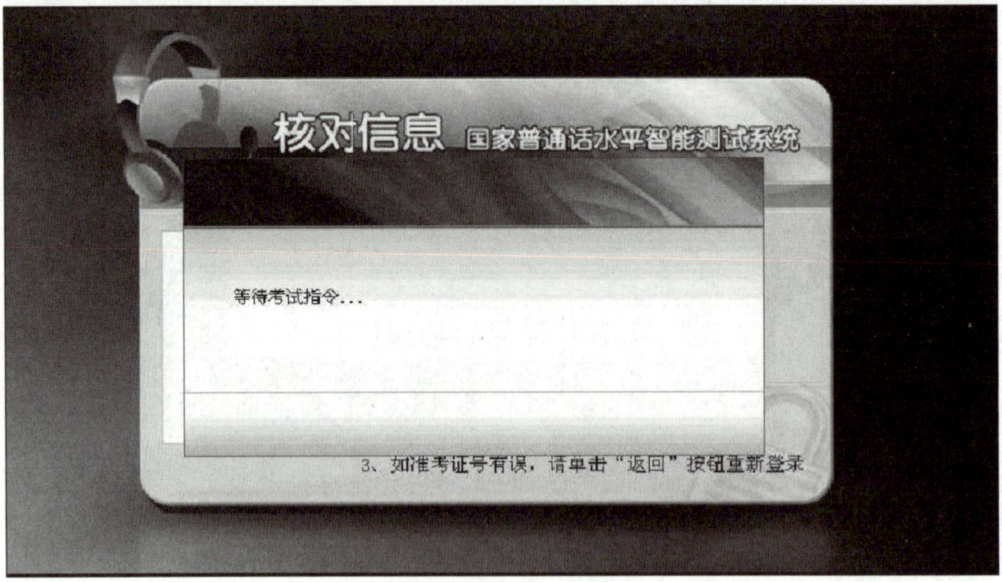

图 A-4　等待考试指令

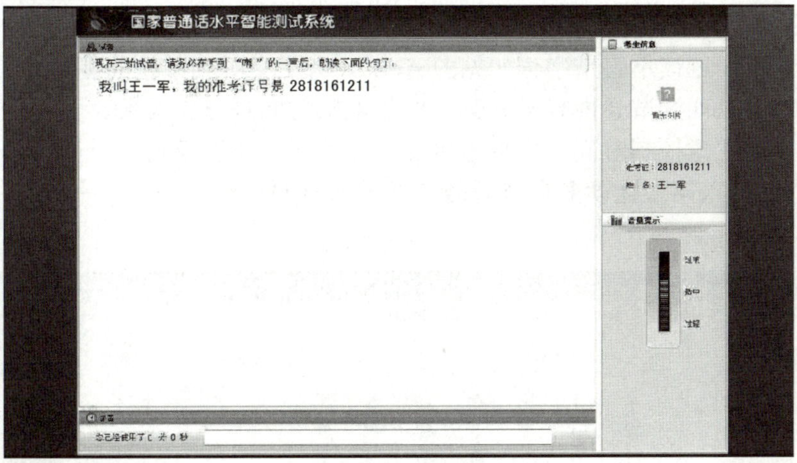

图 A-5 试音页面

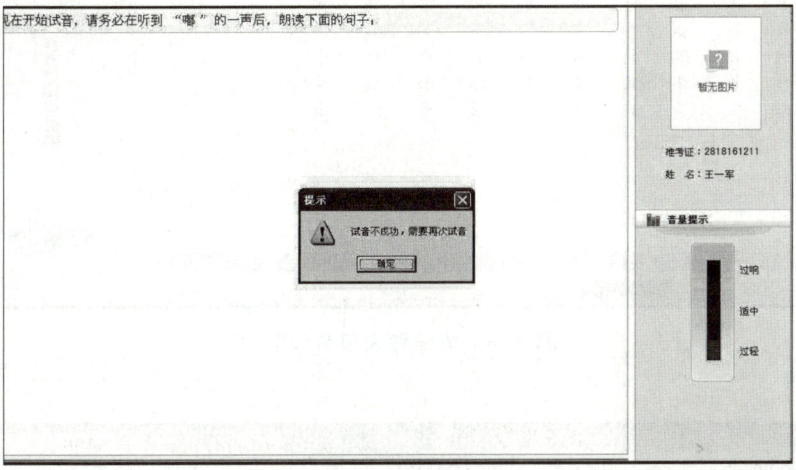

图 A-6 提示框 1

图 A-7 提示框 2

4）进行测试

当系统进入第一题读单音节字词（见图 A–8），考生会听到系统的提示语。听到“嘟”的一声后，考生就可以朗读试卷内容了。第一题的限制时间是 3.5 分钟，页面的下方有时间进度提示条，考生要注意控制时间。如果考生提前读完了，不要等待，立即单击“下一题”按钮（见图 A–9），进入第二题读多音节词语（见图 A–10）。

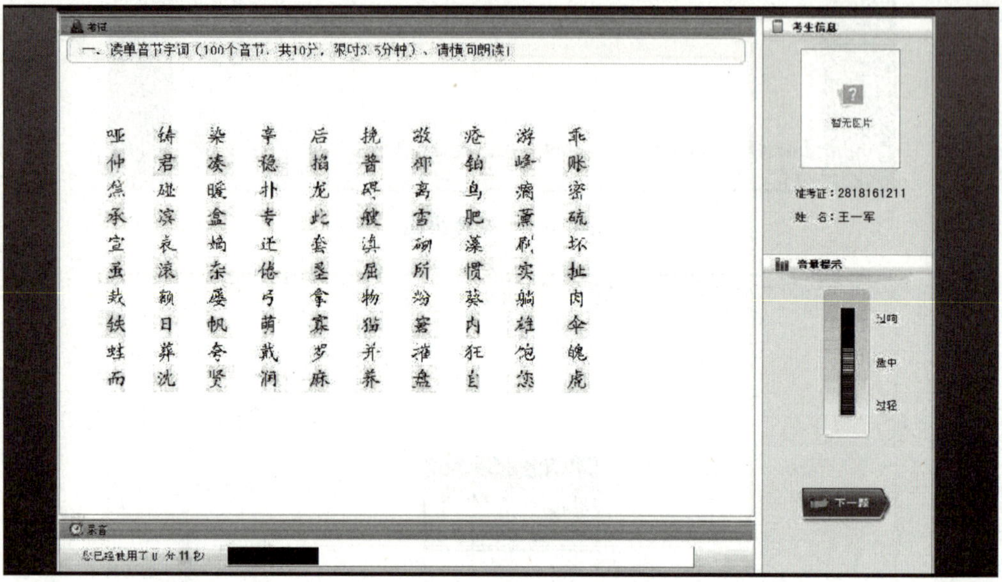

图 A–8　第一题读单音节字词

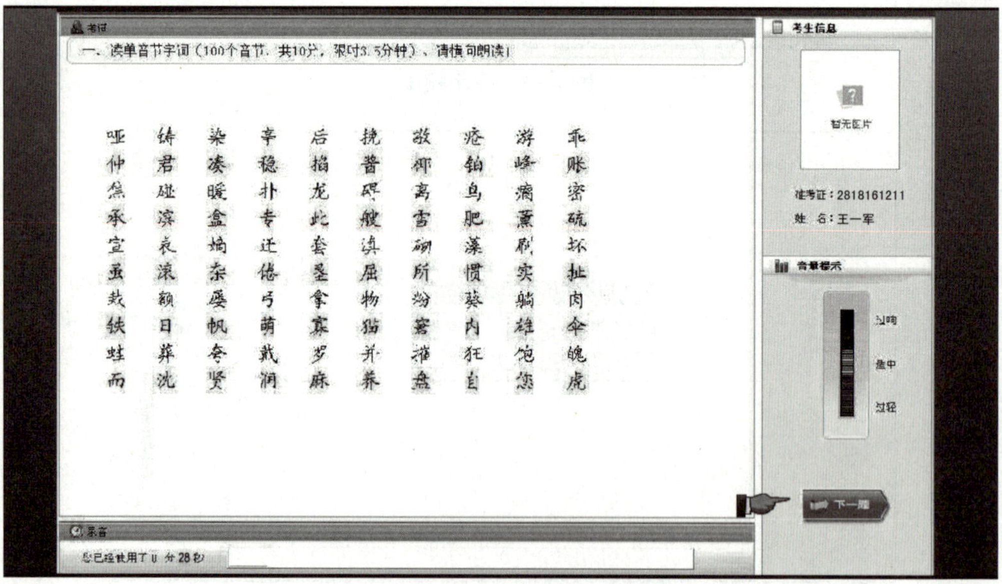

图 A–9　单击“下一题”按钮

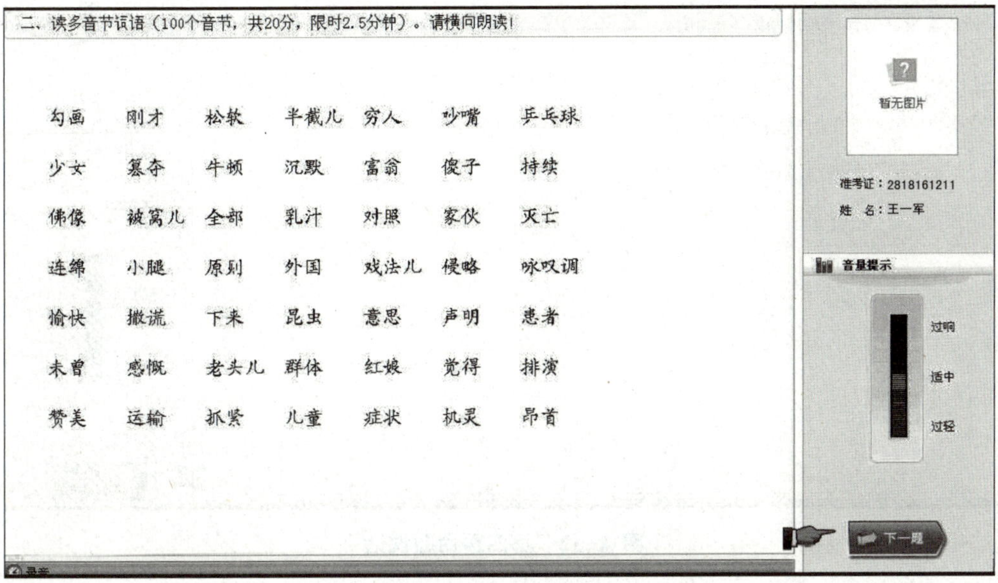

图 A-10　第二题读多音节词语

第二题读完后，单击“下一题”按钮，进入第三题朗读短文（见图 A-11）。

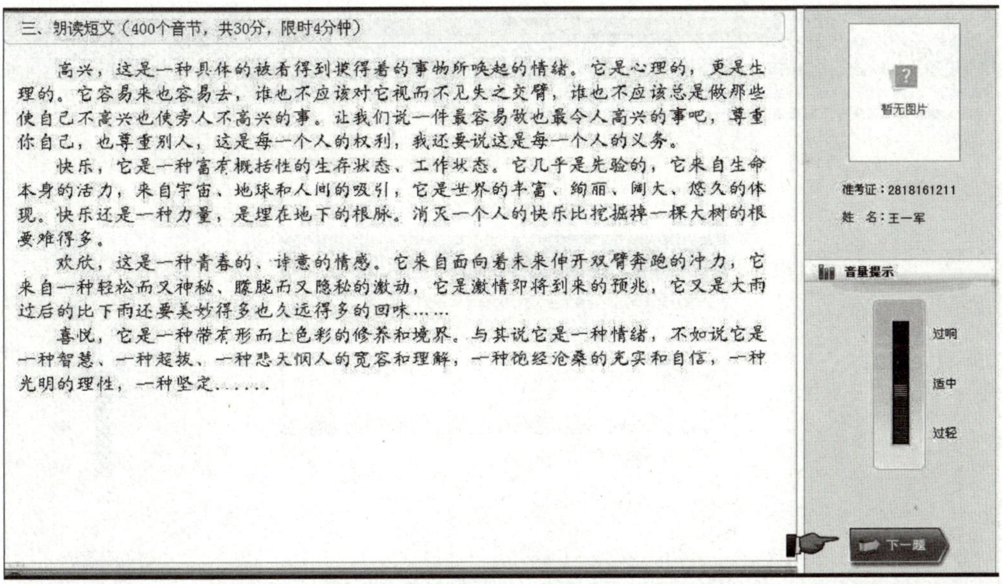

图 A-11　第三题朗读短文

第三题回答完毕，单击“下一题”按钮进入第四题命题说话（见图 A-12）。第四题系统给定的时间为三分钟。考生需要在说话之前读出所选择的说话题目，再进行答题。

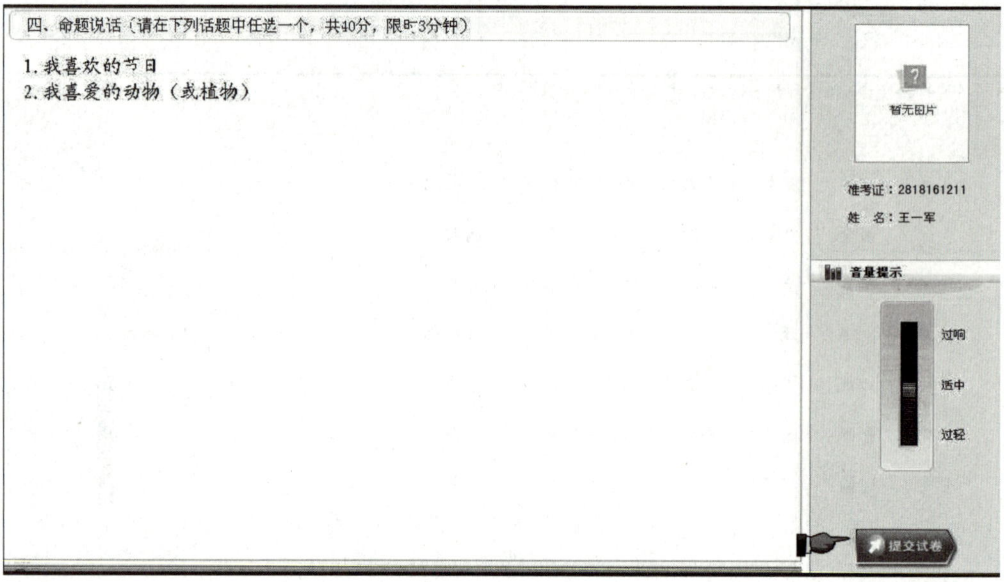

图 A-12　第四题命题说话

答题完毕后，单击“提交试卷”按钮，结束考试。第四题命题说话进行了三分钟后，整个考试过程结束，请及时单击右下角“提交试卷”按钮，以结束考试。如果不单击该按钮，考试结束时，系统会提示考试结束（见图 A-13），并自动进行试卷提交。

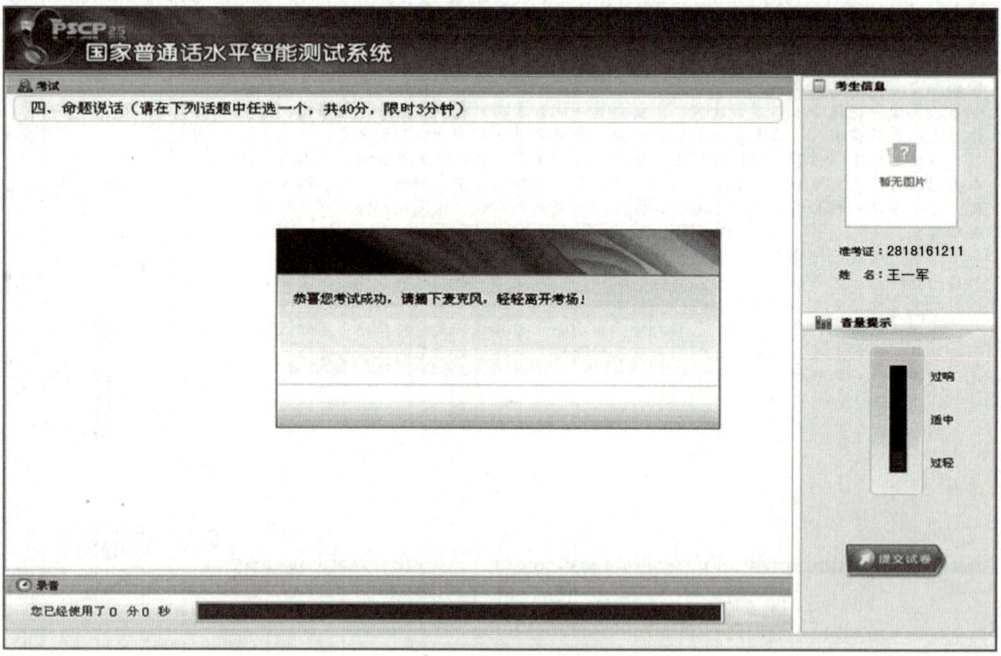

图 A-13　提示考试结束

2. 计算机辅助普通话测试上机考试注意事项

1）测试前

计算机辅助测试与人工测试一样，均须提前半小时到候测室等候，凭有效身份证件和准考证抽取试卷。考前考生有约 10 分钟的时间准备测试。

2）测试中

（1）戴好耳机、调整麦克风。

进入测试室后，先按照屏幕提示戴上耳机，如图 A–14 所示，将麦克风调整到距嘴边 2～3 cm，并且不会对着它呼吸的位置。

图 A–14　正确使用和调整麦克风

（2）注意控制语速和音量。

考试时考生要吐字清晰完整，并且保持适当的语速。常见的问题是考生的语速太快，字与字粘连在一起，每一个字都不清晰，都有缺陷，导致失分较多。当然，也不要读得太慢，太拖沓。每题都有时间进度提示条，提示考生已经使用完的时间。绝大多数考生能够在规定时间内完成答题。考生应做到速度平稳，从容不迫。

同时注意控制声音大小，测试时应该采用中等音量（即两三个人之间正常交谈的音量）。机测过程中音量应保持基本一致。常见的问题是说话声音太小，像说悄悄话，当然，声音也不必太大。

（3）注意系统“提示”。

每一题测试前系统都会弹出对话框，并有一段提示音，请在提示音结束并听到“嘟”的一声后，再开始朗读。

（4）避免“漏读”。

普通话测试试题的前三项，如果有“漏读”现象是要按字扣分的。在以往传统人工测试普通话时，不少考生过于紧张，在需要换行朗读时，将几个字，甚至是一整行漏读了。在机测时，考生必须对着电脑屏幕进行答题，这跟传统的人工测试对着纸质的试卷进行答题会有一定的差异，多数考生会有陌生感，换行朗读时发生“漏读”的现象更为严重。建议读字、词两项时换行可稍放慢速度，看清后再读。针对机测中最容易漏行的第一题“读单音节字”，测试系统将上下行进行颜色区分，这为避免“漏读”现象的发生提供了帮助。

（5）尽量不重复读。

第一题和第二题如果有个别字词因读错后重复读一遍的话，计算机系统会自动进行识别，不会因为一个字的重读而影响整体评分，但为了防止出现问题，导致失分，切勿多次重复。第三题朗读短文中重复、回读，是会被扣分的。

第四题页面出现后，有 2 个题目供选择，考生不要单击题目，而应直接读出自己选中的题目，然后围绕该话题说话。命题说话时间要说满三分钟，即考生要注意查看屏幕下方的时间进度提示条全部运行到结束，此时说话题目即为说满了三分钟。页面出现“祝你考试顺利”。测试全部完成，考试结束。系统进入最后评测阶段。

3）其他注意事项

（1）要有对象感。

很多考生担心对着计算机测试，会因为没有具体的交流对象而找不到感觉，这确实是计算机辅助普通话水平测试的一个缺陷。对此，我们应调整心态和测试状态，想象自己是面对着朋友、同伴在说话。有了这样的心理准备和虚拟情景设置，考生在答题时会比较放松，语调较为自然。

（2）提高抗干扰能力。

机测时，如果考生是在只能容纳一位考生的隔音测试室内进行测试的话，通常不会受到过多的外界干扰，但是，由于场地所限，有些测试站会将考生安排在面积较大的多机位语音室进行机测，各个测试机位保持 2 米左右的距离。考试时，难免能听到别人的声音。这时，考生需要调整状态，专注于自己的考试，避免因受到干扰而失分。测试时选用的话筒录音范围比较小，因此其他考生的声音不会录进自己的计算机，不必担心自己的成绩受到影响。

（3）熟悉机测系统的操作。

考生在机测之前可以上网观看模拟测试演示，或进行机测体验。通过网络可以全真模拟普通话机测的完整流程，并且得到计算机给出的普通话水平测试报告，分析考生当前的普通话水平。另外，考生还可以在相关网站进行人机互动式的普通话学习，从而达到熟悉机测流程及进一步提高普通话水平的目的。

（4）沉着应对突发情况。

测试时一定要沉着冷静，遇到录音失败、系统出错等情况应及时与考务人员联系。处理好突发情况后，一旦进入机测录音阶段，就不要说同测试内容无关的话。

附录 B

普通话水平测试模拟题

一、读单音节字词（100 个音节，共 10 分，限时 3.5 分钟）

沉 略 延 舜 才 邓 瞟 抄 平 怎
傍 磁 馆 字 酸 饼 丢 谎 颇 叩
戳 广 贴 墙 蕊 僧 瘦 摸 洽 胸
念 谋 雇 聋 偶 您 袄 抓 垦 穗
抿 吠 礼 橙 祝 栏 眨 足 宝 渔
选 辉 万 柯 烫 窄 踱 训 呆 拔
咧 云 洒 垫 儿 准 踹 含 轨 孟
歌 朽 帆 荣 招 乏 外 芽 饥 娘
虚 简 热 踢 月 居 俏 尝 痛 美
诗 策 窘 雾 浇 日 洼 棋 胎 全

二、读多音节词语（100 个音节，共 20 分，限时 2.5 分钟）

垂危 被窝儿 柔软 封闭 王后 啄木鸟 高昂
舒坦 佛经 安排 地层 然而 支持 元素
夏天 麻花儿 思索 南方 总额 家乡 紧缺
谬论 苟且 纳粹 稳当 区别 小瓮儿 妇女
开业 定律 人群 上吊 空子 剥削 哈密瓜
眷恋 贫穷 舌头 分工 配合 红军 创造
扭转 线轴儿 应用 快乐 率领 抑扬顿挫

三、朗读短文（400 个音节，共 30 分，限时 4 分钟）

作品 1 号

我常想读书人是世间幸福人，因为他除了拥有现实的世界之外，还拥有另一个更为浩瀚也更为丰富的世界。现实的世界是人人都有的，而后一个世界却为读书人所独有。由此我想，那些失去或不能阅读的人是多么的不幸，他们的丧失是不可补偿的。世间有诸多的不平等，财富的不平等，权力的不平等，而阅读能力的拥有或丧失却体现为精神的不平等。

一个人的一生，只能经历自己拥有的那一份欣悦，那一份苦难，也许再加上他亲自闻知的那一些关于自身以外的经历和经验。然而，人们通过阅读，却能进入不同时空的诸多他人的世界。这样，具有阅读能力的人，无形间获得了超越有限生命的无限可能性。阅读不仅使他多识了草木虫鱼之名，而且可以上溯远古下及未来，饱览存在的与非存在的奇风异俗。

更为重要的是，读书加惠于人们的不仅是知识的增广，而且还在于精神的感化与陶冶。人们从读书学做人，从那些往哲先贤以及当代才俊的著述中/学得他们的人格。人们从《论语》中学得智慧的思考，从《史记》中学得严肃的历史精神，从《正气歌》中学得人格的刚烈，从马克思学得人世的激情，从鲁迅学得批判精神，从托尔斯泰学得道德的执着。歌德的诗句刻写着睿智的人生，拜伦的诗句呼唤着奋斗的热情。一个读书人，一个有机会拥有超乎个人生命体验的幸运人。

节选自谢冕《读书人是幸福人》

作品 2 号

晋祠之美，在山，在树，在水。

这里的山，巍巍的，有如一道屏障；长长的，又如伸开的两臂，将晋祠拥在怀中。春日黄花满山；径幽香远；秋来草木萧疏，天高水清。无论什么时候拾级登山都会心旷神怡。

这里的树，以古老苍劲见长。有两棵老树：一棵是周柏，另一棵是唐槐。那周柏，树干劲直，树皮皱裂，顶上挑着几根青青的疏枝，偃卧于石阶旁。那唐槐，老干粗大，虬枝盘屈，一簇簇柔条，绿叶如盖。还有水边殿外的松柏槐柳无不显出苍劲的风骨。以造型奇特见长的，有的偃如老妪负水，有的挺如壮士托天，不一而足。圣母殿前的左扭柏，拔地而起，直冲云霄，它的树皮上的纹理一齐向左边拧去，一圈一圈，丝纹不乱，像地下旋起了一股烟，又似天上垂下了一根绳。晋祠在古木的荫护下，显得分外幽静、典雅。

这里的水，多、清、静、柔。在园里信步，但见这里一泓深潭，那里一条小渠。桥下有河，亭中有井，路边有溪。石间细流脉脉，如线如缕；林中碧波闪闪如锦如缎。这些水都来自“难老泉”。泉上有亭，亭上悬挂着清代著名学者傅山写的“难老泉”三个字。这么多的水长流不息，日日夜夜发出叮叮咚咚的响声。水的清澈真令人叫绝，无论多深的水，只要光线好，游鱼碎石，历历可见水的流势都不大，清清的微波，将长长的草蔓拉成一缕缕的丝，铺在河底，挂在岸边，合着那些金鱼、青/以及石栏的倒影，织成一条条大飘带，穿亭绕榭，冉冉不绝。当年李白来到这里，曾赞叹说：“晋祠流水如碧玉。”当你沿着流水去观赏那亭台楼阁时，也许会这样问：这几百间建筑怕都是在水上漂着的吧！

节选自梁衡《晋祠》

四、命题说话（请在下列话题中任选一个，共 40 分，限时 3 分钟）

1. 我的一天
2. 老师
3. 珍贵的礼物
4. 假日生活
5. 我喜爱的植物
6. 我的理想（或愿望）

7. 过去的一年
8. 朋友
9. 童年生活
10. 我的兴趣爱好
11. 家乡（或熟悉的地方）
12. 我喜欢的季节（或天气）
13. 印象深刻的书籍（或报刊）
14. 难忘的旅行
15. 我喜欢的美食
16. 我所在的学校（或公司、团队、其他机构）
17. 尊敬的人
18. 我喜爱的动物
19. 我了解的地域文化（或风俗）
20. 体育运动的乐趣
21. 让我快乐的事情
22. 我喜欢的节日
23. 我欣赏的历史人物
24. 劳动的体会
25. 我喜欢的职业（或专业）
26. 向往的地方
27. 让我感动的事情
28. 我喜爱的艺术形式
29. 我了解的十二生肖
30. 学习普通话 （或其他语言）的体会
31. 家庭对个人成长的影响
32. 生活中的诚信
33. 谈服饰
34. 自律与我
35. 对终身学习的看法
36. 谈谈卫生与健康
37. 对环境保护的认识
38. 谈社会公德（或职业道德）
39. 对团队精神的理解
40. 谈中国传统文化
41. 科技发展与社会生活
42. 谈个人修养
43. 对幸福的理解
44. 如何保持良好的心态
45. 对垃圾分类的认识

46. 网络时代的生活
47. 对美的看法
48. 谈传统美德
49. 对亲情（或友情、爱情）的理解
50. 小家、大家与国家

参 考 文 献

［1］李晓芳. 高铁客运公共关系实务［M］. 成都：西南交通大学出版社，2016.
［2］贾俊芳. 高速铁路客运服务［M］. 北京：中国铁道出版社，2009.
［3］陈先红. 现代公共关系学［M］. 2 版. 北京：高等教育出版社，2017.